KB056095

.

이건희의 삼성
이재용의 삼성

이건희의 삼성, 이재용의 삼성

지은이 | 차기태

1판 1쇄 펴낸날 | 2016년 8월 25일

펴낸이 | 이주명
편집 | 문나영
출력 | 문형사
인쇄 | 한영문화사
제본 | 한영제책사

펴낸곳 | 필맥
출판등록 | 제300-2003-63호
주소 | 서울시 서대문구 경기대로 58 (충정로2가) 경기빌딩 606호
홈페이지 | www.philmac.co.kr
전화 | 02-392-4491
팩스 | 02-392-4492

ISBN 978-89-97751-68-6 (03300)

이 도서의 국립중앙도서관 출판예정도서목록(CIP)은 서지정보유통지원시스템 홈페이지(http://seoji.nl.go.kr)와 국가자료
공동목록시스템(http://www.nl.go.kr/kolisnet)에서 이용하실 수 있습니다. (CIP제어번호 : CIP2016018442)

삼성의 빛과 그림자, 이건희의 신경영에서 세대교체까지

이건희의 삼성
이재용의 삼성

차기태 지음

필맥

요즘 우리 경제가 안팎으로 큰 어려움을 겪고 있다. 저성장의 늪에서 오래도록 헤어나지 못하고 있다. 부진한 내수가 살아나지 못하는 가운데 수출마저 줄어들고 있다. 조선, 해운, 철강, 기계 등 거대 장치산업은 대규모 적자에 일부 분식회계 의혹으로 얼룩졌다. 대기업은 아쉬운 대로 성장은 하고 있지만, 중소기업과 자영업자의 경영난은 해소되지 않고 있다. 실질임금과 가계소득은 정체상태에 빠져 있다. 베이비부머가 속속 일터에서 밀려나는 가운데 청년은 극심한 취업난을 겪고 있다.

참으로 이해하기 어려운 현실이 펼쳐지고 있는 것이다. 반세기 이상 우리나라가 취해온 경제성장 방식의 결과라고 할 수 있겠다. 대기업은 장치산업 위주로 대형투자를 거듭하면서 수출 중심의 성장을 주도해 온 반면 중소기업은 하청기업으로서 근근이 도생해 왔다. 기업에서 일하는 노동자들은 야근과 장시간노동을 밥 먹듯이 하면서 쉬지도 못하고 일해 왔다. 그런 성장방식이 1997년 외환위기로 한 차례 제동이 걸렸다가 2008년 세계 금융위기로 또다시 큰 타격을 받았다. 그럼에도 종전의 성장방식은 여전히 강고하다. 그러는 동안 국민의 실질소득과 생활수준은 제자리에 머물러 있다. 국민들이 대기업의 컨베이어 벨트에 매달려 근근이 살아오는 동안 창의력과 상상력도 고갈돼 가고 있다.

개발연대 이후 정부의 각종 지원과 뒷받침을 받으며 성장해 온 재벌의 역사도 벌써 반세기를 넘겼다. 창업자들은 나름대로 각고의 노력 끝에 재벌을 세웠지만 대부분 이미 세상을 떠나고 그 뒤를 2세와 3세, 4세가 이었다. 그렇지만 창업자의 후계자들은 경영능력의 한계를 드러내곤 했다. 뿐만 아니라 불미스런 행위로 사회적 지탄의 대상이 되기도 했다. 창업자들은 많은 난관을 이겨가면서 기업을 일으켰지만, 그 슬하에서 호의호식하며 자라난 후계자들은 경영능력은 고사하고 인격도 제대로 갖추지 못한 모습을 보였다. 당연한 일이기는 하지만, 그들이 떠맡은 재벌기업의 상당수가 이미 무너졌거나 무너질 위기에 봉착해 있다. 그런 재벌 후계자들의 행태에 국민들은 비판과 냉소를 보낸다. 재계에서는 기업을 사랑해 달라는 요구를 거듭했지만, 재벌 후계자들의 모습은 그런 요구를 뒷받침하지 못했다. 끊임없이 엉뚱한 언행으로 우리 국민들로 하여금 마음을 닫게 했다. 이제 많은 국민들이 대기업의 투자에만 의존하는 성장방식에 의문을 제기하기 시작했다.

이 같은 성장의 역사, 빛과 그늘이 교차해온 역사의 한가운데에 삼성그룹이 있다. 그 소유경영권은 이병철 창업회장의 뒤를 이어 이건희가 물려받았고, 이제 3세 이재용이 승계할 찰나에 있다. 삼성은 그간 우리 경제에서 차지하는 비중이 큰 데다 여러 모로 선두주자 역할을 해왔다. 삼성의 역사와 현주소는 우리 경제의 성과와 한계와 고민을 고스란히 안고 있다. 삼성은 거액 투자에 의한 장치산업과 하드웨어 중심의 성장, 내수보다는 수출 위주의 성장을 추진해 왔다. 일부 품목에서 세계 정상에 올랐고, 기업으로서도 세계적인 명성을 획득했다. 그렇지만 이제 국내외 시장에서 거센 도전에 직면해 있다.

게다가 지금 세계적으로 드론(무인비행기), 자율운행 자동차, 인공지능 등 새로운 기술과 지식에 의한 새로운 산업이 속속 등장하고 있다. 과거에 상상하지 못했던 기술과 지식이 등장해 제4차 산업혁명의 물결을 일으키고 있다. 그러나 우리나라는 이런 새로운 물결에 상당히 뒤져 있는 듯하다. 오늘의 현실은 어제의 축적에 따른 결과다. 지금 뒤져 있다는 것은 지금까지 축적된 것이 없음을 뜻한다. 규모 면에서 세계적인 정상권에 도달한 기업은 여럿 있지만, 새로운 산업혁명의 물결에 올라탈 수 있는 기업과 정상급 기술은 별로 없다. 창의력과 상상력이 세계 정상급에서 멀리 떨어져 있는 것이다.

이제 우리나라는 기존의 경제성장 방식에 상당한 수정을 요구받고 있다. 그러므로 지금까지 성장을 주도해 온 재벌, 특히 정상권에 올라 있는 재벌의 역사를 돌아볼 필요가 있다. 그런 돌아보기의 우선대상이 될 만한 재벌은 역시 삼성그룹일 것이다. 보다 구체적으로 말하자면 이건희가 이끌어온 삼성그룹이다.

이건희가 이끌어온 삼성그룹은 많은 성취를 이룸과 동시에 많은 비판을 받았다. 그런 가운데 삼성그룹을 바라보는 시각도 극단적으로 엇갈린다. 성취에만 주목하거나 물의를 일으킨 사실에만 매몰되거나 한다. 또 우리 사회에는 삼성이 없으면 나라경제가 망할 수도 있다는 공포가 있는가 하면, 반대로 삼성이 일군 성과도 별것 아니라고 폄하하는 시각도 엄존한다. 그렇게 시각이 엇갈릴 만한 이유도 충분하다. 우리가 삼성을 바라볼 때 양극단 가운데 어느 한쪽으로 쏠리고 그것에 현혹되기 쉬운 것도 사실이다. 그렇지만 평가 이전에 더 중요한 것은 진실을 탐구하여 알아차리는 것이다. 과도한 칭찬이나 폄하 모두 해롭다. 도취와 공포 모두 극복해야 한다. 그래야만 진정한 평가와 반성이 가능해지고, 합리적인 대안도 도출될 수 있다. 바람직한 대안을 찾는 것은 어려운 일이다. 많은 사람들의 숙고와 논의를 거쳐야 한다. 숙고와 논의 이전에 진지한 탐구가 선행돼야 한다.

필자는 양극단의 시각 가운데 어느 쪽에도 현혹되거나 매몰되지 않으려고 노력했다. 중용의 자세를 잃지 않으면서 양극단을 뛰어넘고자 했다. 이를 위해 이건희의 삼성이 이룩한 성과와 한계를 동시에 냉정하게 파악하려고 했다. 로마시대의 역사가 타키투스의 말 그대로 "특별한 호감도 미움도 없이" 불편부당한 시각으로 바라보고 공정하게 판단하고자 했다. 그 누구를 과도하게 치켜세우려는 마음도 없고, 지나치게 폄하하려는 의도도 없다. 오로지 가을밤의 밝은 달처럼 냉정하고 투명한 시각으로 접근하고자 했다.

필자는 경제학 전공자도 아니고 학위를 가진 것도 없다. 오랫동안 경제기자로 일하면서 멀리서 혹은 가까이서 삼성을 지켜보고 많은 것을 생각해 왔을 뿐이다. 삼성이 그동안 해 온 일과 지금 하는 일의 원인과 결과를 나름대로 탐구해 왔지만, 거창한 이론을 세우거나 제시하려는 의도는 물론 그럴 능력도 없다.

집필과정에서 삼성의 겉모습이나 결과만 보고 이러쿵저러쿵해도 되나

하는 의문도 스스로 제기해 보았다. 내밀한 속사정이나 논의과정을 무시한 채 표면만 보고 잘못 판단할 수도 있다는 부담감에서다. 그렇지만 일반 시민과 독자들에게는 삼성의 내부사정이 아니라 삼성이 해 온 일의 결과나 영향이 중요하다. 그리고 그 결과나 영향을 보고 내부사정을 미루어 추정하는 것도 충분한 타당성을 지닌다. 중국 한나라 시대 유안(劉安)이 집필한 《회남자(淮南子)》의 한 구절도 필자의 이런 생각을 뒷받침해준다.

> "바깥에서 속을 살펴 알고, 나타난 것에 의해 숨어 있는 것을 안다(從外知內 以見知隱也)."
> ─《회남자》 권16

이런 여러 가지 생각과 고민을 하면서 '이건희의 삼성'이 걸어 온 지난 날을 되짚어보고 정리해 보았다.

나름대로 평가도 시도해 보았다. 불초한 인간의 어리석고 좁은 식견으로 말미암아 잘못된 판단과 평가를 내렸을지도 모르겠다. 그 책임은 전적으로 필자에게 있다. 아무쪼록 이 졸고가 대한민국 경제의 앞날을 설계하고 구상하는 모든 이와 독자들에게 자그마한 도움이 되기를 기대한다. 또 필자가 이 책에서 다루지 않았거나 소홀히 한 사안들에 대해 보다 깊은 식견을 가진 전문가들이 파고들기를 바라마지 않는다.

더불어 이건희의 삼성이 지나온 과정을 타임라인으로 정리해 책 맨 뒤에 덧붙였다. 여기에는 삼성이 내세우고 싶어 하는 일뿐만 아니라 잊고 싶어 하는 사안까지 두루 망라돼 있다. 삼성의 성공과 실패를 한눈에 볼 수 있을 것이다. 필자의 시각에서 중요하다고 판단한 것들이다.

사실 이건희가 회장으로 있는 동안 삼성그룹은 많은 실적을 내는 한편으로 공정거래위원회의 조사를 막기 위해 문서를 파쇄해 버리는 등 공권력과 많은 마찰을 빚었다. 시민단체와의 갈등도 무수히 벌어졌다. 그렇지만 그 가운데 지금 시점에서 중요하다고 판단되는 것 외에는 모두 '삭제'했다.

또 무노조경영이나 직업병 문제, 삼성의 사업장에서 일어난 각종 사건사고는 이번 집필 대상에서 제외됐다. 아울러 총수일가의 가족사나 사생활에 얽힌 이야기도 배제됐다. 오로지 이건희와 삼성의 경영활동이나 그것이 국가경제에 끼친 영향에 시선을 집중했다.

필자 개인에게는 이 졸저가 30년 가까운 언론생활을 결산하는 의미도 담고 있다. 그렇기에 집필과정에 더 많은 에너지를 쏟아 부었다. 이를 통해 나의 인생이라는 연극에서 한 막이 내린다. 집필 과정에서 진한 카타르시스를 겪었다. 다 끝나고 나니 집 주변에서 울리는 매미소리도 선명하게 들린다. 이제 나는 지난 날의 성취와 좌절, 기쁨과 슬픔, 영과 욕을 모두 덮고 또다른 삶을 살고 싶다.

그동안 여러 가지 형편 변화에도 불구하고 참고 견디며 나의 집필 작업에 성원을 보내준 가족들과 출판사 필맥의 이주명 대표, 문나영 편집자에게 고마운 마음을 전한다.

2016년 8월
차기태

차례

1장 │ 이건희의 경영권 승계와 '신경영' 선언

양에서 질로

1987년 11월 19일 삼성그룹 창업자 이병철 회장이 별세했다. 그리고 그날 오후 5시 반 삼성그룹에서 긴급 사장단회의가 열려 신현확 삼성물산 회장의 제안에 따라 셋째 아들 이건희가 새로운 회장에 추대됐다. 당시 45세였다. 이건희는 1966년 동양방송에 입사해 1968년 이사로 승진했고, 1978년 삼성물산 부회장을 거쳐 1979년 2월 삼성그룹 부회장으로 승진했다. 이병철 회장의 첫째 아들 이맹희와 둘째 아들 이창희는 이미 경영일선에서 떠나 있었기에, 이건희는 이미 후계자로 낙점받은 상태였다. 그 사이 이건희는 삼성그룹의 실상을 직접 지켜보고 겪었다. 그러니 그가 그룹총수의 직위를 이어받는 것은 자연스러운 일이었다. 이건희는 1987년 12월 1일 서울 호암아트홀에서 열린 취임식에서 삼성그룹의 새 회장으로 정식 취임했다. 이건희는 취임사에서 "삼성을 세계적인 초일류기업으로 성장시킬 것"이라고 선언했다. 이를 위해 첨단기술산업 분야를 더욱 넓히고 국제화를 가속화하며 새로운 기술과 경영기법을 적극 도입하겠다고 밝혔다.

3남이 대업을 잇는 일은 장자상속이 원칙이었던 전통사회에서도 드문 것은 아니었다. 조선 왕조의 세종대왕이나 중국 고대 은나라의 마지막 왕이었던 주왕도 셋째 아들이었다.[1] 중국 당나라의 전성기를 만든 태종 이세민(李世民) 역시 3남이었다.

　이건희는 이병철 회장으로부터 물려받은 재산에 대한 상속세와 증여세 181억 원을 납부했다. 이건희는 불과 181억 원만 내고 거대한 삼성그룹의 경영권을 승계한 것이다.[2] 그가 이렇게 적은 비용으로 그룹 경영권을 상속받은 것은 후일 이재용에게 그것을 넘기는 과정의 예고편과도 같은 것이었다. 이재용에게 경영권이 승계되는 과정은 훨씬 더 기나긴 '여정'이므로 뒤에서 자세히 기술하고자 한다.

　이건희가 경영권을 물려받은 1987년에 삼성그룹의 총자산은 11조 5872억 원, 총매출은 17조 3957억 원이었다.[3] 국내에서는 1위를 다투는 수준이었지만, 세계적으로 보면 아직 크지 않은 규모였다. 더욱이 삼성 제품과 서비스의 품질은 별로 인정받지 못하고 있었다. 우리나라 기업들이 해외시장에서 품질과 서비스보다는 여전히 저렴한 가격을 무기로 경쟁할 때였다. 우리나라가 아직은 3저호황을 누리고 있을 때였다. 나라 안에서는 6월항쟁으로 군사독재가 종식되고 민주화 시대가 열리는가 싶었으나 야당의 분열로 기존 민정당 정권이 연장됐다. 나라 밖에서는 공산주의 국가들이 몰락의 조짐을 보이고 국제적인 경제경쟁이 격화하는 등 경영환경이 급격하게 바뀌고 있었다.

　그런 가운데 삼성그룹은 1988년 창업 50주년을 맞이했다. 1938년 3월 대구에서 삼성상회로 출발한 지 정확히 50년이 된 것이다. 이에 이건희는 1988년 3월 22일 서울올림픽 체조경기장에서 삼성 창립 50주년 기념식을 통해 '제2창업'을 선언했다. 요지는 삼성의 체질을 더욱 굳세게 다져 삼성을 세계 초일류기업으로 키우고, 국민에게 사랑을 받는 삼성을 만들자는 것이었다. 삼성은 이어 1988년 7월 '제2창업정신'을 새로 제시했다. 핵심은 자율경영, 기술중시, 인간존중 등 3가지였다. 이 가운데 '기술중시'는 이건희가 그룹경영을 이어받은 후 새로이 강조한 것으로, 갈수록 격렬해지는 국제경쟁에서 살아남기 위한 처방이었다. 그러면서 이건희는 점차 이병철 창업회장과는 다른 자신의 색깔을 드러낸다.

질경영과 프랑크푸르트 선언

이건희는 우선 '질경영'을 도입해 확산시켰다. 1980년대에 실시한 현장중심개선활동(TQC)을 확대강화하고 종합생산성혁신운동(TPI: Total Productivity Innovation)을 시작하면서 그룹의 모든 계열사가 이에 참여했다. 이어 계열사들이 따로따로 진행하던 경영합리화 운동이 1990년 3월부터 그룹 차원의 경영혁신운동인 'Apro-S(Ace Professional-Samsung)' 운동으로 통합되어 전개됐다. 'Apro-S' 운동이란 삼성이 모든 면에서 최고가 되고 직원 개개인도 자신의 분야에서 최고가 되자는 취지의 운동이었다. 각종 회의의 횟수와 시간을 줄이자는 '회의 3/3/7 운동', 보고서를 간소화하자는 취지의 '보고 SOS 운동', 권한을 하부와 현장으로 대폭 위임하는 것을 골자로 한 '역할 My My 운동' 등 여러 형태로 진행됐다. 이 운동은 1992년 'Apro-Q'라는 이름의 품질향상 운동으로 발전했다. 1991년 2월부터는 회사별로 세계적인 명품을 한 개라도 만들어내자는 '1사1품 운동'이 진행되지만, 비서실 기술팀이 해체됨에 따라 오래 지속되지 못했다.[4] 이건희는 이 무렵 분야별 전문가들을 모아서 미국과 일본 등지의 선진기업을 샅샅이 둘러보고 오라는 지시를 내렸다. 이를 계기로 삼성그룹은 계열사별로 선진기업을 꾸준히 벤치마킹하게 됐다고 한다. 이를테면 삼성조선은 미국, 일본, 덴마크의 기업들과 해마다 수차례 기술교류회를 개최했다.

1991년에는 지역전문가 제도가 시행되기 시작했다. 지역전문가 제도는 이건희가 부회장으로 있을 때부터 구상해 왔지만 빛을 보지 못하고 있었다. 그러다가 그룹 대권을 물려받음에 따라 자신의 뜻대로 이것을 실행에 옮기게 된 것이다. 지역전문가 제도는 현지인과 같은 수준으로 말하고 생각하고 행동하면서 살아있는 현지 정보를 모으고 분석할 인재를 육성하기 위한 것이다. 이건희의 야심작으로 시작된 이 제도는 삼성의 '미래 핵심인력 양성코스'로서 운영돼, 해마다 200~300명을 해외에 파견했다. 이를 통해 2013년 초까지 모두 80여 개국에 걸쳐 5000여 명의 '지역전문가'가 배출됐다. 1992년 4월에는 여성전문직 제도를 도입해 1차로 비서전문직 50명을 선발했다. 1988년 11월에는 '중소기업과의 공존공영'을 선언하고 352개 품목을 중소기업에 넘겼다. 용인자연농원의 양돈사업도 이 무렵 정리됐다.

삼성은 이어 계열사 전체를 아우르는 기업이미지통합(CI)을 추진했다. 이에 따라 1965년에 만들어진 종전 심벌마크를 버리고 더 세련되고 국제화 시대에 어울리는 새 심벌마크를 제정했다. 임직원 공모를 거쳐 '우리의 노래'라는 제목의 사가도 만들었다. 또 '인재와 기술을 바탕으로 최고의 제품과 서비스를 창출하며 인류사회에 공헌한다'는 새 경영이념을 공표했다.

그렇지만 이런 조치들은 전주곡에 불과했다. 1993년에 들어서면서 이건희의 본색이 드러나기 시작했다. 이건희는 1993년 신년사에서 "대나무도 매듭이 있어야 잘 자라듯이 삼성의 미래를 위해 반성과 평가를 통한 새로운 결단이 있어야 한다"며 소용돌이를 예고했다.

이건희는 이어 2월 미국 로스앤젤레스에, 3월 일본 도쿄에 잇달아 고위 임원들을 소집해 같이 현지의 전자제품 매장을 찾았다. 목적은 하나였다. 삼성의 현주소와 삼성제품의 객관적 위치를 현장에서 직접 보고 확인해 보자는 것이었다. 삼성이 만든 전자제품은 현지 전자제품 매장에서 먼지를 뒤집어쓴 채 구석에 처박혀 있었다.

로스앤젤레스에서는 2월 18일부터 4일 동안 이건희와 전자 관련 임원 23명이 참석한 가운데 '전자부문 수출상품 현지비교평가 회의'가 열렸다. 이를 통해 삼성 제품이 세계 일류제품에 비해 참으로 초라하다는 사실을 다 함께 확인했다. 그런 다음에 열린 회의는 9시간 동안 계속됐다. 이 자리에서 1992년의 수출부진에 대해 설명하던 임원 한 사람이 이건희에 의해 퇴장당한 끝에 대기발령을 받기도 했다.[5]

일본 도쿄에서도 그룹 내 최고경영자 46명이 참석한 가운데 비슷한 일정이 진행됐다. 이 일정에는 이건희의 아들 이재용뿐만 아니라 장조카 이재현까지 참석했다.[6] 그들은 도쿄의 아키하바라 전자시장에서 삼성 제품이 받는 대접을 이틀 동안 직접 눈으로 확인했다. 그런 다음 열린 회의는 로스앤젤레스 회의보다 더 긴 12시간이나 계속됐다. 이때 직접 보고 느낀 삼성 제품의 현실은 삼성 경영진을 크게 각성시키는 계기가 됐다. 이건희는 6월 1일부터 5일까지 다시 일부 사장단과 중역들을 도쿄로 불러 회의를 가졌다. 이 자리에서 이건희를 비롯한 삼성 경영진은 앞으로는 양에 차질이 생기더라도 질을 중시하는 경영풍토를 정착시키고, 제품 하나를 만

들더라도 제대로 만들자고 다짐했다.

　이건희는 이에 앞서 1993년 3월 22일 '제2창업 선언' 5주년을 맞아 서울올림픽 체조경기장에서 '제2창업 제2기 출범'을 선언했다. 이 회장은 이날 기념사에서 기술우위를 통한 '혁신과 창조'가 요구된다고 강조했다. 이건희가 임원들을 해외로 데리고 다니면서 강행군을 벌인 것은 '혁신과 창조'의 분위기를 조성하기 위한 것이었다. 이건희는 이처럼 삼성그룹 임직원들에게 변화의 필요성을 거듭 역설하면서 자세전환을 촉구했다. 이건희의 이런 드라이브는 1993년 6월 7일 독일 프랑크푸르트에서 절정을 이루었다.

　이건희가 1993년 6월 5일 도쿄에서 프랑크푸르트로 가는 비행기에 올라탈 때 삼성 최고위급 임원 7~8명이 동승했다. 이건희는 프랑크푸르트로 가기 전에 삼성전자 오디오 부문의 일본인 고문 기보 마사오와 디자인 부문의 일본인 고문 후쿠다 다미오의 보고서를 읽었다. 각각 삼성전자의 공장 상황과 디자인의 문제점을 지적한 것이었다. 또 세탁기 제조에서 불량품이 발생하는 과정을 다룬 비디오테이프가 이건희에게 전달됐다. 그 내용은 모두 이건희를 화나게 하는 것이었다.

　이에 이건희는 서울 본사로 이학수 비서실 차장에게 전화를 걸어 사장과 임원들을 프랑크푸르트로 집합시키라고 지시했다.[7] 이건희의 불호령에 따라 삼성의 핵심 경영진이 서둘러 프랑크푸르트행 비행기에 올라탔다. 200여 명의 삼성 고위 임원들은 6월 7일 오후 프랑크푸르트의 켐핀스키 호텔에서 열린 회의에 참석했다. 그 가운데는 이건희의 아들 이재용과 조카 이재현 당시 제일제당 상무(이건희의 큰형 이맹희의 장남), 이재관 새한미디어 사장(이건희의 작은형 이창희의 장남)도 있었다.[8] 회의는 오후 3시 30분에 시작돼 자정을 넘긴 시각까지 계속됐다. 이건희는 이날 "공장가동을 중단하거나 시장점유율이 떨어지는 한이 있더라도 근본적인 원인규명과 대책수립을 통해 품질을 세계최고 수준으로 끌어 올리자"고 강조했다. 이건희는 삼성의 상황을 적나라하게 지적했다. 이를테면 "3만 명이 제품을 만들고 6천 명이 수리하러 다니는 비효율 낭비 집단은 이 세상에 없다"고 질책했다. 만드는 데 3만 명이라면 수리하는 데는 1천 명만 뛰면 될 정도로 불량품이 나오지 않게 해야 한다는 것이었다. 삼성의 당시 현실을 정확하게 짚어낸 말이었다. 이 회의는 삼성에 분명히 큰 변화와 혁신이 필요하다는 결론에 이르렀고, 그것이 '신경영'으로 집약됐다.

이 자리에서 삼성 임원들은 불량품 생산을 '범죄'로 규정하고, 양 위주의 경영을 과감히 버리고 질 위주로 간다는 요지의 '프랑크푸르트 선언'을 채택했다. 이것이 이른바 '신경영 선언'이라고 불리는 것으로, 그 뒤로 이건희와 삼성에 꼬리표처럼 따라붙게 되는 대변화 선언이었다. 이 자리에는 삼성그룹의 고위 임원들이 모두 참석했다. 이수빈, 현명관, 소병해 등 이병철 창업회장 시절부터 그룹 경영을 이끌어온 인물들도 함께 했다. 그때까지 우리나라 기업을 지배해 오던 '물량' 위주의 경영풍토에 비춰볼 때 "질 위주로 간다"는 것은 사실 엄청난 '개혁' 선언이었다. 그렇기에 임원들은 이건희의 다소 '과격한' 주장을 견제하며 물량을 중시하는 기존 경영방식도 버릴 수 없다는 의견을 제시했다. 이수빈 비서실장은 사장단 10여 명이 모인 자리에서 "아직까지는 양을 포기할 수 없고, 질과 양은 동전의 양면"이라고 직언했다. 그러자 이건희는 찻숟가락을 테이블 위에 내던지고 나가버렸다. 이 사건은 삼성인들 사이에 '스푼 사건'으로 회자됐다고 한다.[9] 이건희는 자신의 방침을 바꾸지 않았다. 도리어 이건희는 "처자식 빼고 다 바꿔야 한다"고 사자후를 토해냈다. 그의 이 말은 국내 경제계에는 물론 정계와 사회 전체에도 강렬한 인상을 주었다. 이후 이 말은 이건희의 '신경영'을 상징하는 것으로 사람들의 입에 오르내렸다.

이건희가 프랑크푸르트에서 신경영 선언을 내놓은 이유는 무엇일까? 몇 가지로 풀이되고 있다. 프랑크푸르트는 독일 라인강 기적의 메카이고, 독일 통일과 공산정권 몰락 이후 서방경제권으로 흡수된 동유럽 국가들과 가깝다는 것이 우선 꼽힌다. 말하자면 그곳이 유럽의 심장부라는 것이다. 게다가 그해 11월 유럽연합(EU) 창립을 앞두고 유럽 전체에 걸쳐 경제통합에 대해 기대를 거는 분위기가 고조되고 있었다.

이건희는 그 뒤에도 삼성그룹 임원들을 스위스 로잔과 영국 런던 등 해외로 불러 간담회를 열고 특별교육을 실시했다. 당시 삼성그룹 계열사 가운데 하나였던 중앙일보의 임직원들도 예외가 아니었다. 이 같은 강행군은 그해 8월 4일 일본 도쿄에서 열린 간담회로 마무리됐다. 이건희가 나중에 회고한 바에 따르면 그는 첫 간담회 이후 마지막 간담회에 이르기까지 임직원 1800명과 350시간에 걸쳐 대화했고, 사장단과는 800시간에 걸쳐 토의했다. 이건희가 이처럼 '신경영 대장정'을 벌인 것은 구조적인 문제는 그 근본부터 해결해야 하고 그 근본은 사람의 마음에 있다고 생각했기 때문이다. 이건희가 보기에 삼성 내부에 긴장감이 없고 삼성 임직원들은 '내가 제일이다' 하는 착각에서 벗어나지 못하고 있었다. 취임하고 이듬해에 제2창업을 선언하고 '변화와 개혁'을 강조해 왔지만 달라지는 것이 없었다는 것이다. 이대로 가다가는 삼성이 3류로 전락할 것이라는 위기감을 이건희는 느꼈다. 결국 그는 조직에 새로운 긴장감을 불어넣는 것이 절실히 필요하다고 판단하기에 이르렀다.

"50년 동안 굳어진 체질이 너무도 단단했다. 경영자들은 변하지 않고 회사간, 부서간 이기주의는 눈에 보일 정도가 되어 소모적 경쟁을 부채질하고 있었다. 이런 삼성의 현실과 세기말적 변화에 대한 위기감에 등골이 오싹해질 때가 많았다."
—《이건희 에세이-생각 좀 하며 세상을 보자》중 '프랑크푸르트 선언'

사실 1993년 당시 우리나라의 경제상황은 나빴다. 삼성뿐만 아니라 나라경제 전체가 1980년대 말 3저호황의 후유증에 시달리고 있었다. 1987년 대통령선거 승리로 출범한 노태우 정부의 초기에는 우리나라 경제가 비교적 높은 경제성장률을 구가했으나, 부동산투기와 물가불안이 가중됐다. 이에 노태우 정부는 후기에 최각규를 경제부총리로, 조순을 한국은행 총재로 기용해 총수요억제 정책을 폈다. 그 결과는 경기후퇴로 나타났다. 1992년 실질 국내총생산(GDP) 성장률이 6.2%로 뚝 떨어졌다. 1990년과 1991년에 9.8%와 10.4%였다가 6%대로 하락했으니 국민들이 피부로 느끼는 경기상황은 '불황'이나 '침체'라고 할 만했다. 그러자 1993년 취임한 김영삼 대통령 정부가 '신경제계획'을 들고 나왔다. '신경제'라는 말이 사용된 것은 김영삼 당시 대통령이 담화에서 밝힌 대로 "침체의 늪에 빠진 이 나라 경제를 다시 일으켜 세우자"는 취지였다. 그것은 규제완화와 경기부양 정책으로 구체화됐다.

삼성의 사정도 별로 다를 바 없었다. 1993년에 삼성그룹의 매출액은 41조 3646억 원에 이르렀지만 세전이익은 5940억 원에 불과했다. 자본금과 잉여금을 더한 자기자본은 5조 9007억 원에 불과한 데 비해 유동부채와 고정부채를 합한 부채총계는 35조 637억 원에 이르렀다. 부채비율은 594%에 달했다.[10] 결코 우량기업이라고 할 수 없는 수준이었다. 우리나라의 내로라하는 재벌들이 대동소이했다. 삼성은 그나마 다소 나은 편이었다. 그렇지만 뭔가 혁신이 필요한 것은 분명했다. 이건희는 이병철 창업회장의 생전에 그룹 부회장으로 있으면서 비서실에서 삼성그룹의 현황과 강점, 약점을 모두 파악했다. 그는 회장 자리를 승계한 이후 삼성그룹의 모든 것을 다시 살펴본 다음에 이 같은 결론에 도달했을 것이다. 그러니 이건희의 외침이 결코 근거 없는 것은 아니었다. 당시 한국의 모든 기업과 한국경제가 당면한 문제점을 인식한 결과라고 할 수 있다.

김영삼 정부 '신경제'와 쌍두마차

이건희가 부르짖은 '신경영'은 당시 김영삼 정부의 '신경제'와 절묘하게 맞아떨어졌다. 김영삼 정부가 '규제개혁' 드라이브를 진행하는 가운데 이건희의 신경영이 마치 그 선도역이 된 것 같았다. 김영삼 정부의 '신경제'와 이건희의 '신경영'이 쌍두마차가 되어 우리나라 경제를 한 단계 높이는 마법을 부려 주기나 할 것처럼 여겨졌다. 이 때문에 이건희의 신경영은 재계는 물론 공직사회나 정치권, 나아가서는 일반 국민들에게도 주목을 받았다. 당시 집권여당인 민자당의 당직자들이 경기도 용인에 있는 삼성그룹 연수원에 입소해 2박3일간 연수를 받았고, 내무부 공무원과 국영기업체 관리자 등도 다투어 신경영 교육을 받았다. 이런 붐에 힘입어 '이건희 신드롬'이라는 용어까지 생겨났다.

이건희가 내세운 신경영은 한마디로 양적 성장을 위주로 하는 경영에서 품질을 중시하는 경영으로 방향전환을 해서 삼성을 '초일류기업'으로 만들자는 것이었다. 사실 양적 성장 위주의 경영은 우리나라의 거의 모든 재벌이 매달리던 경영방식이었다. 정부의 경제정책도 마찬가지였다. 이병철 삼성그룹 창업회장도 크게 다를 바 없었다. 이병철은 자서전《호암자전》에서 전자산업 진출 이후 텔레비전 등 제품의 생산량 기록을 열거했다. 예를 들어 삼성전자는 1981년 5월에 흑백TV 생산 1000만 대를 돌파하고 1984년 3월에 국내 처음으로 컬러TV 생산 500만 대를 넘어서는 등 양적 성장을 거듭했다고 자랑했다.

　장치산업에 대한 대형 투자에 의해 급성장을 이루던 시절에는 이 같은 양적 성장이 큰 자랑거리였다. 그런 과정에서 '양이 제일'이라는 관념이 뿌리를 내렸다. 그러다보니 한국산 제품은 품질이 향상되지 않아 해외시장에서 '싸구려 제품' 취급을 받았다. 경제의 흐름이 두뇌집약산업 중심으로 점차 바뀌어가는 시대에는 그런 관념을 청산해야 한다는 것이 이건희의 판단이었다. 이에 따라 이건희는 취임 이후 줄곧 '세기말적 위기상황'을 지적하면서 '질 위주 경영'을 해줄 것을 임원들에게 당부했다. 그럼에도 이건희가 보기에 그룹 임원들이 여전히 양적 경영에 매달려 있었다. 이건희 자신의 표현을 빌리면 '양이 인생관이고 양이 전부'였다. 그래서 가슴이 답답해져서 손으로 책상을 치면서 양은 버리라고 이건희는 거듭 강조했다. 너무 답답해서 그랬는지는 모르겠지만, 이건희가 프랑크푸르트에서 강연하는 과정에서 욕설과 막말도 했던 것으로 전해진다.[11]

　게다가 이건희가 보기에 그룹의 핵심 계열사들은 중병에 걸려 있었다. 삼성전자는 암2기, 중공업은 영양실조, 건설은 영양실조에 당뇨병, 종합화학은 선천성 불구기형이라고 이건희는 힐난했다. 그러면서 이런 병적인 경영풍토와 정신구조를 근본적으로 바꿔보자고 호소했다.

"'변하자'는 것은 그동안 그룹에 만연해 온 양 위주의 의식, 체질, 제
도, 관행에서 과감히 벗어나 '나 자신'부터 질 위주로 철저히 변함으로
써 우리 18만 삼성가족이 모두 힘을 합쳐 21세기 초일류기업을 이루고
'질이 높은 삶'을 누리자고, 여러분을 향해서 외치는 나의 간절한 호소
입니다."
— 삼성 신경영 실천위원회, 《삼성 신경영-나부터 변해야 한다》

이처럼 삼성과 임직원의 근본적인 변화를 부르짖은 '프랑크푸르트 선
언'에 이건희 스스로가 엄청난 의미를 부여했다. 프랑크푸르트 선언이 나
온 1993년 6월 7일을 가리켜 이건희는 "우리의 현실을 똑바로 인식하고
나부터 변할 것을 선언한 날로, 삼성이 영원히 기념해야 할 날"이라며 "이
날이야말로 삼성이 새롭게 태어난 역사적인 기념일"이라고 강조했다.[12]

"국가 경쟁력에 대한 충정 내포"
신경영 선언에는 비단 삼성의 경쟁력뿐만 아니라 국가의 경쟁력에 대한
깊은 충정도 내포돼 있었다고 삼성그룹은 의미를 부여한다. 《삼성 60년
사》에는 이렇게 기술돼 있다.

"신경영 철학은 첫째 경제전쟁과 기술전쟁이 펼쳐지고 있는 세기말적
환경변화 속에서 경제속국으로 전락할 위기에 처해 있는 우리나라를
빨리 강한 나라로 만들어야 한다는 의지를 담고 있다."

《삼성 60년사》에 따르면 이건희는 당시 한국의 상황이 러시아, 중국, 일본, 서방선진국 등 열강에 둘러싸여 있던 구한말과 아주 비슷하고, 일류 진입에 실패하면 모두가 제2의 이완용이 될 수밖에 없다고 말하곤 했다. 특히 일본에 대한 지나친 기술의존을 시정하는 것이 가장 시급한 과제라고 이건희는 지적했다. 또 변질된 민족성을 바로 살리고 우리 민족의 우수성을 재발굴할 책무가 삼성과 삼성인에게 있다고 했다. 요컨대 '신경영' 철학이 수립되는 데는 국가경쟁력에 대한 이건희 나름의 충정이 한몫을 했다고 《삼성 60년사》는 전한다.

이건희는 신경영을 실현하기 위한 구체적인 방안도 제시했다.

첫째, 임직원 각자가 인간미와 도덕성을 회복하고 예의범절과 에티켓을 준수하자고 강조했다. 이건희는 이를 두고 '삼성헌법'이라고 일컬었다.[13] 그러기 위해서는 모두가 변화할 필요가 있었다. 이에 따라 제시된 지침이 '위로부터, 나부터, 쉬운 것부터, 한 방향으로, 올바르게' 변화하자는 것이었다. 상식적으로 생각할 때 기업의 성장과 인간미 혹은 도덕성은 서로 어울리지 않는다. 사실 기업의 성장에는 인간미나 도덕성이 필요 없을 뿐만 아니라 오히려 배격돼야 하는지도 모른다. 그러나 삼성이 일류가 되기 위해서는 인간미와 도덕성 회복이 우선과제라고 이건희는 생각했다. 이건희는 "도덕성을 회복하고 인간미를 살리지 않고는 아무것도 할 수 없다는 것이 나의 신념"이라고 되풀이 강조했다.

둘째, 삼성의 경쟁력 강화 방안으로 질 위주의 경영과 국제화, 복합화, 정보화를 설정했다. 이 가운데 질 위주의 경영이나 국제화, 정보화는 특별히 논란할 여지가 없고, 당시로서 절실한 과제이기도 했다. 다만 질 위주의 경영이라는 것은 낯선 개념이었고, 국제화나 정보화는 아직 미흡한 단계였다고 할 수 있다. 국가 전체적으로도 마찬가지였다. 당시 김영삼 대통령도 '세계화'를 구호로 내세우면서 국제화의 필요성을 극단적으로 강조했다.

그러나 복합화는 좀 다르다. 복합화에 대해 삼성그룹은《삼성 60년사》에서 이건희 회장이 독창적으로 주장한 개념이라고 설명했다. 삼성이 말하는 복합화는 다음과 같은 것이다.

> "서로 연관성 있는 인프라, 시설, 기능, 기술이나 소프트를 효과적으로 결합해 이들 간에 서로 유기적인 상승효과를 내는 것이다."

그렇다면 오늘날 흔히 이야기되는 '시너지 효과'와 유사해 보이기도 한다. 하지만 그 폭과 깊이에서 복합화 개념에 독특성이 있다고《삼성 60년사》는 설명한다. 이건희 회장이 주장한 복합화란 '사업의 경계와 국가, 기업, 국민 등 경제주체의 역할을 뛰어넘는 통합적 재창조'라는 것이다. 이를테면 자동차의 경우 가격 기준으로 볼 때 30%를 전기전자 제품이 차지하고 있었는데 이 비율이 2010년에는 60%에 이르게 되리라는 것이었다. 오늘날 전기자동차 개발 움직임이 활발하게 전개되는 상황을 보면 당시 이건희의 판단은 상당한 타당성을 갖고 있었다고 볼 수 있다. 산업의 흐름을 정확하게 꿰뚫고 앞날을 내다본 셈이다. 이건희는 복합화 개념을 여러 사업에 적용했다. 그러다 보니 자동차산업 진출을 비롯한 '문어발 확장'으로 이어졌다. 그리고 후술하는 바와 같이 여러 가지 재앙적 결과를 초래한다.

국내의 뜨거운 반응에 고무된 삼성은 '신경영'을 해외사업장에도 확산시킨다. 신경영의 배경과 목표를 설명한 〈삼성 신경영〉이라는 책자를 영어, 중국어, 일본어 등 6개 언어로 제작해 배포했고, 1995년에는 '현지 변화담당자'를 양성하는 등 실천방안을 마련해 추진했다. 처음에는 해외에서 진행이 여의치 않았는데, 1996년을 '해외부문 신경영 실천의 원년'으로 삼고 적극적으로 추진해 변화의 동력을 만들었다. 그 결과 미국, 멕시코, 태국, 독일 등지의 현지법인에서 기업 이미지를 높이고 불량률을 낮추는 등의 성과를 거뒀다고 《삼성 60년사》는 전한다. 중국 광저우에 있는 삼성전자 중국법인에서는 차별화와 복합화 전략을 추진해 일본을 제치고 비디오시디(VCD) 판매 1위를 달성했다고 한다. 이로써 중국에서도 '삼성 신화'의 서곡을 울렸다는 설명이다.

혁신 드라이브

"지금 한국 기업의 풍토는 어떤가. 과거 위기에 처했던 미국의 경우와 별반 다를 게 없다. 세계 3류라는 현실을 인정하고 경각심을 느끼기보다는 국내 정상이라는 '우물 속의 평온함'을 즐기고 안도감에 젖어 있기를 원한다. 그런가 하면 남의 말, 나보다 나은 것을 받아들이려 하지 않는다."

— 《이건희 에세이-생각 좀 하며 세상을 보자》 중 '미국경제 부활의 교훈'

이건희의 지적처럼 그 무엇인가를 이룩하고 발전하려면 자신의 위치와 실력을 정확하게 인식하는 것이 무엇보다 중요하다. 기업도 스스로가 1류인지 3류인지를 알아야 올바른 처방을 마련할 수 있다. 그런 올바른 인식이 없으면 겉도는 대책만 나올 뿐이다. 이건희는 이 무렵 삼성이 국제 기준으로 볼 때 3류임을 제대로 인식하고 있었다. 그래서 그런 상황을 돌파하기 위한 방안으로 '신경영'을 들고 나온 것이다.

삼성은 이때부터 '신경영' 열풍 속으로 들어갔다. 이건희의 주문에 따라 삼성은 신경영을 구체화하기 위한 여러 가지 변화를 시도했다. 1993년 9월 그룹 비서실에 비서실장을 위원장으로 하는 '신경영실천위원회'와 '신경영실천사무국'을 설치했다. 삼성경제연구소에도 '신경영실'을 설치해 이건희의 신경영을 이론적으로 뒷받침하는 역할을 맡겼다. 신경영실천사무국에서는 〈신경영-나부터 변해야 한다〉와 〈삼성인의 용어〉라는 책자를 제작했다. 신경영에 대한 이해를 돕기 위해 만화로 소개책자도 만들었다. 이 밖에 1996년까지 〈신경영 실천가이드〉 등 다양한 책자를 만들어 교육자료로 활용했다. 또 〈삼성 신경영〉을 6개 언어로 번역해 국내외 모든 사업장에 배포했다. 신경영에 대한 교육도 다양하게 실시됐다. 우선 이건희가 직접 나서서 경기지역 계열사의 임원 및 부장급, 과장급 사원들과 간담회를 개최했다. 이어 계열사의 간부사원에 대한 교육이 1993년 말까지 진행됐다. 1994년에는 협력업체와 대리점을 대상으로 한 워크숍도 열렸다. 1993년 10월에는 비서실을 개편하고 비서실장을 이수빈에서 현명관으로 교체했다. 1993년 말 임원인사에서는 이공계 대학을 나온 인사들이 중용됐다. 계열사에 대한 업적평가도 종래의 양적평가 중심에서 질적평가 중심으로 바뀌어 연구개발이나 품질, 고객서비스 수준, 우수인력 확보 등이 중요한 평가항목이 됐다.

이어 보다 가시적이고 피부로 느껴지는 조치들이 취해졌다. 우선 임직원에 대한 집중교육이 실시됐다. 이를 위해 임직원 대상 '21세기 최고경영자과정'을 개설했다. 1993년 9월 1차로 42명이 차출된 것을 비롯해 1996년까지 모두 6차례에 걸쳐 총 193명이 교육대상이 됐다. 이들은 6개월 또는 1년 동안 현업에서 손을 떼고 용인에 있는 그룹 연수원에서 집중교육을 받았다. 대상자는 주로 계열사의 관리나 경리 부문에서 일하는 본부장급 임원이었다. 이들은 말하자면 '변화기피형'으로 꼽히는 사람들이었다.[14] 이건희가 하지 말라는 '뒷다리 잡기'를 일삼는 부류였다. 이들은 연수원에 가서 비즈니스 세계에 대한 새로운 교육을 받았다. 이를테면 일종의 '세뇌교육'을 받았다고 할 수 있다. 이 조치에 대해 '신경영'의 이름으로 임원들을 사실상 '숙청'하는 것이라는 논평이 제기되는 등 큰 파장이 일었다.[15] 그렇지만 우려와 달리 상당수가 현업으로 복귀했다. 물론 이에 적응하지 못한 사람들은 떠나고 말았다.

임원 현장근무 제도도 시행됐다. 임원은 월요일과 수요일을 제외한 주 4일간 현장으로 출근해야 했다. 생산 현장은 물론이고 협력업체나 대리점, 서비스센터 등에서 고객을 직접 상대하면서 피부로 현장을 느껴보라는 취지였다.

당시에 취해진 조치 가운데 가장 상징적인 것은 조기출근제(7-4제)와 라인스톱제였다. 조기출근제란 7시에 출근해서 4시에 퇴근하는 제도였다. 이는 불필요한 일은 하지 말고 하루 8시간만 일하자는 취지였다. 명분은 출퇴근에 소요되는 시간을 줄이고, 업무효율성을 높이며, 일찍 퇴근해서 자기계발에 힘쓰자는 것이었다. 잘 정착되면 나름대로 의미 있는 조치라고 할 수도 있는 것이었다. 일찍 퇴근하면 외국어 공부나 레저스포츠 활동 등 자신의 취향에 따라 하고 싶은 것을 할 수도 있고, 야간 대학원에 다니면서 하고 싶은 공부를 할 수도 있다. 또 음악이나 미술 등 예술분야에 관심을 갖고 뭔가를 새로이 배워볼 수도 있다.

그렇지만 오랜 세월 굳어진 출퇴근 관행에 부닥쳐 7-4제가 제대로 실현되지 못했다. 7-5제로 하는 사업장도 있었고, 직원들이 일단 사무실에서는 오후 4시에 나가지만 사실은 퇴근하지 못하고 근처에서 배회하는 경우도 적지 않았다. 여러 가지 이유로 7-4제는 정착되지 않았다. 그럴 수밖에 없는 근본적 이유가 있었다. 사실 7-4제 자체가 애초부터 무리한 측면이 있었고, 자연에 거스르는 점도 있었다. 따라서 그대로 실현되기가 어려운 방안이었다.

인간의 생체리듬 거스르는 7-4제 홀로 고집

국내 대부분의 직장, 즉 관공서, 금융회사, 기업 등에서 오전 9시에 출근하고 오후 6시에 퇴근하는 시스템이 통용되고 있었다. 이런 출퇴근 시스템은 누가 그렇게 하라고 해서 그렇게 된 것이 아니다. 자연의 일부인 인간의 생체리듬에 따라 자연스럽게 굳어진 것이다. 직장인들이 생활에 무리를 주지 않으면서 효율적으로 일하려면 그런 리듬을 거스르지 말아야 한다. 생체리듬을 불가피한 사유로 잠깐 어길 수는 있지만 오래도록 어길 수는 없는 일이다. 그럴 경우 인체에 탈이 나는 등 부작용이 클 수밖에 없다. 그렇기에 7시 출근, 4시 퇴근이라는 자연스럽지 않은 제도를 다른 기업이나 금융회사, 관공서는 수용하지 않았다. 오로지 삼성만이 그것을 고집했다. 그러나 현실적으로는 제대로 이행될 수 없었다. 삼성은 한국사회에서 홀로 일하는 조직이 아니므로 다른 기업이나 금융회사, 그리고 정부기관 등 관공서와의 관계 속에서 일해야 하기 때문이었다. 게다가 다양한 업무의 특성을 고려하지 않고 모든 계열사, 모든 직종의 종사자에게 똑같이 7-4제를 적용한다는 것 자체가 새로운 획일주의, 새로운 양 위주의 사고방식이라고 할 수 있는 것이었다. 이에 따라 7-4제는 갈수록 동력이 떨어져 나중에는 '자율근무제'라는 이름의 8-5제, 9-6제 등으로 바뀌어갔다.

　출퇴근 시간에 관한 기존 관행을 고쳐보자는 시도가 잘못된 것은 아니다. 그렇지만 7-4제라는 또 다른 획일적 제도가 기존 관행의 대안이 될 수는 없다. 제대로 하려면 업무의 성격에 따라 출퇴근 시간을 완전히 달리해야 한다. 업무의 특성에 따라 오후에 출근해서 저녁 늦게 퇴근하기도 하는 등 출퇴근 시간이 다양해야 한다. 경우에 따라서는 아예 출근하지 않고 재택근무하는 것이 나을 수도 있다. 창조적 기업이라면 무엇이든 그렇게 유연성 있게 바꿔야 하는 것이다. 7-4제는 지속가능성이 없는 제도였다. 그렇기에 2002년에 완전히 폐기됐다.

라인스톱제도 프랑크푸르트 간담회에서 내려진 결론 가운데 하나라고 이건희는 밝혔다. 라인스톱제란 생산라인에서 공정을 진행하다가 불량품이 발견되면 그 라인 전체를 세운다는 것이었다. 그것이 새삼스러운 것은 아니었다. 어느 사업장에서나 불량품이 많이 나오면 일부러, 또는 어쩔 수 없이 공정을 멈춘다. 다만 불량품이 적게 발생하면 적당히 넘어가는 경우가 많은데, 그렇게 넘어가는 일이 잦아지면 악습이 된다. 건설 현장에서는 부실공사의 요인이 된다. 그래서 이건희의 지적처럼 불량품은 암이라고 할 수 있다. 이건희가 이때 요구한 것은 그 '암'을 치유하기 위해 불량품이 단 한 개라도 발견되면 바로 공정을 멈추자는 것이었다. 그렇지만 이 역시 초기에는 제대로 실행되지 않았다. 이건희가 직접 몇 차례 확인한 다음에야 겨우 일선 사업장에서 시행되기 일쑤였다. 그때까지 굳어진 관습의 힘이 너무 강했기 때문이다. 그래도 이건희가 여러 차례 채근한 결과 현장에서 어느 정도 실행되기에 이르렀다. 그 결과 불량품 발생이 현저히 줄어들고 품질개선과 공정개선이라는 부수효과까지 나타났다고 이건희는 전한다.

라인스톱제를 본격적으로 시행하게 된 결정적인 계기는 세탁기 라인의 문제였다. 1993년 6월 세탁기 라인에서 불량품이 방치되고 있는 장면이 삼성의 사내방송인 SBC를 통해 방영됐다. 이 때문에 세탁기 생산라인이 정지됐다가 문제점을 모두 해결한 후 재가동됐다. 라인스톱제는 제조업체뿐만 아니라 삼성화재, 삼성카드, 삼성에버랜드 등 서비스 계열사들에서도 시행됐다. 삼성건설에서는 부실공사 방지를 위한 공사중단제가 도입됐다.

그러나 라인스톱제 시행에도 불구하고 이건희의 뜻과 달리 품질불량이 확실히 근절되지 않았다. 고심 끝에 이건희가 동원한 또 하나의 처방이 불량제품 화형식이었다. 1995년 3월 9일 경북 구미의 삼성전자 사업장에서 무선전화기 불량제품 화형식이 열려 수거된 불량품 15만 대 150억 원어치가 소각 처분됐다. 당시 삼성의 무선전화기가 품질이 충분히 확인되지 않은 상태에서 서둘러 생산에 들어갔다가 10% 이상의 불량률을 기록했다. 이로 인해 소비자의 원성이 자자했기 때문에 취해진 극약처방이었다. 삼성은 이때 불량품을 모두 새로운 제품으로 교환해 주겠다면서 수거해 불길 속에 던져 넣었다. 이런 과정을 통해 '불량은 암'이라는 인식이 삼성 구성원들에게 확산되어 갔고, 매출실적 달성을 위한 밀어내기 등 '거품경영'의 익습도 차츰 타파됐다.

불량률을 낮추기 위한 시도는 모든 계열사에서 진행됐고, 일정한 성과를 보기도 했다. 이를테면 삼성전기의 경우 1995년에 불량률이 1992년의 5분의 1 수준으로 낮아진 반면 생산성은 2배로 향상됐다. 그렇다고 불량품을 그대로 시중에 내다파는 습성이 삼성에서 완전히 없어졌는지는 의문이다. 필자의 최근 경험을 말하자면 200여만 원을 주고 삼성의 PDP를 구입했는데, 2년이 채 안 되어 고장이 났다. 수리하기 위해 삼성서비스 직원을 불렀더니 부품을 교체해야 한다면서 수십만 원을 요구했다. 그래서 결국 수리를 포기하고 말았다. 현재 우리 집의 처분대상 쓰레기 목록 1호다. 그 비싼 제품이 그토록 쉽게 고장날 줄은 몰랐다. 화도 몹시 났다. 이건희의 '품질경영'에 의문이 생기기도 했다. 이 같은 일은 과연 필자만의 경험일까?

어쨌든 이건희가 부르짖은 신경영은 결국 물량주의를 배격하고 품질향상과 기술개발을 통해 초일류기업이 되어보자는 것으로 요약된다. 라인스톱제는 이를 위한 노력의 하나였다. 그렇지만 불량품을 줄이는 것만으로는 충분하지 않다. 제품의 품질 자체가 향상돼야 초일류기업이라는 목표가 비로소 달성될 수 있다. 품질이 향상되지 않으면 아무리 요란한 구호와 수식을 붙여도 그것은 허세일 뿐이다. 그래서 삼성은 제품의 일류화도 꾸준히 추진했다. 신경영 선언 이전에 추진되던 1사1품 운동을 뛰어넘는 방식으로 더 강력하게 제품의 세계일류화를 추진했다. 슬로건은 'World Best' 등 계열사마다 달랐다. 그러나 품질이 경쟁력의 핵심이라는 인식이 모든 계열사에 걸쳐 공감대를 형성하게 되면서 품질향상 운동이 과거보다 더 힘 있게 추진된 것은 분명하다. 그리고 그 성과가 조금씩 나타났다.

삼성전자는 명품TV와 명품TV 플러스원, 디지털 CDMA 휴대전화, 1기가 D램 반도체 등을 개발해 출시했다. 삼성전관의 초순간 컬러브라운관, 삼성SDS의 의료용 영상정보시스템, 삼성중공업의 2중선체구조 원유운반선 등도 나왔다. 삼성항공에서는 4배줌 카메라를 세계 최초로 개발했다. 특히 명품TV와 명품TV 플러스원은 삼성전자, 삼성코닝, 삼성전관, 삼성전기 등 전자 계열사들이 긴밀한 협력을 통해 개발한 회심의 역작이었다. 명품TV는 세계 최고의 TV를 만들어보자는 목표 아래 1993년 3월 개발이 착수돼 1994년 8월 탄생했다. 삼성은 이 제품으로 국내 TV시장에서 비약적으로 성장하고 국가 기술상인 장영실상을 받았다. 삼성은 이어 1996년 6월 명품TV 플러스원을 출시했다. 삼성은 명품TV 플러스원을 개발하면서 국내특허 94건과 해외특허 14건을 취득한 데 이어 해외시장에서도 이 제품을 '명품'급으로 인정받았다.

또 1993년 10월에 출시된 SH-700과 1994년 10월에 출시된 SH-770은 집요한 노력에 의해 개발된 아날로그 휴대전화 제품이다. 이 제품은 당시까지 국내 시장을 지배하고 있던 모토롤라를 몰아내면서 이른바 '애니콜 신화'를 창조했다. 삼성은 1995년 10월 디지털 CDMA 셀룰러 시스템을 세계 처음으로 상용화한 데 이어 1996년 4월 '디지털 애니콜'을 발매해 국내 휴대전화 시장의 절반 이상을 차지하게 됐다. 이 때문에 우리나라는 모토롤라가 시장점유율 1위를 차지하지 못한 유일한 나라가 됐다.

기술개발의 측면에서 빠뜨릴 수 없는 것이 삼성종합기술원이다. 삼성종합기술원은 이병철 창업회장이 세상을 떠나기 직전인 1987년 10월 문을 열었다. 이건희는 취임 후 삼성종합기술원을 적극적으로 활용해 그룹 기술개발의 중추기관으로 발돋움시켰다. 삼성종합기술원은 이를테면 디지털비디오디스크레코더(DVDR)를 개발하고 그 기술을 삼성전자에 이관함으로써 DVD플레이어 출시의 산파역을 했다. CD-R 기술을 네덜란드에 판매하는 등 기술수출의 개가도 올렸다. 삼성종합기술원은 창립 후 10년 동안 국내외에서 총 4700여 건의 특허를 출원하고 900여 건의 특허를 취득했으며, 논문도 활발하게 발표했다. 삼성종합기술원의 연구개발 활동은 이후 삼성그룹의 신수종사업 개발과 관련된 연구에 집중됐다.

소비자보호 노력도 활발하게 전개됐다. 삼성전자는 1994년 6월 8일 고객의 권리를 우선한다는 취지의 '고객신권리선언'을 발표했다. 핵심 골자는 제품구입 후 6개월 이내에 불만이 있으면 새 제품으로 바꿔주고, 무상보증기간을 1년에서 2년으로 연장하며, 제조물배상 책임보험에 가입한다는 것이었다. 1995년 6월 1일에는 '95 고객신권리선언'을 발표했다. 이 선언을 통해 삼성은 가전제품 폐기물 책임수거, 컴퓨터 무료교육, 주요 제품 매출액의 1% 후원금 출연 등을 담은 대국민 3대 약속을 제시했다. 1994년 6월 28일에는 그룹 차원의 소비자보호 전담기구인 삼성소비자문화원을 설립했다.

이 밖에도 크고 작은 변화가 뒤를 이었다. 1995년 테크노MBA 제도가 시행됐고, 공채 필기시험이 전면 폐지됐다. 테크노MBA 제도는 이공계 출신 임원과 간부 사원들의 안목을 넓혀주기 위해 도입된 것이다. 선발된 사람은 국내외 대학의 경영전문대학원(MBA) 등에 들어가 경영과 인문 분야 과목의 교육을 받았다. 삼성은 여성인력 활용도를 제고하기 위해 1996년에 '여성인력 활용 TF'를 구성해 운영하기도 했다. 또한 여직원에게만 입게 하던 근무복도 폐지했다.

이처럼 이건희의 삼성은 다방면에 걸쳐 혁신을 시도했다. 그 과정에서 삼성은 우리나라 기업들에 새로운 충격을 주었다. 그 성과를 바탕으로 이건희는 미래를 위한 브랜드 전략도 새롭게 정립해야 할 필요성을 느꼈다. 이에 따라 우리나라가 IMF 구제금융을 받기 직전인 1997년 9월에 삼성은 '미래전략그룹'을 출범시켰다. 새로운 브랜드 전략을 수립하기 위해 외국인만으로 구성한 팀이었다.

제품개발 과정의 '코페르니쿠스적 전환'

이건희가 또 하나 강력하게 드라이브를 건 것은 디자인 개선이었다. 요즘에는 기업마다 디자인 개념에 익숙해져 있다. 같은 수준의 기술로 만든 제품이라도 디자인이 좋으면 더 잘 팔린다는 생각이 이제는 보편화돼 있다. 그러나 1990년대 초까지만 해도 디자인은 우리나라 기업들에 사실상 생소한 개념에 지나지 않았다. 대부분의 기업이 디자인을 '분장'쯤으로 간주하고 있었다. 때문에 우리나라 제품은 대체로 마무리가 엉성한 데다 디자인까지 조악했다. 1989년부터 10년 동안 삼성전자의 디자인 고문으로 일했던 후쿠다 다미오는 2015년 6월 14일 삼성그룹의 사내매체인 '미디어삼성'에 실린 인터뷰에서 삼성전자의 디자인이 신경영 이전에는 2류 수준이었다고 회고했다. 디자인이 그런 수준인 제품이었으니 국내시장에서는 통했을지 몰라도 해외시장에서는 수용되지 못했다. 디자인 문제는 한국산 제품이 제값을 받지 못하게 하는 또 한 가지 요인이었다. 이처럼 국내 업계의 디자인 수준이 낮을 때 이건희는 디자인 혁신에 드라이브를 걸었다. 디자인이 훌륭해야 제품이 제값을 받을 수 있을 것이라는 판단에서였다.

"상품 경쟁력의 요소는 기획력, 기술력, 디자인력의 3가지로 볼 수 있다. 이것이 과거에는 각각 더해지는 합의 개념이었으나 이제는 각각 곱해지는 승의 개념이 되었다."
—《이건희 에세이-생각 좀 하며 세상을 보자》중 '디자인이 결정한다'

이건희의 디자인 경영에 기폭제가 된 것은 1993년 6월 5일 제출된 '후쿠다 보고서'다. 후쿠다 보고서는 후쿠다 디자인 고문이 삼성전자에서 보고 겪은 삼성 디자인의 실태와 개선방향을 기술한 보고서로, 이건희에게 제출됐다. 상품기획이 없고 기구설계 능력이 약하다는 등 당시 삼성전자 디자인의 문제점을 지적했다. 기구설계란 제품 디자인을 실물로 제작할 수 있도록 부품별 또는 조립부별로 정밀한 설계를 하는 것을 말하며, 공장에서 제품생산에 들어가기에 앞서 거쳐야 하는 과정이다. 기구설계 능력이 약하다는 후쿠다의 지적은 디자인을 생산 현장에 적용하는 정밀설계 능력이 떨어진다는 것으로, 디자인에 대한 종합적이고 체계적인 관점의 필요성을 주장한 것이라고 할 수 있겠다.

이건희가 후쿠다 보고서를 읽은 것은 그로 하여금 독일 프랑크푸르트로 임원들을 불러 모으고 프랑크푸르트 선언을 발표하게 한 중요한 계기였다. 이후 이건희는 삼성전자의 디자인 혁신에 박차를 가했다. 이건희는 후쿠다 보고서를 읽어보고 무척 화가 났던 듯하다. 후쿠다로부터 "아무리 삼성의 디자인 문제에 대해 지적을 해주어도 안 되니까 포기했다"는 말까지 들었다. 이건희는 "회장이 나서도 안 된다는 말까지 들었다"면서 "삼성이 이런 것이고, 한국인이 이렇게 저질 민족인가"라고 한탄했다. 어쨌든 삼성의 디자인은 그 뒤로 일취월장했다. 후쿠다 고문 자신이 1999년까지 삼성전자의 디자인 실력을 키우는 데서 핵심적인 역할을 맡았다.

삼성은 1995년 3월 디자인 전문 교육기관인 삼성디자인학교(SADI)를 설립했다. 1995년 9월 삼성디자인연구원(IDS)도 문을 열었다. TV와 VTR 등 멀티미디어 제품과 자동차 분야의 디자인 인력을 양성하기 위한 것이었다. 이 연구원에는 멀티미디어학과, 자동차디자인학과, 제품디자인학과가 설치됐다. 이건희는 1996년 신년사를 통해 '디자인 경영의 해'를 선포하고 "삼성 고유의 디자인 개발에 그룹의 역량을 집결하자"고 강조했다. 삼성은 이어 2000년 그룹 차원의 디자인위원회와 계열사별 CEO 직속의 디자인경영센터를 설치하는 등 디자인 역량 강화에 힘썼다. 2005년

4월에는 이탈리아 밀라노에서 디자인 전략회의를 열고 '제2 디자인 혁명'을 선언했다.

디자인 수준을 높이는 데는 누가 뭐래도 역시 실력 있는 디자이너가 가장 중요하다. 디자인이라는 것이 다분히 창의적인 업무이기 때문이다. 특히 이건희의 표현대로 '천재급 디자이너'를 확보하는 것이 핵심 과제라고 할 수 있다. 이에 따라 삼성은 우수한 디자이너를 확보하는 노력을 기울이는 한편 채용된 디자이너에게 전적인 권한을 부여하게 됐다. 무엇보다도 제품개발에서 종전에는 보조수단으로 간주되던 디자인이 우선적으로 고려되기에 이르렀다. 제품개발 과정에 일어난 '코페르니쿠스적 전환'이라고 할 수 있겠다.

그 뒤로 삼성은 신제품을 개발할 때 디자인을 우선순위에 두었다.[16] 디자인 혁신 드라이브는 특히 가전제품 분야에서 큰 성과를 거뒀다. 삼성전자의 TV가 세계 1위로 도약하는 데 결정적인 역할을 한 '보르도 TV'는 포도주잔의 이미지를 살려 개발된 것으로, 이건희의 디자인 경영이 이룬 대표적인 성과로 꼽힌다.[17] 삼성은 이 밖에도 2005년 6월 디자인 분야의 최고 권위를 인정받는 미국의 'IDEA상'에서 최다 수상 기업이 된 것을 비롯해 주요 국제 디자인상에서 높은 평가를 받았다.

삼성은 사회로도 눈을 돌려 활발한 활동을 벌였다. 1989년 삼성복지재단을 설립하고 보육사업 중심으로 기부에 나섰다. '신경영' 선언 이후에는 삼성의 사회활동이 어린이집 건립과 운영은 물론이고 결식노인 급식 지원, 얼굴 기형인에 대한 진료와 수술비 보조 등 다방면으로 확대됐다. 자원봉사를 확대하기 위해 1994년 10월 19일 삼성사회봉사단도 발족시켰다. 이후 삼성 임직원 모두가 각종 사회봉사 활동에 참여하고 연1회 이상

헌혈에 참여하게 됐다. 1994년에는 장애인을 위한 기업 '무궁화전자'를 세워 지원하기 시작했다.

중소기업 지원에도 나름대로 신경을 썼다. 1994년에는 공사비 290억 원 전액을 부담해 중소기업개발원(연수원)을 지어 중소기업협동조합중앙회에 기증했다. 이어 중소기업연수원의 교육프로그램 개발을 위해 해마다 30억 원씩 5년 동안 모두 150억 원을 지원했다. 1996년 1월에는 협력회사에 대한 현금결제 확대, 지급보증과 대출지원 확대, 해외 동반진출 추진 등을 골자로 한 중소기업 지원방안을 마련해 발표했다. 1995년 9월에는 삼성소비자문화원에 중소기업지원실을 설치했다. 말하자면 삼성그룹판 '중소기업청'을 설치한 셈이다. 삼성그룹은 이 기구를 통해 중소기업의 애로를 해결하고 경영개선을 지원하는 방안을 마련해 시행했다. 그 효과로 협력회사들이 공급하는 부품의 불량률이 크게 낮아져 삼성 제품의 품질이 대폭 개선되는 효과를 거두었다.

적극적인 국제화

이건희가 취임한 이후 삼성이 보여준 또 하나의 두드러진 변화는 국제화다. 이건희는 국제화를 하지 않으면 21세기에 살아남을 수 없다며 적극적인 국제화를 채근했다. 삼성의 외국기업 인수나 해외투자는 이병철 창업회장 당시에도 간헐적으로 이루어졌지만, 이건희 회장이 취임한 이후에 더욱 활발해졌다. 삼성은 이건희의 주문에 따라 해외 여러 나라의 조건과 특성을 잘 검토해 거점을 만들고 여러 업종을 하나로 묶는 복합화-집중화 전략을 쓰기로 했다. 아울러 국내 생산기지를 외국으로 옮기고 외국의 우수한 인력을 과감히 채용한다는 방침을 세웠다.

삼성은 우선 외국기업 인수에 나섰다. 이병철 창업회장 당시에는 외국기업으로부터 기술을 도입하는 데 집중했고, 해외기업을 직접 인수하는 일은 별로 없었다. 하지만 이건희 회장이 취임한 뒤로는 기회가 있을 때마다 해외기업을 인수하거나 해외에 공장과 법인을 설립했다. 그러는 것이 해외시장 진출과 선진기술 습득에 유리하다는 판단 때문이었다.

1992년에 삼성전관이 옛 동독의 브라운관 생산업체인 WF를 400만 달러에 인수했고, 1994년에는 삼성코닝이 옛 동독의 브라운관용 유리 생산업체인 FGT를 매입했다. 1995년에도 일본의 유니온광학과 독일의 카메라 및 광학기기 제조업체 롤라이 등 해외 유수업체의 지분 일부 또는 전부를 확보했다. 또한 미국 캘리포니아에 있는 세계 6위의 PC 전문회사인 AST의 지분 40%를 3억 7800만 달러에 인수했다. 일본의 오디오 업체인 럭스의 지분 51%도 사들여 경영권을 확보했다. 《삼성 60년사》에 따르면 1992년부터 1995년까지 삼성의 계열사들이 해외기업을 인수한 사례는 17건을 헤아리며, 인수대금으로는 6억 8795만 달러에 이른다.[18] 그 가운데 WF와 FGT 등 상당수 업체는 삼성이 추가투자를 해서 시설을 합리화하고 '삼성식' 경영을 도입한 결과 경영실적이 흑자로 전환됐다. 반면 AST의 경영상태는 회복되지 않아 상당기간 삼성의 병통으로 남았다.

삼성전자는 1988년 3월 태국의 사하그룹과 합작으로 '타이삼성'을 설립하고 1989년 하반기부터 태국에 컬러TV와 냉장고 등 가전제품을 생산하는 공장을 세웠다. 삼성전자에 이어 삼성전기와 삼성중공업도 동남아지역 진출의 거점으로 삼기 위해 태국에 공장을 건설했다. 말레이시아에도 삼성전자, 삼성전관, 삼성코닝이 각각 현지법인과 현지공장을 세웠다. 삼성전자는 인도네시아에도 삼성 상표를 부착한 냉장고, 에어컨 등의 가전

제품을 생산하는 공장을 설립했다. 삼성물산은 필리핀에 공업단지를 조성했다.

삼성은 유럽과 인도에도 공장을 지었다. 삼성전자는 1990년 스페인에 VTR 공장을 세운 데 이어 1993년 영국 북부 클리블랜드 지역의 빌링엄 시에 컬러TV 공장을 건립했다. 삼성전자는 1997년 인도에도 컬러TV 공장을 준공했다. 삼성전기는 1992년 포르투갈에 컬러TV 부품 공장을 설치했고, 같은 해 인도에서는 흑백TV 부품 공장을 완공했다. 삼성전자는 미국 텍사스 주의 오스틴에 반도체 공장을 설립했다. 이러한 잇단 인수합병과 투자는 '수출제품은 수출지에서 만든다'는 전략에 따른 것이었다.

삼성은 특히 해외공장을 설립할 때 이건희가 부르짖은 '복합화' 개념을 적용했다. 계열사들이 따로따로 공장설립을 추진하기 보다 함께 통합적으로 진출해 공장을 설립한 것이다. 대표적인 사례가 멕시코 티후아나 복합단지다. 티후아나 복합단지에는 삼성전자 9000만 달러, 삼성전관 1억 7000만 달러, 삼성전기 3200만 달러 등 총 2억 9200만 달러가 투자됐다. 이 단지에서는 삼성전자의 컬러TV를 비롯한 가전제품은 물론이고 각종 전자부품까지 모두 생산된다. 이 같은 개념으로 영국 윈야드, 중국 톈진, 말레이시아 세렘반, 브라질 마나우스 등에도 계열사들이 동반 진출해 공장을 세웠다. 복합단지 진출은 개별 진출의 경우와 달리 계열사들 사이에 제품의 기능과 기술을 상호 보완할 수 있어 현지 시장에서 우위를 차지하기에 유리한 방식이다. 그러나 복합단지 진출이 특정 국가에 중복되면 진출국의 경제상황이나 신용도의 변동에 따라서는 집중적인 영향을 받게 될 위험도 있다. 삼성은 이런 점을 고려해 복합단지 진출 대상지역을 신중하게 선정하고 주로 전자 계열사들을 복합단지에 입주시켰다.

삼성은 아울러 1994년 1월 일본본사를 설립한 것을 비롯해 구주본사 (런던), 동남아본사(싱가포르), 미주본사(뉴욕), 중국본사(베이징) 등 지역별 해외본사를 설치했다. 이는 이미 현지에 설치된 여러 계열사의 해외사업부를 재조직하고 지역 단위로 사업을 통합관리하기 위한 것이었다. 이에 따라 우선은 현지에 진출해 있는 공장이나 법인이 한국본사와 현지본사의 2중지휘를 받게 됐다. 하지만 궁극적으로는 현지 해외본사가 한국본사와 서로 대등한 관계를 갖게 한다는 것이 삼성의 계획이었다. 해외본사가 제2의 삼성, 제3의 삼성이 돼야 한다는 것이다. 《삼성 60년사》에는 이렇게 설명돼 있다.

"중국이나 구주의 해외본사가 자기완결적인 역량을 갖고 한국에 있는 삼성본사와 대등한 관계를 가질 수 있어야 한다는 것이다. 한국에서 하지 않는 사업을 독자적으로 개발할 수도 있고, 필요하다면 한 해외본사가 다른 해외본사에서 제시하는 제품을 거부할 수도 있어야 하는 것이다."

그렇지만 그런 기대대로 됐는지는 의문이다. 지금도 해외본사들이 독자적인 역량을 갖췄다고 보기는 어렵다. 국내의 각 계열사도 독립경영을 하지 못하고 그룹 본부의 지휘와 조정을 받고 있는 현실에서 하물며 해외본사의 독립경영이란 언감생심일 것이다.

어쨌든 삼성은 해외공장 건립과 현지 판매법인 설립, 해외기업 인수 등 국제화 작업을 활발하게 진행해 왔다. 그런 국제화 작업이 언제나 성공한 것은 물론 아니지만, 삼성은 꾸준히 국제화를 추진해 왔다. 이에 따라 삼성의 해외사업장은 2015년 말 현재 삼성전자 142개를 비롯해 모두 600여 개에 이른다. 진출해 있는 나라는 모두 91개를 헤아린다. 이는 우리나라가 세계무역기구(WTO)에 가입하고 세계 각국과 자유무역협정(FTA)을 체결하는 등 국가경제의 세계화를 가속화해 온 추세와도 어울린다. 국가경제의 세계화와 상승작용을 하면서 삼성의 세계화가 가속화됐다. 특히 노동집약적인 제품과 부문의 조립공장이 해외로 이전되면서 국내공장에서 해외공장에 부품과 기술을 공급하는 분업체제가 삼성그룹 전반에 확산돼 갔다.

'신경영'의 성과

이건희는 신경영을 통해 양 위주에서 질 위주로 경영을 전환하는 데 걸리는 기간을 3년으로 설정했다. 이건희가 보기에 그 같은 전환은 결코 사소한 일이 아니기에 기간을 다소 길게 잡은 것이다. 그것은 55년을 이어온 삼성그룹의 역사를 새롭게 바꾸는 것이나 다름없었다. 삼성으로서는 오른손으로 글씨를 쓰는 사람이 왼손잡이가 되는 것보다 더 어려운 일이었다. 혁명을 하는 것보다 더 큰 각오로 시작하지 않으면 안 되는 일이었다는 게 삼성의 설명이다.[19]

이건희가 이렇게 큰 각오를 갖고 '신경영'을 부르짖었기에 삼성은 나름대로 작지 않은 성과를 거뒀다. 우선 삼성의 임원들이 '물량' 중심의 경영의식에서 벗어나 품질 중심의 경영의식을 갖게 됐다. 이건희가 여러 차례 호소한 데 이어 삼성이 그룹 차원에서 추진한 World Best 운동이나 1사1품 운동 등 품질향상을 위한 전방위 드라이브가 효과를 내기 시작했다. 제품의 불량률을 보면 1993년에는 선진국 기업들에 비해 3.3배에 이르렀지만 1996년에는 1.1배로 낮아졌다. 국제표준화기구가 제품설계에서부터 생산시설, 시험검사, 애프터서비스 등 단계별로 규격준수 여부를 확인하고 부여하는 ISO9000 시리즈 인증도 삼성전관을 비롯해 여러 계열사들이 잇따라 받았다. 무엇보다 당시 세계적 기업들과 비교해 실력의 격차가 크다는 사실을 임직원들로 하여금 새삼 절감하게 하고 더 노력하자는 분위기를 조성한 것이 '신경영'의 가장 큰 성과라고 할 수 있을 것이다.

삼성에 대한 국내외 평가도 점차 좋아졌다. 특히 해외에서 호평이 잇따랐다. 삼성전자가 1997년 6월 20일 영국 런던에서 발행한 3억 달러어치의 해외전환사채에는 보통주 가격의 74%에 해당하는 프리미엄이 붙었다. 홍콩에서 발간되는 영문 시사주간지 〈아시아위크〉는 1997년 11월 7일 이건희를 '97 비즈니스 명예의 전당'에 올렸다고 발표했다. 미국의 시사경제지 〈비즈니스위크〉는 1998년 1월 3일자 신년호에서 이건희를 '1998년 세계에서 주목되는 62명의 경영인'에 포함시켰다.[20]

경영실적도 큰 폭으로 개선됐다. 삼성그룹의 매출액은 1993년 41조 3646억 원에서 1996년 74조 6407억 원으로, 다시 2003년에는 144조 원으로 빠르게 늘어났다. 10년 만에 100조 원 넘게 늘어난 것이다. 자산도 1993년 말 41조 원에서 1996년 말 83조 원으로 배 이상 늘어났다. 연구개발 투자도 1993년 7054억 원에서 1996년 1조 8048억 원으로 크게 늘었다. 이익 규모도 급증세를 보였다. 경상이익은 이건희가 신경영 선언을 발표한 1993년 5939억 원에서 이듬해 1조 6821억 원, 1995년 3조 5357억 원으로 급증했다. 1993년부터 1995년까지 3년 동안의 연평균 경상이익이 1조 9000억 원을 넘은 셈이다. 이는 이건희 회장이 취임한 직후인 1988년부터 1992년까지 5년 동안의 연평균 경상이익 3937억 원에 비해 5배에 육박하는 실적이었다(1996년에는 이익 규모가 급격히 줄어들어 구조조정을 필요로 하는 단계로 진입했는데, 이에 대해서는 뒤에서 구조조정을 다룰 때 살펴보기로 한다).

호황 분위기에 도취

이렇듯 이건희가 신경영을 강력하게 밀어붙인 결과로 삼성은 비약적인 성장을 달성했다. 우리나라 기업 역사상 유례를 찾아보기 어려운 성장 기록을 세운 것이다. 그렇기에 잘하면 삼성이 곧 세계일류 기업의 대열에 들어갈 수 있으리라는 기대를 불러일으켰다. 그 같은 성과는 삼성 경영진에게 큰 자신감을 심어주었다. 자신감이 지나쳐 일종의 착각에 빠질 정도였다. 삼성이 하면 무엇이든 다 잘된다고 스스로를 과신하게 됐다. 삼성을 바라보는 일반 국민과 정부의 시각도 비슷했다. 숫자의 감춰진 이면은 보지 못한 채 모두가 호황 분위기에 취해갔다. 그러는 사이에 서까래가 썩는 줄은 아무도 몰랐다. 그런 성과에 고무된 이건희의 눈에는 우리나라의 정치와 행정이 형편없어 보였다. 바로 이때 이건희는 중국 베이징에서 한국 언론의 특파원들과 가진 간담회에서 문제의 발언을 한다.

"우리의 정치인은 4류 수준, 관료행정은 3류 수준, 기업은 2류 수준이다. ⋯ 이대로 가다가는 우리나라는 2류 수준 국가에도 끼지 못할 것이다."

이건희가 1995년 4월에 한 이 발언은 국내 신문에 크게 보도됐고, 청와대를 발끈하게 했다. 이 때문에 좋아 보였던 김영삼 정부와 삼성의 관계가 난기류에 휩싸이게 됐다. 이건희의 발언은 과도한 자신감에서 비롯된 것이었다. 그 무렵 삼성의 경영실적이 전례 없이 좋았기에 이건희가 자신감을 가질 이유도 충분했다. '신경영'에 대한 여론도 좋았으니 이건희는 그 누구의 눈치도 볼 필요가 없었다. 다른 한편으로는 삼성이 새로 진출하려던 자동차 사업을 비롯해 반도체 등의 공장 건설과 관련된 각종 규제에 대한 불만에서 그런 발언이 나왔다는 관측도 있다. 그가 보기에는 삼성의 자동차 사업 진출을 둘러싸고 벌어진 정부와의 엇박자를 비롯해 인허가 및 공장건설 과정의 번거로운 절차 등이 모두 규제 일변도의 후진적인 정치와 행정 때문이었을 것이다. 특히 자동차 사업의 경우 법적으로는 기술 도입 사실을 '신고'만 하면 되는 일이었지만, 사실상 '허가'제를 적용하는 정부의 행정이 그에게 무척 한심하게 느껴졌을 법하다.

이건희와 반도체

삼성 하면 가장 먼저 떠오르는 것은 아마도 반도체 아니면 휴대전화일 것이다. 휴대전화는 일반 시민들이 일상생활에서 널리 사용하면서 늘 보고 만지고 한다. 반면에 반도체는 일반 시민들이 직접 보거나 만지며 사용하는 것이 아니다. 전자제품을 뜯어서 그 안을 들여다봐야 볼 수 있다. 이른바 B2B 제품이다. 그렇지만 반도체는 '산업의 쌀'로 불릴 만큼 현대 산업사회, 보다 정확하게 말하면 현대 정보통신사회의 핵심적인 부품이다. 아날로그 시대의 볼트나 베어링과 비슷하다. 반도체 산업은 오랫동안 미국과 일본 등 선진국이 독점했다. 이를 한국에 이식하여 뿌리 내리고 꽃 피우게 하는 일은 쉬운 과정이 아니었다. 그 어려운 작업을 주도적으로 추진해서 성공시킨 사람이 바로 이건희. 한국의 반도체 산업과 이건희는 떼려야 뗄 수 없는 관계다.

이건희는 1974년 12월 사비를 들여 한국반도체를 인수했다. 한국반도체는 1974년 1월에 당시로서는 비교적 큰 규모의 오퍼상이 설립했지만, 자금부족으로 경영난에 시달리고 있었다. 이건희는 1966년 동양방송으로 들어가 삼성그룹 경영에 첫발을 내디딘 후 반도체 사업에 관심을 갖게 됐다. 이건희는 한국반도체가 파산 직전이라는 소식을 듣고 이 회사의 실태를 알아보았다. 한국반도체는 트랜지스터를 조립하는 수준에 머물러 있었다. 이건희가 생각하던 반도체 사업과는 거리가 있었다. 그렇지만 대안이 없었기에 이건희는 한국반도체를 인수하기로 했다.

"상당한 고민 끝에 인수를 결심했다. 전자산업뿐만 아니라 자동차, 항공기 등의 분야는 핵심 부품인 반도체 기술 없이는 불가능한 데다 한국반도체를 종자로 하이테크 산업에 발판을 마련할 수 있을 것 같았기 때문이다."

—《이건희 에세이-생각 좀 하며 세상을 보자》중 '반도체 사업의 시작'

한국반도체는 한국과 미국의 합작으로 설립된 회사였기에 이건희는 일단 한국 측 지분 50%만 인수했다. 삼성 경영진은 이건희의 이런 행보에 반대했다. TV 하나도 제대로 만들지 못하면서 당장 최첨단으로 가는 것은 위험하고 시기상조라는 판단 때문이었다. 사실 이병철 창업회장을 비롯한 삼성 경영진의 입장에서 볼 때 신중론에도 충분한 근거가 있었다. 1969년 1월 13일 수원 근교 45만 평 부지에 설립된 삼성전자공업(1984년 2월 삼성전자로 상호 변경)은 아직 반도체 사업에 뛰어들 역량을 갖추지 못하고 있었다. 삼성전자는 흑백TV와 컬러TV, 냉장고, 세탁기 등의 가전제품을 생산하고 있었지만, 충분한 경쟁력을 갖춘 것은 아니었다. 국내시장에서도 가전 분야의 선발 업체인 금성사와 힘겨운 경쟁을 벌여야 했다. 이병철 창업회장의 회고록《호암자전》에 따르면 삼성전자는 1978년에 흑백

TV 생산 400만 대를 돌파했고 그 전해인 1977년에 컬러TV 수출을 개시하는 등의 양적인 성과는 있었다. 그러나 반도체는 거액의 투자와 높은 수준의 기술을 갖춰야 하는데, 삼성의 능력은 아직 미흡했다. 그러니 삼성 경영진은 머뭇거릴 수밖에 없었다.

이건희가 하는 일을 사실상 방관하던 이병철 창업회장이 차츰 관심을 보이기 시작했다. 결국 삼성은 1977년 12월 한국반도체의 나머지 지분 50%를 인수했다. 한국반도체는 1978년 3월 삼성반도체로 이름을 바꿨다. 또 미국의 페어차일드가 서울 대방동에 있던 반도체 조립공장을 매각하려 하자 삼성이 이를 인수했다. 이건희와 삼성의 '반도체 신화'는 이렇게 시작됐다.

반도체에 대한 이건희의 관심은 당시 국내외 경제상황에 대한 나름의 판단에서 비롯됐다. 1970년대 후반에 세계경제는 국제유가의 급등으로 말미암아 신음하고 있었다. 그 전까지 값싸고 편리한 연료로만 생각되던 석유의 가격이 어느 날 갑자기 치솟기 시작했다. 그에 따라 물가가 오르는 반면 경기는 급격하게 가라앉았다. 그 충격을 가장 크게 받은 나라 가운데 하나가 한국이었다. 신흥공업국가 대열에 진입하려고 했던 한국이 막대한 국제수지 적자와 고물가, 경기침체로 고전을 면치 못하게 됐다. 이건희는 이런 현실을 바라보고 한국은 앞으로 부가가치가 높은 하이테크 산업으로 진출해야 한다고 확신했다. 이건희의 이 같은 판단은 당시 국내외 경제상황을 정확하게 파악한 데서 나온 탁견이었다.

더욱이 이건희가 보기에 한국인은 젓가락 문화권에서 살아왔기에 손재주가 좋고 주거생활 자체가 신발을 벗고 생활하는 등 청결을 중시하는 형태이기 때문에 반도체 생산에 아주 적합했다. 반도체 산업은 생산과정에서 고도의 청정상태를 유지해야 하는 업종이기 때문이었다. 또 국토도 좁고 자원도 없는 나라에서 해외자원에 대한 의존도를 낮추면서 부가가치가 높은 분야의 산업을 육성하는 것이 긴요한 일이었다. 이건희의 판단이 이때만큼은 정확하고 탁월했다. 그렇지만 반도체는 고도의 기술과 막대한 투자를 필요로 하는 산업이어서 기술과 자본이 모두 부족한 우리나라로서는 덤벼들기가 쉽지 않았다.

이건희는 개인적인 관심에서 인수한 한국반도체를 디딤돌로 삼아 반도체 산업을 키워보겠다는 일념으로 후속작업을 진행했다. 무엇보다 반도체 기술을 확보하기 위해 동분서주했다. 거의 매주 일본으로 날아가 반도체 기술자를 만나 지도를 받았다. 때로는 일본의 기술자를 주말에 한국으로 오게 해서 밤새워 기술지도를 하게 한 후 일요일에 돌려보내기도 했다. 그 결과로 삼성은 1982년 초에 컬러TV용 색신호 IC를 개발했다. 트랜지스터 제조에 머물러 있던 수준에서 초대규모집적회로(VLSI) 개발이 가능한 수준으로 기술을 향상시킨 것이다. 그 전까지 삼성그룹 내부에서 여전히 '고군분투'하던 이건희는 이 같은 성과로 새로운 힘을 얻었다. 삼성은 1980년 3월 정부로부터 인수한 한국전자통신을 1982년 12월 삼성반도체와 합병해 삼성반도체통신을 설립했다.

이병철 창업회장도 이 무렵부터는 반도체 사업에 본격적으로 진출하는 방안을 검토하기 시작했다. 이병철은 일본으로 건너가 각종 자료를 수집하여 읽어보고 심사숙고한 끝에 마침내 1983년 3월 15일 반도체 사업에 진출한다고 공식 선언했다. 삼성반도체통신은 이때부터 적극적인 투자와 연구개발에 나섰다. 1983년 7월에는 빠른 기술습득과 제품판매 촉진을 위해 미국 캘리포니아 주 실리콘밸리에 현지법인 SSTI를 설립했다. 이어 그해 12월 국내 처음으로 64K D램을 개발했고, 이듬해 3월 경기도 기흥에 반도체 제1생산라인을 완공했다. 혹한의 날씨에도 휴일도 없는 돌관 작업을 강행해 착공 6개월 18일 만에 공사가 끝난 것이다. 이때부터 삼성의 반도체 사업에 가속도가 붙었다. 1984년 5월 17일 기흥 VLSI 공장이 준공됐고, 10월에는 256K D램을 독자적으로 개발하는 데 성공했다. 그런데 이런 사실을 너무 서둘러 대대적으로 공표하면 선진국으로부터 견제가 들어올 가능성을 염려한 정부의 입장 때문에 그 공식 발표는 이듬해 1월에야 할 수 있었다. 1985년 3월 반도체 제2라인이 준공돼 256K D램 생산을 시작했다. 1986년에는 1메가 D램을 개발했고, 그 이듬해에 4메가 D램 개발까지 완료했다.

이처럼 삼성의 반도체 사업 진출은 참으로 숨 가쁘게 진행됐다. 이병철 창업회장이 생존해 있던 때의 일이다. 삼성의 반도체 사업 진출은 애초 이 분야에 관심을 갖고 그 기회를 찾은 이건희가 큰 역할을 하긴 했지만, 그래도 역시 이병철 창업회장의 결단이 있었기에 급물살을 타게 됐다. 이병철 회장은 자신의 마지막 사업으로 선택한 반도체에 그룹의 역량을 총동원했다. 오늘날에는 나소 까다로워졌지만, 당시만 해도 '내부자본시장'을 통해 그룹 계열사들로부터 거액의 자본을 손쉽게 조달할 수 있었다. 그룹 내부에서 조달한 자본을 반도체 같은 신사업에 몰아줄 수가 있었던 것이다. 물론 다른 계열사들에서는 적지 않은 출혈이 있었을 것이다. 그런 출혈을 감수하고 감행한 투자가 '반도체의 삼성'의 토대가 됐다.[21]

특히 삼성생명의 역할이 컸다고 전해진다. 삼성생명이 '보험아줌마'들로부터 거두어들인 보험료 수입이 반도체 투자에 쓰였다. 삼성에서 오래 근무했던 심정택은 최근 출간한 저서 《삼성의 몰락》에서 이렇게 전한다.[22]

"이들(삼성생명 직원들)의 자부심은 그야말로 대단하다. 1960~70년대부터 활약해온 소위 보험아줌마들이 없었다면 오늘의 삼성은 없었다고 말한다. 실제로 삼성전자로 대표되는 삼성은 삼성생명 보험아줌마들의 피땀 어린 노력으로 오늘날의 기반을 닦았다. 삼성전자가 반도체에 투자할 수 있었던 자금도 삼성생명에서 나왔다."

이건희는 삼성의 경영권을 승계한 후 반도체 사업에 더욱 힘을 쏟았다. 삼성은 이미 그룹의 자원을 집중 투입해 반도체 사업의 기반을 상당히 닦아 놓았지만, 이 사업을 본궤도에 올려놓으려면 본격적인 투자와 기술개발에 나설 필요가 있었다. 당시 세계 반도체 시장은 미국과 일본의 유력업체들이 사실상 양분하고 있었기에 그 틈에 끼어들기도 쉽지 않았다. 때문에 삼성은 이건희의 지휘 아래 좀더 단호한 자세로 임해야 했다.

이에 따라 삼성은 1988년 11월 삼성전자와 삼성반도체통신을 합병하는 한편 집적도가 높은 반도체 기억소자(메모리)의 개발에 박차를 가했다. 그런 노력의 결과로 첫 성과가 나타났다. 1990년 8월 삼성전자가 16메가 D램을 선진국과 거의 같은 시기에 개발한 것이다. 이윽고 삼성전자는 1992년 6월 세계 최초로 시제품도 개발해낸다. 또 1992년 8월 세계 최초로 64메가 D램도 개발한다. 그야말로 가속도가 붙은 것이다.

1987년에 이건희와 삼성전자는 중요한 결정을 내려야 했다. 4메가 D램 개발을 스택(stack) 방식으로 할 것인지 트렌치(trench) 방식으로 할 것인지를 선택해야 했다. 스택 방식은 회로를 탑처럼 쌓는 것이고, 트렌치 방식은 회로를 굴처럼 파는 것이었다. 이건희는 삼성전자의 경영진과 숙의를 거듭한 끝에 스택 방식을 선택하기로 결정한다. 파는 것보다는 쌓는 것이 보다 수월하고 문제가 생겨도 해결하기 쉬울 것이라는 판단에서였다. 이건희는 훗날 에세이 '반도체, 세계 1위에 서기까지'에서 1987년은 반도체 역사의 중대한 고비였다면서 삼성이 올바른 선택을 했다고 술회했다. 당시 경쟁자였던 도시바는 트렌치 방식을 선택했다. 그 결과 도시바는 생산성 저하로 D램 분야의 선두 자리를 히타치에 내주어야 했다.[23]

'남보다 먼저' 정신으로 세계정상 '우뚝'

삼성전자는 또 한 가지 중요한 결정을 내렸다. 반도체 5라인을 8인치 웨이퍼로 설치하기로 한 것이다. 이미 개발된 반도체의 양산에 돌입한 1993년의 일이었다. 당시 선진기업들 사이에서 반도체 생산라인은 6인치 웨이퍼가 대세이고 표준이었다. 8인치로 하면 6인치에 비해 생산량은 곱절로 늘어나지만 기술적인 측면의 부담이 컸다. 게다가 실패하면 거액의 손실을 입을 수 도 있었다. 그래서 안전한 6인치가 대세를 이루고 있었다. 삼성 내부에서도 위험부담이 크다는 이유로 8인치로 하는 것을 주저하면서 이건희의 결심에 반대하는 사람이 많았다.

그렇지만 후발업제인 삼성으로서는 그렇게 손쉬운 결정만 내려서는 선진업체들을 도저히 따라갈 수 없을 것 같았다. 선진업체들이 머뭇거릴 때 과감하게 치고나가지 않으면 안 되었다. 이른바 '월반' 작전에 나서야 했다. 비록 위험부담이 크기는 하지만 성공만 한다면 삼성의 반도체 사업이 세계 1위로 도약할 수 있는 절호의 기회를 맞았다고 이건희는 판단했다. 그래서 이건희는 주위의 반대를 무릅쓰고 8인치로 하자는 생각을 고수했다. 삼성은 마침내 결단을 내리고 1993년 6월 8인치로 5라인 공장을 지어 양산을 시작했다. 그러고는 곧바로 6라인과 7라인 공장도 착공했다.

그 같은 모험적인 결정과 공격적인 경영의 효과는 즉시 나타났다. 1993년 10월에 삼성전자가 메모리반도체 시장에서 세계 1위에 등극한 것이다. 16메가 D램의 경우는 일본과 같은 시기에 개발했지만, 양산을 더 빨리 하고 8인치 웨이퍼를 사용함으로써 일본 업체들을 이길 수 있었다는 것이 훗날 이건희의 풀이다.

이건희는 반도체를 '타이밍 산업'이라고 생각했다. 반도체는 불확실한 미래를 예측해 수조 원에 이르는 막대한 선행투자를 최적의 시기에 해야 하는 산업이다. 이건희가 강조해온 '기회선점 경영'이 필요했다. 사실 이건희의 설명을 빌릴 필요도 없다. 어느 분야나 때를 놓치지 않고 남들보다 먼저 투자하고 제품을 내놓아야 이익을 충분히 낼 수 있다. 뒤늦게 뛰어들면 시장진입 자체가 쉽지 않다. 이미 진입장벽이 세워져 있기 때문이다. 그 장벽을 뛰어넘어 생존하려면 추가비용이 엄청나게 소요된다. 특히 기술개발의 속도가 어느 분야보다 빠른 반도체의 경우에는 시기를 놓치면 치러야 하는 대가가 더욱 크게 마련이다. 반도체 산업의 이런 특성을 이건희는 정확하게 꿰뚫고 있었다. 기회선점 경영을 실천하기 위해서는 기술의 개발과 제품화 방식이 남달라야 한다. 다른 업체들은 대체로 연구개발, 테스트, 양산 등의 과정을 순차적으로 진행했지만, 삼성은 이 모든 과정을 동시에 진행했다. 이른바 '동시공학'을 적용한 것이다.

그 뒤로 삼성의 반도체 사업은 고속도로 달리듯 순조롭게 진행됐다. 삼성은 1994년 3월 세계 최초로 256메가 D램을 개발했다. 삼성은 여기서 멈추지 않고 반도체 분야의 기술개발에서 미국과 일본의 기업들을 계속 앞질러 나갔다. 1996년 1월에는 64메가 D램의 양산을 개시했다.

이런 노력의 결과로 선진국 업체들과의 기술격차도 계속 줄어들었다.

1985년 256K D램을 개발할 때에는 무려 5년이었던 기술격차가 1986년 1메가 D램을 개발할 때에는 2년으로 줄어들었다. 1988년의 4메가 D램 개발은 선진국 업체들보다 1년 늦었지만, 1989년에 64메가 D램 개발을 시작할 때에는 그런 격차가 완전히 해소된 상태였다. 그러므로 삼성이 1992년에 64메가 D램을 세계 최초로 개발한 것은 자연스런 귀결이었다. 1996년 11월에는 1기가 D램까지 세계 최초로 개발하기에 이르렀다. 1기가 D램은 트랜지스터 10개와 같은 용량을 지니지만 소모되는 전기는 10W에 불과하다. 진공관으로 이런 용량을 만들어내려면 230만KW가 소요된다. 그러므로 이건희의 설명에 따르면, 1기가 D램 반도체가 들어간 개인용 컴퓨터나 휴대전화를 들고 다닌다면 원자력발전소 2기를 들고 다니는 것과 같다. 참으로 놀라운 기술이다. 이처럼 경이적인 기술을 삼성이 세계에서 처음으로 개발했으니 놀라운 일이 아닐 수 없다. 삼성은 1기가 D램을 개발하면서 169건의 해외특허도 출원했다.

이에 따라 세계 반도체 시장, 특히 D램 시장에서 삼성의 위상이 상승했다. 세계 D램 시장에서 삼성전자는 1987년에 7위에 올랐고, 1990년에는 2위로 수직상승했다. 1991년에는 12억 달러에 육박하는 수출로 일본의 도시바를 따돌리고 대망의 1위 자리에 올라섰다. 시장점유율은 1988년 7.2%에서 1993년 14.0%로 올랐고, 1996년에는 18.0%로 더 올랐다. S램의 경우에는 삼성전자의 세계시장 점유율이 1980년대 말에는 3~4%에 머무르다가 1993년에 6.2%로 올랐고, 1996년에는 12.5%로 더 올랐다.

S램까지 포함한 삼성전자의 반도체 수출은 1993년에 25억 달러를 넘으면서 세계 메모리 반도체 분야에서 정상에 올라섰다. 삼성전자는 1995년에 140억 달러의 수출 실적을 올려 국내 제조업체 가운데 처음으로 연

간 수출 100억 달러를 넘어섰고, 그 가운데 절반이 넘는 75억 달러를 반도체 수출로 벌어들였다.[24]

반도체 수출의 호조세에 힘입어 삼성전자는 1994년에 물경 1조 7000억 원의 순이익을 달성했다. 국내 기업 가운데 처음으로 조 단위의 이익을 실현한 것이다. 또 삼성전자 덕분에 반도체는 1992년에 처음으로 섬유를 제치고 품목별 수출 1위를 차지했다. 이후에도 하이닉스까지 힘을 보태면서 반도체는 간혹 예외가 있었지만 수출 1위 자리를 거의 잃지 않았다. 지금도 반도체는 우리나라의 최고 '수출효자' 품목이라 할 수 있다.

삼성전자 반도체 사업의 경이적인 실적은 삼성과 국가경제 전체에 '착시효과'라는 부작용을 초래하기도 했다. 반도체가 잘나가는 것만 보고 삼성도, 국가경제도 아무런 문제가 없이 다 잘나간다고 착각하게 된 것이다. 이에 대해서는 나중에 다시 살펴보겠다.

삼성의 반도체 사업이 세계 정상에 올라서는 데서 이건희가 중요한 역할을 했음을 부인할 수 없다. 이건희가 소유경영자로서 신속하게 결정을 내리고 추진력을 발휘한 데 힘입어 얻어진 성과가 삼성 반도체 사업이라고 할 수 있다. 소유경영자가 아닌 전문경영자라면 아무리 유능하더라도 거액의 투자가 요구되는 사업에 진출하는 결정을 신속하고 과감하게 내리기 어렵다. 훗날 자신이 책임을 져야 하는 사태가 발생할 수도 있는 위험을 감수하려고 하지 않기 때문이다. 반면에 소유경영자는 자신의 책임 아래 위험도가 높은 사업에 대한 거액의 투자를 보다 신속하게 결정할 수 있다. 삼성의 반도체 사업 진출이 바로 그런 경우였다.

삼성이 반도체 분야에서 경이적인 성과를 낸 또 다른 이유로 기술도입을 통해 기술개발에 소요되는 시간과 비용을 줄인 것을 꼽을 수 있다. 삼성이 1983년에 64K D램을 개발하고 나서 10년 뒤에 64M D램을 세계에서 처음으로 개발하는 데 성공한 것은 기술료 지출을 아끼지 않았기 때문이라고 이건희는 설명한다. 기술을 도입하면서 기술료를 기술제공처에서 원하는 수준보다 더 많이 주었고, 기술자를 영입할 때에도 급여를 당시 삼성전자 사장 보수에 비해 많게는 3배까지 주었다는 것이다. 물론 무작정 기술만 도입한다고 일이 잘되는 것은 아니다. 도입한 기술을 충분히 익히고 소화해서 '내 것'으로 만들어야 한다.

> "하지만 잊지 말아야 할 것이 있다. 어떤 방법으로 기술을 도입하든 명심해야 할 것은 그저 돈 주고 물건 사 오듯이 할 것이 아니라 그 기술을 익혀서 내 것으로 만들겠다는 진지한 자세와 열의가 있어야 한다는 것이다."
> ―《이건희 에세이-생각 좀 하며 세상을 보자》중 '기술료의 마술'

우리나라 반도체 산업이 해외에서 기술을 들여와야 하는 처지를 극복하면서 자체적인 기반을 잡고 세계 선두 수준으로 발전한 데에는 우리나라 특유의 '빨리빨리' 정신도 한몫했다. 삼성전자가 1메가 D램을 6개월 만에 개발한 것은 돌관작업에 의한 것이라고 할 수 있다. 우리나라 산업발전의 초창기에 공기단축과 돌관작업은 거의 모든 업종에서 실행됐다. 건설업에서는 물론이요 제조업에서도 공장을 지을 때 종업원들이 불철주야로 쉬지 않고 일했다. 그 시절에는 모두가 자신을 잊고 건설과 개발에 몰두했다. 이건희는 이런 '빨리빨리' 정신을 '남보다 먼저' 정신으로 바꿔나가려고 시도했고, 상당부분 성공했다. 1994년 반도체 256메가 D램에 이어 1996년 1기가 D램을 세계 최초로 잇따라 개발한 것도 '남보다 먼저' 정신에 의한 것이었다. 이건희는 에세이 '빨리에서 먼저로'에서 신경영 1기 3년 동안에는 '질 중심' 경영을 강조했지만, 그 뒤에는 '먼저, 제때, 자주'의 스피드 경영을 강조했다고 술회했다. '빨리빨리'가 남들보다 현저히 뒤져 있을 때 쫓아가기 위한 방책이라면 '남보다 먼저'는 남들과 어느 정도 비슷해진 상황에서 추월하기 위한 방책이다. 이건희는 이 같은 차이를 잘 인식해서 유효적절하게 활용한 셈이다.

삼성전자는 1990년대에 메모리 분야의 기반을 잡은 다음 2000년대에는 모바일 기기에 들어가는 플래시메모리에 역량을 투입했다. 1998년 128메가 SD램과 128메가 플래시메모리를 세계 최초로 개발한 데 이어 2001년부터 512메가 플래시메모리 장치의 양산을 시작했다. 이 같은 노력의 결과로 삼성전자는 2002년 낸드플래시 메모리 세계 1위를 차지했고, 반도체 전체 순위는 2위를 차지했다. 2003년에는 플래시메모리 분야에서도 세계 1위에 올랐다. 이에 따라 D램, S램에 이어 플래시메모리까지 반도체 3대 분야를 석권하게 됐다.

삼성의 반도체 사업은 1990년대 말 IMF 구제금융의 충격과 그에 따른 혼란도 극복하면서 재도약의 기반을 다졌다. 이때 삼성의 자신감은 여러 가지로 나타났다. 1999년 12월 제2 반도체 단지를 경기도 화성에 건설하기 시작했다. 2002년 세계반도체학회에서는 삼성전자가 "반도체 집적도는 1년에 2배씩 증가한다"는 '반도체 신성장론'을 제시했다. 이 이야기를 꺼낸 황창규 당시 사장의 성씨를 따서 '황의 법칙'이라고 일컬어지는 가설이다. 그리고 그 해에 삼성전자가 시가총액으로 소니를 추월했다.

이건희는 2003년 10월 9일 삼성전자의 고위 임원들과 함께 반도체특별전략회의를 열고 '반도체 제2도약 시대' 진입을 선언했다. 이어 삼성전자는 2005년 경기도 화성의 반도체단지에 대한 제2기 투자를 개시했다. 또 낸드 플래시메모리 등 모바일 기기에 들어가는 반도체 신제품을 꾸준히 선보이며 시장을 선도했다. 2015년에는 경기도 평택에 새로운 반도체 단지를 착공했다. 박근혜 대통령도 착공식에 참석해, 병상에 누워 있는 이건희 대신 나온 아들 이재용과 함께 첫 삽을 떴다. 평택 반도체 단지에는 1단계로 2017년까지 15조 원 이상이 투자된다. 이 단지가 완공되면 수원에서 화성을 거쳐 평택까지 이어지는 거대한 반도체 산업단지가 형성된다. 2016년 중반 현재 삼성은 세계 메모리 반도체 시장의 40% 이상을 차지하며 이 분야에서 부동의 1위에 올라 있다. 이건희가 이끌어온 삼성의 반도체 사업은 이렇듯 하나의 신화를 만들었다는 데 이의를 다는 사람이 별로 없다.

이건희가 삼성의 반도체 사업에 드라이브를 걸고 속속 개가를 올린 것은 국내 다른 재벌들에 강력한 자극제가 됐다. 이에 현대그룹과 LG그룹이 뒤늦게 반도체 사업에 뛰어들었다. 그렇지만 두 그룹의 반도체 사업은 어려움을 겪었고, 1998년에는 재벌 세열사간 사업교환(빅딜)의 대상이 됐다. 이에 따라 현대그룹의 현대전자가 LG그룹의 반도체 부문을 인수해서 하이닉스반도체를 세웠으나, 이 회사 역시 오랫동안 어려움을 겪다가 SK그룹으로 인수됐다.

반도체의 성공신화는 삼성그룹에 자신감을 불어넣었고, 그 자신감은 LCD와 휴대전화 사업의 성과로 이어졌다. 이건희는 1991년 1월 삼성전관이 운영하던 TFT-LCD 사업을 삼성전자로 넘긴 뒤 투자와 개발을 가속화했다. 삼성전자는 1992년 3월 10.4인치 TFT-LCD를 개발했고, 1993

년 9월에는 9.4인치 LCD 제품을 양산하기 시작했다. 이어 1995년 10월 세계 최초로 22인치 TFT-LCD를 개발하는 데 성공했다. 1996년 2월에는 LCD 2라인을 준공하고 12.1인치 대량생산 체제를 갖췄다. 1997년 10월에는 30인치급 초대형 TFT-LCD를 개발하는 데 성공했다.

삼성전자는 마침내 1998년 TFT-LCD 시장에서도 점유율 1위를 차지했다. 제품의 크기도 계속 커졌다. 2001년 40인치, 2002년 54인치 등을 잇달아 개발한 데 이어 2005년에는 82인치까지 개발해냈다. 삼성은 LCD 사업을 강화하기 위해 2003년 일본 소니와 50 대 50 합작법인 S-LCD를 세우기로 합의하고 충남 탕정에 LCD 공장을 세웠다. 탕정공장에서는 2007년부터 8세대 LCD의 양산에 들어갔다. 삼성은 2012년 S-LCD의 소니 지분을 인수했다. 삼성은 그 대신 LCD 사업을 전담할 삼성디스플레이를 따로 세우고 S-LCD와 삼성모바일디스플레이 및 삼성전자 등으로 흩어져 있던 LCD 사업을 한데 모았다.

급격한 시황변동 속 경쟁력 강화

반도체와 LCD 사업의 가장 큰 문제점은 시장동향에 민감하다는 것이다. 시장상황이 좋을 때에는 엄청난 이익을 내지만, 시장상황이 나빠지면 단가가 급격히 하락해 이익을 내기도 힘들어질 수 있다. 이를테면 1994년과 1995년에는 삼성이 조 단위의 이익을 거뒀지만, 1996년에는 국제 반도체 가격의 폭락으로 이익을 거의 내지 못했다. 국제 원유가격이 경기 동향에 따라 부침을 거듭하는 것과 크게 다를 바 없다.

그렇지만 이건희와 삼성은 새로운 제품을 경쟁사들에 비해 먼저 개발하고 양산함으로써 지속적으로 이익을 내면서 어려움을 헤쳐 왔다. 다른 업체들은 비슷한 제품을 뒤늦게 내놓고는 출혈경쟁을 벌이곤 했다. 이로 말미암아 많은 업체들이 반도체와 LCD 사업을 포기하게 됐고, 그 결과 시장의 경쟁압력이 완화됐다. 경쟁자가 줄어드는 것은 결코 우연이 아니다. 앞서가는 업체들이 경쟁력을 유지하기 위해 꾸준히 노력하면서 경쟁력이 약한 업체들을 밀어낸 결과다. 그리고 그렇게 오랫동안 경쟁력을 유지하다 보면 생존능력도 더 강화된다. 반도체와 LCD는 똑같이 거대 규모의 설비투자와 연구개발투자를 필요로 하는 산업이기 때문에 다른 업체들이 새로 뛰어들기가 어렵다. 일단 도태된 업체가 다시 따라잡기도 쉽지 않다.

삼성전자는 사실 여러 가지 제품을 만들고 있다. 반도체와 LCD 같은 B2B 제품에서부터 휴대전화와 TV 같은 B2C 제품에 이르기까지 다양한 제품을 생산해 공급한다. 그 가운데 반도체와 LCD는 특히 고도의 기술과 거액의 자본을 필요로 하는 품목이고, 가격과 수익성의 진폭이 매우 크다. 시장지배력이 강한 업체는 시장상황의 영향을 덜 받긴 하지만, 아무래도 그 영향을 피해 갈 수는 없다. 다만 삼성전자의 경우 반도체와 LCD 부문이 다소 부진할 때에는 TV를 비롯한 완제품 부문이 선전하여 매출과 이익을 메워줄 수 있다는 장점이 있다. 그럼에도 반도체와 LCD가 부진할 때에는 수익성 하락의 폭이 무척 크기 때문에 이들 두 분야에서 시장지배력을 유지하는 것은 여전히 중요하다. 이를 위해서는 투자와 연구개발이 지속적으로 이뤄져야 하고, 그것도 남보다 한순간이라도 빨라야 한다.

이렇게 볼 때 삼성이 반도체와 LCD 산업에서 오랫동안 세계시장 선두업체의 위상을 지켜낸 것은 결코 과소평가할 일이 아니다. 한결같은 노력의 결과라고 해야 옳을 것이다. 그리고 그 중심에 이건희가 있었다.

문어발식 확장

"많은 기업들이 장래성 없는 사업을 끌어안고 있다가 위기를 자초하는 경우가 있다. 또 본업에 맞지 않는 여러 기능을 모두 가지려고 애쓰는 나머지 역할도 없는 인력을 무리하게 채용해 회사와 직원 모두가 곤경에 빠지곤 한다. 그저 그런 모든 사업과 기능을 한꺼번에 껴안고 운영하기에는 지금 우리가 처한 환경이 너무 빠르게 변하고 있다. 세계무대를 주름잡는 우리 경쟁자들의 실력이 너무 강하다. 자기 실력과 성격에 맞는 사업과 기능만 가지고 경쟁하기도 벅찬 현실이다."

—《이건희 에세이-생각 좀 하며 세상을 보자》 중 '버릴 줄 아는 용기'

1997년 11월 20일 초판이 발행된 이건희의 에세이집에 나오는 한 구절이다. 요지는 한 기업이 모든 분야에 진출해서 다 잘할 수는 없으니 자신의 강점을 살릴 수 있는 분야를 골라 역량을 집중해야 한다는 것이다. 그러나 이건희가 에세이에서 밝힌 이런 소신과 실제로 한 일은 완전히 상반된다.

이 에세이집 초판이 발행된 시기는 우리나라가 국가부도 위기에 몰려 국제통화기금(IMF)으로부터 구제금융을 받기로 한 때였으니 공교롭다. 에세이집 발행일도 임창렬 당시 경제부총리가 기자회견을 통해 구제금융을 신청할 것이라고 발표하기 하루 전이다. 우연의 일치라고 할 수 있을까? 우리나라가 구제금융을 불러들일 수밖에 없었던 이유 가운데 가장 핵심적인 것이 재벌들의 차입경영에 의한 문어발식 확장이다. 그런 선단식 부실경영을 앞장서서 이끈 재벌 가운데 하나가 바로 삼성이었다. 이런 측면에서 IMF 구제금융은 필연의 응보라고 해야 옳을 것이다. 그리고 그 중심에 삼성이 있었다.

사실 이건희가 1993년에 신경영을 선언한 이후에도 삼성의 경영방식에 크게 달라진 것은 없었다. 7-4제와 라인스톱제 정도가 시행됐고, 생산현장에서 불량품 발생을 줄이기 위한 노력이 강화되는 등의 변화는 분명히 있었다. 반도체 사업은 이병철 창업회장 시절부터 삼성이 해온 것이므로 이건희로서는 가속페달을 밟아주기만 하면 되는 것이었다. 때마침 국제시황도 좋아 반도체 부문에서 전대미문의 경영성과를 거두기도 했다. 삼성전자는 1994년에 수출 100억 달러를 돌파했고, 1995년에는 2조 5천여억 원의 순이익을 냈다. 참으로 눈부신 금자탑이었다.

반도체 성공에 고무되다

그런데 이건희와 삼성은 여기서 만족하지 않았다. 반도체 사업의 성공에 고무되어서인지 다른 여러 분야에 진출하려는 '의욕'을 꺾지 않았다. 이건희가 강조한 복합화라는 개념도 이 같은 사업확장 의욕을 뒷받침했다. 이건희는 복합화 개념을 "나의 발명품"이라며 무척 자랑했다. 이건희는 복합화에 대해 "서로 연관성 있는 인프라, 시설, 기능, 기술이나 소프트를 효과적으로 결합해 이들 간에 서로 유기적인 상승효과를 내도록 해서 경쟁력과 효율을 극대화하자는 것"이라고 정리했다.[25]

이건희는 복합화의 예로 열병합발전소를 건설하는 경우를 들었다. 이런 프로젝트를 수행하기 위해서 설비제작 및 토목을 중공업과 건설 쪽에서, 전장 부문은 전자 쪽에서, 설비도입은 물산 쪽에서 분담하면 해당 회사들만이 아니라 그룹 전체에도 이익이 될 것이라는 설명이다. 그렇게 해야만 삼성이 세계 최고의 경쟁력을 확보하고 유지할 수 있을 것이라고 이건희는 주장했다.

"상품뿐만 아니라 사업 자체도 전자업이다, 자동차업이다, 건설업이다 하는 개념이 점점 없어지면서 복합화해가고 있습니다. 우리 그룹은 다양한 업종의 장점을 살려 복합화 개념으로 사업을 추진한다면 불가능한 일이 하나도 없을 것입니다."[26]

이건희와 삼성은 이 같은 복합화 개념을 생산은 물론이고 판매나 해외진출 등 모든 분야로 확장해 적용했다. 그래서 상품복합화, 공장복합화, 판매복합화, 사업복합화, 병원복합화, 도시복합화 등의 용어가 파생됐다. 그런데 이런 주장대로 하자면 삼성이 모든 분야에 진출해야 하고, 모든 사업을 거느려야 한다. 그리고 오늘날 일반화돼 있는 외부조달(아웃소싱)은 발붙일 곳이 없어진다.

삼성은 복합화의 성공사례 중 하나로 고객이 삼성생명, 삼성증권, 삼성화재, 삼성카드 등 삼성그룹 금융 계열사들의 업무를 한 곳에서 볼 수 있게 하는 금융플라자의 개설을 꼽는다. 최근 금융권에서 고객이 은행, 증권회사, 보험회사 등과의 거래를 한 곳에서 처리할 수 있게 하는 점포의 개설이 늘어나는 추세에 비춰볼 때 시대를 앞서간 측면이 분명히 있다. 당시로서는 분명히 획기적인 일이었다.

그렇지만 삼성의 복합화는 단순히 같은 업권에 속하는 계열사들의 업무를 한 곳으로 모아준다는 개념에 그치지 않는다. 다양한 계열사의 다양한 업무를 한 곳에서 처리할 뿐만 아니라 거기에서 임직원들이 생활도 할 수 있게 한다는 것으로 이어졌다. 이를테면 100층짜리 초대형 건물을 짓고 그 안에 아파트, 사무실, 상품 개발 및 설계실, 쇼핑센터, 호텔, 체육시설 등을 모두 집어넣는다는 것이다. 그래서 빌딩 하나를 작은 도시로 만들어보자는 계획이다. 그러면 짧은 시간 안에 모든 업무를 다 처리할 수 있고 업무의 효율도 높아진다는 것이 이건희의 지론이었다. 삼성그룹에서 펴낸 '신경영' 소개 책자는 이건희의 지론을 다음과 같이 전한다.

"그래서 100층 빌딩을 짓자. 그렇게 되면 1층에서 30층을 가도 40초, 100층을 가도 40초다. 100층 빌딩 같으면 51층에다 몽땅 회의장을 만들어 놓는다. 그러면 아무리 늦어도 20초 안에 회의장으로 다 올 수 있다. 두 시간, 세 시간 걸리는 게 20초로 단축되는 것이다."[27]

이런 개념에 따라 추진된 대표적인 것이 서울 강남구 도곡동에 복합빌딩을 짓는 계획이었다. 삼성은 1994년 11월 도곡동의 체비지 2만 2714평을 낙찰받았다. 그 땅을 사들여 복합화 개념이 적용된 지상 111층(450미터)짜리 건물을 지으려고 했다. 매입가격은 평당 2700만 원으로 꽤 비싼 편이었다.[28] 계획대로 지어졌다면 당시 세계 최고층 건물이 됐을 것이다. 이건희는 이 건물을 직주일체형 공간으로 조성해 그 대부분에 삼성 임직원을 입주시킬 계획이었다고 한다. 그러나 IMF 구제금융 사태를 맞아 구조조정의 격랑이 일어나면서 이 계획은 유실되고 말았다. 이건희의 '원대한' 꿈은 무산되고 그 자리에 대신 들어선 것이 주상복합 아파트 '타워팰리스'다. 용을 그리려다가 이무기를 그린 셈이다.[29]

그런데 필자의 소견으로는 주거시설과 회사 사무실을 한 건물에 다 입주시키는 것은 사실 끔찍한 일이 아닌가 한다. 직장인이 회사에서 받은 스트레스는 퇴근 후 가정에서 해소돼야 한다. 퇴근 후에는 집으로 돌아가 느긋하고 편안하게 쉬면서 하루를 마무리해야 그 다음날 일하기가 수월하다. 그러려면 회사 사무실과 집 사이에 어느 정도 거리가 확보돼야 한다. 그래야 출퇴근 과정에서 거리의 풍경이나 자연경관 또는 시민들이 오가는 모습을 보면서 기분전환도 하게 된다. 주거시설과 작업장을 가까이 두는 것은 군대나 교도소, 수도원 등 특수한 경우에나 필요한 일이다. 이런 점에서 본다면 이건희의 복합빌딩 건설 계획이 무산된 것은 오히려 다행이라고 말하고 싶다.

1995년 12월에 삼성물산과 삼성건설이 통합된 것도 '복합화' 개념에 의해 설명된다. 당시 매출액 기준으로 17조 원 규모의 삼성물산과 2조 6천억 원 규모의 삼성건설이 합병되어 20조 원에 육박하는 국내 최대의 기업이 탄생했다. 이질적인 업종의 기업 둘이 합쳐져 문자 그대로 '종합기업'이 탄생했다고 《삼성 60년사》는 설명하고 있다. 상사 기능과 건설 기능의 복합화라는 것이다.

다양한 분야에 공격적으로 진출

복합화 개념은 이렇게 여러 가지로 설명되고 적용됐다. 그 가운데 한 회사의 여러 부서와 임직원을 한 건물에 입주시킨다든가 그룹 내 계열사끼리 합치는 '내부적 복합화'는 세상에 큰 영향을 주지 않는다. 그것만으로는 다른 기업이나 국가경제에 큰 흔적을 남기지 않는다. '복합화'를 통해 경영의 효율성이 높아지거나 낮아지면 사회의 이목을 끌고 파급효과를 일으킬 수는 있을 것이다. 그렇더라도 그것은 간접적인 것이다.

반면 계열사와 사업영역을 확장하는 것은 다른 기업들이나 시장, 그리고 국가경제에 곧바로 큰 영향을 끼칠 수 있다. 일반 시민들에게는 바로 이런 '외부적 복합화'가 더 중요한 관심사요 현안이다. 그런데 이건희는 삼성의 계열사와 사업영역 확장을 과거에 비해 훨씬 더 활발하게 추진했다.

우선 제조업 분야부터 살펴보자. 삼성중공업은 1988년 서울올림픽 이후 경기호황에 편승해 새로운 여러 사업에 진출했다. 명분은 세계 10대 중공업체로 성장하기 위해서라는 것이었다. 이를 위해 삼성중공업은 주강, 공작기계, 사출기, 선박엔진, 공작기계 등 여러 사업을 새로 시작했다. 추후 자동차 사업에 진출하기 위한 사전준비 삼아 덤프트럭과 믹서트럭을 비롯한 상용차와 엔진 사업에도 진출했다. 삼성중공업은 1996년 발전설비 일원화 조치가 해제되자 발전설비 사업에도 다시 진출했다. 삼성항공은 공작기계와 자동차부품 사업에 새로 진출했고, 삼성전자는 1997년에 이천전기를 인수했다.

금융 분야의 영토확장도 활발했다. 삼성은 1988년 3월 코카카드를 인수해서 삼성신용카드를 설립했다. 삼성신용카드는 위너스카드라는 상표를 내걸고 적극적인 영업을 벌여 전업계 카드회사 2위로 뛰어올랐다.

1995년에 삼성신용카드는 회사명을 삼성카드로 변경함과 동시에 브랜드도 위너스카드에서 삼성카드로 바꾸었다. 삼성생명이 1988년 해외투자를 목적으로 설립한 자회사인 동성투자자문은 사명이 1993년 3월 삼성투자자문으로 바뀌었다가 1997년 7월 31일 다시 삼성투자신탁운용으로 바뀌었다.

삼성화재에 대한 지배권도 확보했다. 삼성화재는 원래는 형제간 재산분할 합의에 따라 이병철 회장의 장남 이맹희가 경영하는 제일제당그룹(현재의 CJ그룹)이 맡기로 했다. 그러나 삼성은 1993년 보유하고 있던 제일제당 지분과 맞바꾸기 하는 방식으로 제일제당을 넘겨주고 삼성화재를 가져왔다. 1993년 10월에는 사명도 안국화재에서 삼성화재로 바꾸었다.

삼성은 증권업에도 진출했다. 1992년 11월 25일 국제증권을 인수하고 그 이름을 삼성증권으로 바꿨다. 할부금융업에도 진입했다. 1994년 2월 24일 삼성전자 신판사업부를 근간으로 삼성파이낸스를 설립하고 1996년 재정경제원으로부터 할부금융업 인가를 받았다. 1998년 3월 삼성자동차가 출시될 즈음에는 자동차 할부금융 사업을 시작했다.

이로써 삼성은 기존의 삼성생명 외에 삼성화재, 삼성카드, 삼성증권, 삼성투자신탁운용, 삼성할부금융(캐피탈)을 더해 금융사업의 기반을 더욱 넓혔다. 저축은행이나 대부업은 어차피 삼성의 체면상 할 수 없는 것이니, 나머지 진출할 수 있는 모든 금융분야에 다 진출한 셈이다. 삼성의 이 같은 움직임은 머지않아 은행업에도 진출하려 한다는 관측을 불러일으켰다. 삼성이 한미은행 지분을 보유하고 있다는 사실이 이 같은 관측에 힘을 실어주었다.

삼성은 1963년에 동방생명을 인수하면서 금융사업에 처음 진출했다.

그러나 이후 삼성은 금융업과는 먼 거리에 있었다. 그런데 이건희가 그룹 경영권을 승계한 뒤로는 금융사업 진출이 다시 활발해졌고, 그 대상도 광범위했다. 삼성은 금융자회사를 충분히 활용했다. 특히 후술하는 바와 같이 이건희가 아들 이재용에게 경영권을 승계하는 작업을 진행하는 과정에서 삼성의 금융자회사는 그 역할을 유감없이 수행했다.

삼성은 유통 분야의 사업에도 발을 들여놓았다. 1996년 5월 서울 명동에 패션전문점 '유투존(UTOO ZONE)'을 연 데 이어 1997년 9월 '홈플러스' 대구점을 개설해 할인점에 진출했다. 또 복합쇼핑점인 '삼성플라자'의 분당점과 태평로점을 개설했다. 분당점의 경우 한국토지공사에서 1994년 5월 실시한 분당 서현역사 부지 공개입찰에 참여해 낙찰받은 곳에 개설됐다.

삼성에버랜드도 새로운 사업분야로 활발하게 진출했다. 1989년 에너지절약사업을 개시한 데 이어 1994년 단체급식사업, 1995년 식자재유통사업 등을 새로이 시작했다. 종래 제조업 위주로 운영되던 삼성그룹이 서비스업에도 손길을 활발하게 뻗친 것이다.

나아가서 학교와 병원 운영에도 뛰어들었다. 삼성은 1994년 5월 30일 중동학원을 인수했다. 중동학원은 1974년 수도전기공고를 인수하면서 과도한 부채를 지게 되어 어려움을 겪던 중 삼성에 인수됐던 것이다. 삼성은 이어 성균관대학교를 다시 맡았다. 삼성은 과거에 성균관대학교 재단을 운영하다가 1977년에 손을 뗐다. 그렇지만 성균관대 재단의 요청에 따라 1996년 11월 이 대학을 다시 인수하게 됐다. 성균관대학교는 삼성그룹의 삼성의료원과 손잡고 의과대학을 1996년에 설립한 뒤 비약적으로 발전시켰다. 또한 삼성전자의 반도체 인력 수요를 겨냥해 반도체학과도 신설했다.

의료사업에도 진출했다. 서울 강남구 일원동에 삼성서울병원을 지어 1994년 11월 9일에 정식 개원했다. 1200개 병상을 갖춘 삼성서울병원은 '신경영' 정신에 입각해 '대기시간이 가장 짧은 병원', '보호자가 상주할 필요가 없는 병원', '촌지가 없는 병원' 등의 구호를 내걸고 새로운 의료문화의 형성과 정착을 추진했다. 또 진료비 후납제, 검사 위험수치 환자에 대한 즉시 통보, MRI 24시간 가동 등 기존 병원과는 전혀 다른 제도와 진료체계를 실행에 옮겼다. 장례식장도 완전히 새로운 모습이었다. 병원의 시설도 당연히 최첨단이었다. 삼성서울병원은 삼성생명공익재단이 공익사업의 일환으로 만든 삼성의료원의 산하 병원 가운데 가장 큰 규모로 설립됐다. 이건희가 삼성서울병원에 쏟은 관심도 각별했던 것으로 전해진다. '진정한 환자 중심의 병원'을 만들겠다는 목표를 실현하기 위해서였다. 이를 위해 이건희는 입원실과 침대를 줄자로 직접 재보기도 하는 등 심혈을 기울였다. 침대도 최고급으로 하고 침대 사이의 간격도 다른 병원에 비해 넓게 설계했다. 그 결과 삼성의료원은 1996년에 미국 백악관으로부터 환태평양지역 공식 후송병원으로 지정받았다. 2015년에 마크 리퍼트 주한 미국대사가 테러를 당했을 때 처음 들어간 병원도 삼성서울병원이었다. 삼성의료원은 이 외에도 고려병원, 마산고려병원, 제일병원을 차례로 인수해 각각 강북삼성병원, 마산삼성병원, 삼성제일병원으로 개명해 운영하게 됐다.

문화산업에도 새로이 들어갔다. 1993년에 삼성미술문화재단은 대종상영화제와 서울국악대경연을 인수했다. 1994년에는 삼성무용단을 창단했다. 1984년에 사업다각화를 위해 설립한 계열사 스타맥스를 근간으로 홈비디오, 영화배급, 케이블TV 등 영상사업도 활발하게 전개했다. 1990년에는 '드림박스'라는 상표를 내세워 홈비디오 시장에 진출했다. 영화사업에도 뛰어들었다. 1992년에는 국내 영화사와 합작으로 〈결혼이야기〉와 〈투캅스2〉 등의 영화를 제작했다. 1995년에는 영화전문 채널 '캐치원'과 다큐멘터리 전문방송 'Q채널'을 세운 데 이어 같은 해 9월에는 삼성영상사업단을 설립했다. 삼성플라자 태평로점에 400석 규모의 영화관 CINEX를 설치하는 등 전국적인 극장체인망 구축에도 나섰다. 삼성플라자 태평로점에 음반, 공연관람권, 영상제품 등을 판매하는 직영매장 THE MIX도 개설했다. 장편 애니메이션 〈바이오캅 윙고〉를 제작하고 서울단편영화제까지 개최했다. 삼성영상사업단은 위성방송을 비롯해 주문형비디오 등 종합영상서비스 네트워크를 갖춘 국내 최대의 뉴미디어 방송사업체로 도약한다는 목표를 내세웠다.[30] 이건희는 심지어 교향악단 창단을 검토해 보라는 지시까지 했다고 한다.[31]

삼성의 계열사 확장은 창업자인 이병철 회장 당시부터도 꾸준히 진행됐다. 하지만 이건희 회장이 취임한 이후에 보다 다양한 분야에서 보다 공격적으로 추진됐다. 1990년대에 삼성은 그야말로 진출하지 않는 분야가 없었다. 제조업에서부터 병원과 대학, 예술과 스포츠에 이르기까지 모든 분야에 손을 뻗었다. 그리고 모든 분야에서 삼성이 들어가면 흑자를 낼뿐더러 그 분야 업계의 영업방식과 분위기가 바뀔 것이라는 기대를 불러일으켰다. 그야말로 이건희와 삼성은 가는 곳마다 '미다스의 손'으로 대접받았다. 손대는 것은 모두가 황금으로 변한다는 리디아의 왕 미다스가 이 땅에 환생한 것 같았다.

이에 따라 삼성그룹의 자산은 1987년 11조 5872억 원에서 1996년

83조 726억 원으로 70조 원 이상 불어났다. 현기증이 날 정도로 증가한 셈이다. 그러는 사이 고용인력 규모도 16만 명 남짓에서 26만 명 정도로 늘어났지만, 그 증가폭은 매출이나 자산의 증가폭에 비해서는 작았다. 이에 대해《삼성 60년사》는 인적생산성을 높이는 경영혁신의 결과라고 풀이했다.

길을 잃다

그런데 이렇게 다방면으로 사업을 확장한 결과로 삼성의 경쟁력이 향상되고 효율성이 높아졌을까? 이런 의문이 경제환경 변화와 함께 차츰 표면화했다. 종전에는 삼성이 하는 일이라면 무엇이든 잘될 줄 알았지만, 사실은 그것이 잘못된 생각이었음이 드러났다. 특히 전자와 중공업 등 주력 제조업 분야에서 허점이 드러났고, 일부 사업은 심각한 부실에 빠져들었다. 몇몇 사업분야에서는 계열사가 중복되기도 했다. 이를테면 공작기계 분야에는 삼성중공업과 삼성항공이 각각 진출했고, 건설 분야에서는 삼성물산, 삼성중공업, 중앙개발 등이 제각기 사업을 벌였다.

요컨대 이건희가 제2창업 선언에 이어 신경영 선언을 내놓은 뒤에도 종전과 같은 삼성의 문어발식 경영에는 근본적인 변화가 없었다. 이건희의 '신경영'이 종전의 양적인 성장 위주 경영방식에 질과 기술 개념을 대폭 접목시킨 것은 분명하다. 하지만 이 업종 저 업종 기웃거리는 습성은 과거와 다름없었다. 오히려 반도체 사업으로 막대한 경영실적을 낸 것에 고무되어 그러한 습성이 더 심화됐다. 이건희는 신경영 선언을 발표할 때 삼성은 변해야 한다면서 회장인 자신부터 먼저 변하겠다고 다짐했다. 그러나 그 자신이 변한 것은 별로 없었다. 특히 '문어발' 체질에서는 벗어나지 못했다.

　이건희와 삼성은 이때 길을 잃었다. 한때의 과분한 성취에 도취된 나머지 가야 할 길이 어딘지를 잊고 방황하게 된 것이다.

부실한 문어발, 상용차

"물론 벌여놓은 사업에서 최강자가 될 수만 있다면 그 이상 좋은 일이 어디 있겠는가. 하지만 그것은 거의 불가능하다. 앞으로 전개될 전방위 경쟁 시대에는 더욱 어림없는 일이다. 그렇다면 결론은 분명하다. 자신의 강약점을 냉정하게 파악해서 약점은 버리고 강점에 역량을 집중시켜야 한다. 잘 버리고 잘 집중하는 것. 이것이 미래가 요구하는 지혜이고 경영의 요체라고 생각한다."
— 《이건희 에세이-생각 좀 하며 세상을 보자》 중 '버릴 줄 아는 용기'

이건희 자신이 쓴 이 구절에 따르면 지혜로운 경영자는 아무 사업에나 마구 덤비면 안 된다. 스스로 잘할 수 있다고 판단되는 사업에 전력투구해야 한다. 그렇다면 이건희 자신은 지혜로운 경영자였을까? 위와 같은 글을 쓴 것을 보면 지혜로운 경영자였을 것 같기도 하다. 그러나 사실은 그렇지만은 않았다. 적어도 이 에세이를 쓸 무렵의 이건희는 지혜로운 경영자가 아니었다고 해야 옳을 것이다. 그 자신의 말대로 '잘 버리고 잘 집중하는' 경영자가 아니었기 때문이다. 오히려 앞서 기술한 바와 같이 온갖 사업분야에 손을 뻗쳤다. 특히 삼성자동차와 삼성종합화학은 그의 경영에서 큰 오점이었다. 이들 두 사업은 이건희가 그룹의 대권을 이어받은 뒤에 시작한 사업의 대표 격이었지만, 둘 다 큰 상처만 남기고 끝났다.

삼성은 자동차에 대한 꿈을 오래 전부터 갖고 있었다. 1978년에 도요타나 폭스바겐 등 선진국 자동차업체와 제휴해 자동차산업 진출을 모색하다가 신진자동차 인수를 검토했지만 일단 포기했다. 1983~84년에는 미국 크라이슬러가 삼성물산과 접촉하면서 합작을 제의했다. 1985년 4월에 크라이슬러의 리 아이아코카 회장이 이병철 창업회장을 방문해 합작추진 계획을 밝히기도 했다. 그렇지만 모두 실현되지 않았다. 1987~89년에도 삼성은 독일의 폭스바겐과 베엠베(BMW), 이탈리아의 피아트, 일본의 도요타 등과 합작협상을 벌여 상당히 진전시키기도 했다. 그렇지만 그 무렵 이병철 창업회장의 별세와 독일의 통일 등 여러 가지 사정이 겹치면서 모두 불발에 그쳤다.[32]

이건희도 오랫동안 자동차와 자동차산업에 대한 관심을 가져왔다. 우선 그 자신이 자동차에 대한 깊은 취미를 갖고 있었다. 이는 세상에 다 알려진 사실이다. 워낙 자동차에 대한 취미가 깊어 이것이 사업으로 연결됐다는 관측도 있다. 이건희는 자동차산업에 대한 탐구도 상당히 했다. 웬만한 자동차 잡지는 다 구독해 읽었고, 세계적인 자동차 제조업체의 경영진과 기술진도 거의 다 만나 보았다. 이런 탐구 끝에 그는 마침내 자동차산업에 진출하기로 결심하기에 이르렀다.

이건희는 에세이집을 통해 자신이 자동차산업에 진출하기로 결심한 몇 가지 이유를 다음과 같이 제시했다.

첫째, 우리나라가 집중해서 육성해야 할 전략분야는 전자, 반도체, 자동차, 조선, 철강 등 중화학공업이다. 이들 산업의 기초가 되는 것이 기계공업이고, 기계공업의 꽃이 바로 자동차산업이다. 자동차산업이 발달하면 공작기계, 산업전자, 제어기술이 발전해 전체 산업의 기술이 향상되고, 국가경쟁력이 더 높아진다. 둘째, 자동차에서 전장부품의 비중이 점점 높아지고 있으므로 삼성이 축적해 온 전자 분야의 기술력을 활용하면 충분히 승산이 있다. 셋째, 삼성이 진출하면 기존 업계에 선의의 자극을 주어 국내 기술수준을 끌어올리고 소비자복지에도 크게 기여할 수 있다. 삼성의 자동차 사업은 이렇듯 나름대로 21세기의 국가 장래를 위해 '애국심'으로 시작한 것이었다는 얘기다. 그런데 세간에서 정경유착이 있다거나 개인적 취미에서 시작한 일이라거나 하는 오해를 사게 돼 당혹스럽기 그지없었다고 이건희는 술회했다.

"자동차 사업을 제대로 일으켜 세우려면 수조 원에 이르는 막대한 투자와 오랜 시간이 필요하고, 임직원의 피나는 노력 없이는 불가능한데, 어떻게 이를 이권사업이라고 하는지 안타깝기 그지없다. 그리고 내가 자동차에 취미가 있다지만, 개인적인 관심으로 사업을 시작했다는 일부 세평에 대해서는 안타까움을 넘어 실망감마저 든다."
—《이건희 에세이-생각 좀 하며 세상을 보자》 중 '자동차사업에 거는 기대'

때마침 삼성의 자동차 사업 진출을 가로막던 규제의 장애물도 없어졌다. 1988년 4월부터 자동차 수입 자유화가 2000cc 이하 중소형 자동차로 확대되고 1989년 7월에는 자동차산업 합리화 조치가 전면 해제됐다. 자동차산업 합리화 조치는 1981년 2월 28일 전두환 신군부정권이 과잉 중복투자 조정을 명분으로 단행한 업체별 생산품목 특화 정책을 가리킨다. 흔히 '2.28조치'라고 일컬어진다. 이 조치에 따라 현대자동차와 새한자동차는 승용차 생산에 집중하고, 기아자동차는 중소형 상용차 생산만할 수 있게 됐다. 이 조치는 1987년 1월에 일부 해제되어 기아자동차도 승용차를 생산할 수 있게 됐고, 1989년 7월에는 전면 해제되어 신규 업체의 진출이 허용됐다. 외국인투자도 허용됐다. 삼성으로서는 더 없이 좋은 기회를 맞이한 것이다.

삼성은 우선 상용차 사업부터 시작했다. 삼성중공업이 1990년 6월 21일 일본의 닛산디젤과 트럭섀시 부문 기술도입 계약을 맺고 7월 6일 상공부에 기술도입 신고서를 제출했다. 그렇지만 상공부의 업종전문화 정책과 기존 업계의 반대론에 가로막혀 신고서가 반려됐다. 삼성은 일단 물러섰지만 포기하지는 않았다. 삼성은 시기를 기다린 끝에 1992년 6월 23일 다시 기술도입 신고서를 제출했고, 이 신고서는 그해 7월 4일 정부에 의해 수리됐다. 기존 업계의 반발에도 불구하고 삼성의 상용차사업 진출이 마침내 실현된 것이다.

삼성중공업은 처음에는 건설중장비를 생산하는 경남 창원2공장에서 상용차를 생산할 계획이었다. 하지만 정치권과 대구 지역민들의 거듭된 요구에 따라 대구 성서공단으로 들어가기로 방침을 바꿨다. 삼성상용차가 대구에 입주하게 된 데는 당시 퇴임을 눈앞에 둔 노태우 대통령도 한몫했던 것으로 전해지고 있다. 노 대통령은 1992년 10월 유럽 출장 중이던 이건희를 호출했다. 이건희 대신 청와대로 들어간 이수빈 비서실장에게 노

대통령은 자신이 곧 고향 대구를 고별방문할 것이라며 "고향에 큰 선물을 줘야겠다"고 말했다. 삼성상용차 공장을 대구에 입주시키라는 요구였다.[33]

부실화의 운명 안고 출발

삼성중공업은 1993년 8월 창원2공장에서 상용차 시제품을 생산했다. 이어 11월에는 연산 5000대 규모의 양산체제를 갖추고 공장가동식을 열었다. 삼성중공업은 1994년 5월 10일 서울 교육문화회관에서 첫 신차발표회를 가졌다. 이날 15톤 트럭과 6입방미터 믹서트럭 등 2가지 대형 트럭이 공개됐다. 이어 5월 24일부터 제품이 출고되기 시작했다.

삼성은 1995년 3월 17일 대구 달서구 성서공단의 18만 평 부지에 새로운 대구공장을 짓는 공사에 들어갔다. 이어 1996년 8월 22일 삼성중공업 상용차사업본부에서 삼성상용차가 분리 설립됐고, 1997년 3월 15일 삼성중공업 대형상용차 부문이 삼성상용차에 양도됐다. 삼성상용차는 2000년경까지 1조 3천억 원을 투입해 연간 13만 대의 생산능력을 갖춘다는 계획이었다.[34]

그러나 삼성상용차의 진입으로 말미암아 상용차 생산업체가 늘어났다. 삼성뿐만 아니라 한라중공업도 새로 참여했다. 이에 따라 상용차 생산업체가 현대, 대우, 아시아, 쌍용 등 기존 4개에서 6개로 늘어났다. 기존 업체들은 시장을 지키기 위해 생산능력를 확대하는 방식으로 신규진입 업체에 맞섰다. 이에 따라 좁은 시장을 놓고 경쟁이 더욱 치열해졌다.[35] 업체들 사이에 덤핑판매 경쟁까지 벌어지면서 수익성이 악화됐다. 상용차 업체들은 제품을 팔아도 이익을 내기는커녕 손해를 보는 수렁에 빠져들었다. 삼성자동차의 경우 회사 출범 이후 1997년 8월까지 2369대를 판매해 목표의 80% 수준에 그쳤다.[36)]

게다가 삼성자동차의 성서공단 부지 매입단가가 비싼 것도 적자경영을 피할 수 없게 만들었다. 대구에서 발행되는 〈매일신문〉이 국회 심상정 의원실로부터 삼성상용차에 대한 예금보험공사의 조사보고서를 넘겨받아 보도한 바에 따르면 삼성중공업이 성서공단에 공장을 지을 때의 부지 분양단가는 평당 66만 원이었다. 삼성은 부지 매입단가가 47만 원 이하여야만 수익성이 있을 것이라고 판단했는데, 그에 비해 땅값이 너무 비쌌던 것이다. 게다가 삼성중공업은 1206억 원에 대구시로부터 분양받은 부지 60만여㎥(18만 2천 평)를 삼성상용차에 1425억 원에 양도했다. 이것도 삼성상용차의 적자 요인이 됐다.[37)] 삼성상용차로서는 설상가상이었다. 비싼 땅값이 삼성자동차의 경영을 어렵게 한 유일한 요인은 아니었을 것이다. 그렇지만 삼성상용차가 처음부터 부실화의 운명을 안고 출발한 것은 사실이다. 마치 고대희랍 신화에서 아킬레우스가 발뒤꿈치에 약점을 지니고 태어났고 이 때문에 죽을 운명을 짊어졌던 것과 흡사하다. 그렇지만 삼성상용차의 부실화는 삼성자동차의 참극이라는 더 큰 비극의 서곡에 불과했다.

부실한 문어발, 승용차

삼성은 오랜 모색 끝에 1992년 상용차 사업에 진출하는 데 성공했지만, 승용차 사업에는 진출하지 않겠다고 일단 선을 그었다. 노태우 정부의 '업종전문화' 정책을 의식하지 않을 수 없었기 때문이다. 업종전문화 정책은 재벌마다 자신의 주력업종에 집중하게 한다는 것이었다. 이에 따르면 전자산업에 집중하고 있었던 삼성은 자동차 사업에 진출할 수 없고 진출해서도 안 되는 일이었다. 게다가 현대와 기아, 대우자동차 등 기존 자동차 업계가 삼성의 자동차 사업 진출에 강력히 반대하고 있었다. 이런 배경에서 삼성은 일단 승용차에 대해서는 선을 그어두었던 것이다.

그러나 그런 삼성의 공언을 그대로 믿는 사람은 별로 없었다. 그것은 단지 기존 자동차 업계를 무마하기 위한 일시 미봉책에 지나지 않는다는 것을 알 만한 사람들은 다 알고 있었다. 다만 시기가 문제일 뿐이었다. 삼성은 이병철 창업회장 시절에도 금성사 등 기존 전자업계의 반대를 무릅쓰고 전자사업에 진출한 경험이 있다. 그러니 승용차의 경우에도 삼성은 정면돌파하되 적당한 시기를 잘 골라서 그렇게 할 것이라는 예상이 지배적이었다. 삼성의 실제 움직임이 그랬다. 1992년 7월 상용차 기술도입 신고서를 정부가 수리하자마자 삼성은 곧바로 승용차 전담팀도 만들었다.[38] 때를 기다리던 삼성은 시기가 무르익었다고 판단되자 승용차 사업 진출을 일사천리로 진행했다. 1993년 8월 이건희가 재벌 총수로는 처음으로 김영삼 당시 대통령과 독대를 가졌다. 이 독대가 삼성의 승용차 사업 진출에 어떤 효과를 가져왔는지는 분명하지 않다. 하지만 그 뒤로 삼성이 승용차 사업 진출 준비를 서두른 것은 분명하다. 1994년 4월에 삼성은 일본의 닛산과 승용차 기술도입 계약을 체결했다. 삼성의 이런 움직임에 대해 기존 업계의 견제와 정부의 반대가 거셌지만, 이번에는 삼성이 물러서지 않았다.

삼성은 승용차 공장을 부산 신호공단에 짓기로 했다. 당시 부산은 신발 산업 쇠퇴에 대응하여 새로운 '먹거리'를 찾고 있었다. 게다가 부산은 김영삼 대통령의 정치적 고향이었다. 그러니 김영삼 정부로서는 삼성의 부산 진출을 막기 어려웠다. 삼성이 김영삼 정부에 매우 무거운 정치적 부담을 안긴 것이었다. 삼성에 승용차 사업을 허용하든가, 아니면 부산 시민들로부터 '배신자'로 낙인찍히든가 둘 중 하나를 선택하라는 '강요'였다. 결국 김영삼 정부는 삼성의 승용차 사업을 승인하게 됐다.

삼성은 1994년 12월 5일 승용차 및 소형트럭 기술도입 신고서를 상공부에 제출했고, 김철수 당시 상공부 장관이 12월 7일 직접 기자회견을 통해 삼성의 기술도입 신고서를 수리하겠다고 발표했다. 삼성은 승용차 사업에 진출하면서 각서를 정부에 제출했다. 생산하는 제품 중 수출하는 비율을 1998년까지 30%로 올리고 2000년에는 40%로 더 올리겠다는 약속이었다. 또한 국산화 비율을 1998년부터 2000cc 미만은 80% 이상,

2000cc 이상은 70% 이상이 되게 하고, 기존 자동차 업체 직원은 퇴직 후 2년 이내에는 채용하지 않겠다는 약속도 각서에 담았다.[39]

부산에서는 1995년 1월 25일 사직실내체육관에서 '삼성승용차 유치 시민축하 잔치'가 열렸다. 이어 1995년 3월 삼성자동차(주)가 설립됐다. 이제 삼성에 더 이상의 장애물은 없었다. 1995년 9월 삼성자동차 부산공장을 55만 평 부지에 짓기 위한 공사가 착수됐다. 생산능력은 초기에는 24만 대 규모로 설계됐지만, 2002년까지 50만 대로 늘릴 예정이었다. 삼성자동차는 1996년 9월 세계 자동차 업계의 첨단기술을 조기에 파악하고 흡수하기 위해 미국 로스앤젤레스에 삼성디자인아메리카(SDA)를 설립했다. 이것은 삼성이 1995년 11월 영국 메이플라워그룹의 미국 자동차디자인연구소를 인수해 개편한 것이었다. 1996년 4월에는 자동차기술연수센터도 개설됐다.

'원죄'와 함께 시작

그러나 삼성자동차는 애초부터 많은 약점을 안고 출발했다. 공장 부지의 허약한 지반을 보강하기 위해 파일을 많이 박아야 했던 것을 비롯해 초기 투자가 많이 들어간 데다 숙련된 인력과 기술도 부족했다. 초기투자가 과도하게 소요된 것은 생산원가의 상승으로 이어졌다. 이는 삼성자동차의 '원죄'와 같은 것이었다. 삼성은 숙련인력 부족 문제를 해결하기 위해 기술제휴를 맺은 일본 업체 닛산자동차에 기술인력을 파견해 연수받게 하고, 설계인력은 미국의 제너럴모터스 연구소에 보냈다. 아울러 닛산으로 하여금 기술인력 200명을 삼성의 부산공장에 파견해 생산준비를 지원하도록 조치했다. 마침내 삼성자동차는 1996년 11월 부산공장을 완공했다.

예정보다 3개월 앞당겨진 것이다. 삼성자동차는 1997년 2월 28일 기업 광고를 처음으로 내보냈고, 3월에는 첫차인 코드명 KPQ의 브랜드 이름을 공모했다. 그리고 1997년 9월에 삼성자동차 KPQ(나중에 SM5로 명명) 공개시승회를 열고 출고 준비를 서둘렀다.

삼성의 자동차 사업 진입 과정과 진입 이후에 이건희는 강한 집념을 과시했다. 이건희는 미국 로스앤젤레스에서 그룹전략회의를 열고 앞으로 자신은 반도체와 사회공헌에 자동차를 더해 3가지만 챙기겠다고 천명했다. 이어 이건희는 1995년 4월 공장의 기공식에서부터 1996년 11월 완공식, 그리고 1997년 5월 설비가동식에 이르기까지 공장건설 과정의 주요 행사에 빠짐없이 참석했다. 다른 사업부문에서는 보기 어려웠던 모습이었다.

그러나 한편으로는 기존 자동차 업계와의 갈등이 갈수록 깊어졌고, 삼성자동차 자체의 자금수요도 계속 늘어났다. 그런 가운데 1997년 6월 초에 삼성자동차가 작성한 보고서 '국내 자동차 산업의 구조재편 필요성과 정부의 지원방안'이 유출돼 자동차 업계에 파문을 일으켰다. 이 보고서는 특히 기아자동차를 거냥해 작성된 것으로 분석됐다. 현대자동차를 비롯한 기존 자동차 업체들은 "삼성의 자동차 산업 진입은 잘못된 것"이라며 연일 비판의 목소리를 높이고 있었다. 특히 기아자동차는 삼성을 검찰에 고발하기도 했다.

그러한 갈등이야 어떻게든 수습될 수 있는 것이었다. 더 큰 문제는 삼성자동차 내부에 있었다. 자금수요가 끝 모르게 늘어나기만 했다. 삼성자동차는 국내 금융권에서 이미 조 단위의 자금을 끌어다 쓰고도 모자라 그룹 계열사와 임직원들까지 주주로 끌어들여 자금을 조달해야 했다. 삼성자동차는 애초에 삼성전기, 삼성전관, 삼성에버랜드가 함께 출자한 1천억 원의 자본금으로 설립됐다. 그렇지만 자금수요가 늘어남에 따라 자본금이 8054억 원으로 증액됐다. 이때 삼성전자가 1700억 원을 출자해 최대 주주가 됐고, 삼성전관이 600억 원, 삼성전기가 400억 원을 출자했다. 이 밖에 삼성중공업, 중앙개발 등의 계열사와 삼성자동차 임직원도 자본금을 댔다.

그러는 사이에 국가부도 위기라는 엄청난 먹구름이 몰려오고 있었다. 마침내 1997년 11월 정부가 국제통화기금(IMF)에 구제금융 제공을 요청했다. 이어 구조조정의 태풍이 불기 시작했다. 다른 모든 재벌과 마찬가지로 삼성그룹도 그때까지 벌여온 사업들을 전면 재검토하고 재조정하라는 요구를 받게 됐다. 그제야 삼성그룹은 눈을 크게 뜨고 자신과 국가의 실제 모습을 다시 돌아보았다. 그러나 아직은 진심으로 스스로를 반성하는 것 같지는 않았다. 삼성그룹은 여전히 애써 '마이웨이'를 달리며 스스로를 속이고 있었다. 1998년 1월 3일 KPQ 승용차의 양산에 돌입했다. 1998년 2월 17일에는 신차발표회를 열었고, 그 다음 달에 신차를 본격 출시했다.

삼성의 자동차 사업에는 삼성자동차 외에 삼성전기와 삼성물산 등 여러 계열사들이 동원됐다. 삼성전기는 삼성전자, 삼성중공업, 삼성항공 등 관계사 인력을 통합해 자동차부품 사업조직을 만들었다. 삼성자동차에 대한 사업승인을 정부로부터 받기 7개월 전의 일이었다. 삼성전기의 자동차부품 공장은 1997년 4월 18일 준공됐다. 이 공장은 삼성자동차 공장으로부터 불과 1km 거리에 지어졌다. 1997년 11월 3일부터 이 공장에서 자동차부품이 양산되기 시작됐다.[40] 삼성전기 외에 삼성항공 등 다른 계열사들도 그 무렵에 각기 자동차부품 생산공장을 완공했다. 이처럼 여러 계열사들이 자동차부품 생산에 나선 것은 완성차 업계의 압력 때문에 기존 부품업체들로부터 부품을 조달하기가 어려웠기 때문이다. 관계사들을 동원해 주요 부품을 자체적으로 해결하기로 한 것이다. 삼성종합화학은 일찍이 1993년에 삼성의 자동차 산업 진출 가능성을 염두에 두고 자동차용 복합수지 생산체제를 갖췄다.[41] 이와 함께 삼성물산이 자동차 영업과 서비스업에 진출했고, 1996년 5월 삼성카드와 제휴해 삼성자동차카드를 발매했다. 삼성그룹은 또한 1997년 2월 삼성자동차와 삼성상용차를 비롯해 자동차 사업과 관계를 맺은 계열사들을 모아 자동차 소그룹을 출범시키고 임경춘 부회장을 소그룹장에 앉혔다. 삼성그룹의 주요 계열사들이 자동차 사업을 지원하기 위해 총집결한 셈이다.

삼성이 내놓은 신차에 대한 소비자들의 평가는 나쁘지 않았다. 일부 부품과 기능은 기존 업체의 것보다 좋다는 평가도 나왔다. 그러나 공장을 짓는 과정에서 약한 지반을 강화하기 위해 파일을 많이 박는 등 난공사를 거쳤기에 신차 제조원가가 높았다. 이런 여러 가지 악조건 때문에 삼성은 정상적인 투자금의 3배를 쏟아 부었다고 한다.[42] 닛산에 지급해야 하는 기술료 부담도 컸지만, 모델은 한정돼 있었다. 차입금 이자도 눈덩이처럼 불어났다. 치명적인 약점을 고루 갖춘 셈이다. 더욱이 IMF 구제금융 시대를 맞아 경기가 후퇴할 때 출시된 삼성의 자동차가 제대로 팔릴 리가 없었다. 기존 업체도 판매 감소에 허덕이는 상황에서 아직은 미덥지 않은 삼성자동차의 제품을 사겠다는 소비자를 찾기는 어려웠다. 그러자 삼성은 그룹 차원에서 삼성자동차의 판매를 적극 지원해 주기로 했다. 이에 따라 삼성자동차의 사원과 협력업체들은 물론이고 삼성그룹의 다른 계열사 사원들까지 판매 확대에 동원됐다. 삼성그룹은 자동차 판매확대를 위해 그야말로 모든 수단과 방법을 다 동원했다. 이 때문에 계열사나 협력업체 직원들에게 삼성 승용차를 판매하도록 강요한다는 제보가 관계당국과 언론사에 잇따라 들어갔다. 그러나 그 과정의 문제점 여부를 조사한 공정거래위원회는 확실한 증거를 잡지 못했다며 미온적인 제재에 그치고 말았다.

삼성자동차의 주요 주주 가운데 아일랜드에 본부를 둔 유령회사(페이퍼컴퍼니) Pan Pacific이 있었다. 참여연대가 1998년 3월 삼성전자 주주총회에서 공개한 자료와 김상조 교수가 2008년 삼성 비자금 사건 재판 과정에서 법원에 제출한 양형자료 등을 종합해 보면, 이 정체불명의 회사는 1996년 11월 21일 1만 2395달러의 자본금으로 설립됐다. 이어 1997년 1월 30일 Pan Pacific은 삼성전자, 삼성전관, 삼성전기와 조인트벤처 계약을 체결했다. Pan Pacific이 삼성자동차 주식을 정해진 가격에 팔 수 있는 풋 옵션(Put Option)을 행사할 권리를 갖는다는 내용이 포함된 계약이었다. 풋 옵션은 1차로 삼성전자를 상대로 행사될 수 있으며, 삼성전자가 주식을 매입할 수 없을 경우에는 삼성전기와 삼성전관이 매입하게 돼 있었다. 또한 만약 삼성전자가 출자총액제한 등 불가피한 사정 때문에 Pan Pacific으로부터 주식을 인수할 수 없을 경우에는 Pan Pacific이 대체채권을 발행하고 삼성전자는 이를 인수하도록 규정돼 있었다. 사실상 상업차관이나 다름없는 투자계약이었다. 당시 상업차관은 도입이 금지되어 있었으므로 직접투자의 외피를 입혀 들여온 상업차관이라는 의혹을 불러일으켰다. Pan Pacific은 이 계약을 믿고 1997년 2월의 어느 날 신원을 알 수 없는 투자자를 대상으로 주식담보부 변동금리부채권(FRN)을 발행해 2억 8820만 달러를 조달했다. Pan Pacific은 바로 다음날 삼성자동차 주식 2억 8765만 3895달러어치를 인수했다. Pan Pacific은 이어 무이자 할인채권을 발행하고 UBS를 통해 투자자를 공모하여 3억 130만 8706달러를 조달했다. 이 가운데 2억 8820만 달러는 FRN 상환에 사용된다. 삼성전자, 삼성전관, 삼성전기 3개 회사가 삼성자동차에 사실상 우회 지급보증을 서준 셈이었다. Pan Pacific은 1999년 7월 20일 풋 옵션을 행사하여 삼성전자로부터 2662억 원을 받아냈다. 결국 삼성전자는 기존의 출자금 1700억 원을 더해 적어도 4362억 원을 삼성자동차로 말미암아 허비했다. 하지만 삼성 계열사들이 Pan Pacific과 맺은 계약과 관련해 여러 가지 의문점이 남아 있다. Pan Pacific의 설립에는 누가 참여했는지, Pan Pacific이 발행한 FRN은 누가 인수했는지 등이 드러나지 않았다.

참여연대는 1998년 3월 삼성전자 주주총회에 참석해 "Pan Pacific은 삼성자동차에 대한 삼성전자, 삼성전관, 삼성전기 등 삼성그룹 계열사들의 출자를 위장하기 위한 가공의 회사"라고 주장하고 해명을 요구했다. 참여연대는 그해 6월 Pan Pacific에 투자한 3개 삼성그룹 계열사와 삼성자동차의 대표이사 등을 외자도입법, 외환관리법, 증권거래법을 위반한 혐의로 검찰에 고발했다.

더욱이 Pan Pacific의 주된 계약상대방이라고 할 수 있는 삼성전자의 1997회계연도 감사보고서에는 풋 옵션에 관한 계약의 내용이 주석에 기재되지 않았다. 이 같은 사실이 뒤늦게 드러나자 참여연대의 요청에 따라 증권감독원이 특별감리를 벌였고, 그 결과 삼성전자와 삼일회계법인이 '주의' 조치를 받았다. 삼성이 자동차 사업에 무리하게 뛰어든 탓에 또다른 무리를 저지르게 됐고, 나중에는 투자자와 감독당국을 속이기까지 한 것이다.

그리스 비극 같은 실패 드라마

삼성이 자동차 사업에 뛰어드는 과정에서 기아자동차를 겨냥한 인수합병 시도에 관한 논란이 크게 일어났다. 1990년대 중반에 기아자동차가 무리한 경영 탓으로 어려움에 빠져들자 국내외 자본에 의한 기아자동차 인수합병 가능성이 거론되기 시작했다. 기아자동차 인수합병설이 여러 가지로 걷잡을 수 없이 확산됐고, 그 중심에는 삼성이 있었다. 삼성그룹 계열 금융회사가 기아자동차 주식을 사 모았기 때문이다. 삼성생명은 1993년부터 기아자동차 주식을 사들여 지분율을 8%까지 높였다. 또한 삼성화재도 거들어서 삼성그룹 금융계열사의 기아자동차 지분이 10%를 넘었다. 삼성생명은 여론의 따가운 눈총에 지분율을 6~7% 수준으로 낮추기도 했다. 그렇지만 삼성이 기아자동차에 눈독을 들이고 있다는 의심은 수그러들지 않고 뭉게구름처럼 더 커져가기만 했다. 1995년 6월에는 삼성중공업이 기아자동차 소하리 공장을 불법으로 촬영하려고 시도하다가 발각되는 사건도 일어났다. 이런 모든 과정을 종합해볼 때 삼성이 기아자동차에 눈독을 들이고 있었던 것은 부정할 수 없는 사실로 여겨졌다. 삼성이 한편으로는 직접 자동차 공장을 짓는다고 하면서 다른 한편으로는 기아자동차 인수를 노리고 있다는 것이 당시의 정설이었다.

기아자동차 측 인사들은 삼성생명과 삼성캐피탈 등 삼성의 금융계열사들이 수천억 원의 대출금을 고의로 한꺼번에 갑자기 회수하는 바람에 기아자동차가 재정난에 봉착했다고 주장했다. 기아자동차에 대한 삼성 금융계열사들의 자금회수는 그 무렵 크게 논란이 됐지만, 삼성은 고의성을 부인했다. 이 문제는 결국 심증은 있지만 물증은 없는 상태로 흐지부지되고 말았다. 다만 삼성의 기아자동차 주식 매집을 둘러싼 논란을 계기로 마련된 지분제한 조항이 1997년 1월에 제정돼 그해 3월부터 시행된 '금융산업의 구조개선에 관한 법률(금산법)'에 들어간다. 금산업 제24조에 재벌 소유 금융회사가 특정한 기업의 의결권 있는 주식을 5% 이상 소유하려면 금융위원회의 승인을 받도록 규정된 것이다. 이 조항은 후술되는 바와 같이 삼성그룹 금융계열사의 위반 여부와 정부의 대응조치를 둘러싸고 숱한 논란을 야기한다.

삼성의 기아자동차 인수 공작은 MBC 기자 출신인 이상호 씨가 폭로한 '이상호 X파일'을 통해 어느 정도 그 진실이 드러났다. 폭로 내용에 따르면 한 중앙일간지의 고위 인사가 '기아자동차를 대기업이 인수해야 한다는 여론을 조성하고 집권당 실세가 정책위원회에서 도와주는 방안'을 삼성 측에 제시했다는 것이다. 그렇지만 이러한 '공작'이 그대로 진행되지는 않았다.

그런 가운데 기아자동차의 자금난이 심화돼 자력으로 해결할 수 있는 수준을 넘어섰다. 기아자동차뿐만 이니라 기아특수강과 (주)기산 등 그 계열사들도 거액의 부채 때문에 생존하기가 어려운 처지에 몰렸다. 제2금융권 어음의 상환 만기가 속속 도래했다. 그 규모는 눈덩이처럼 불어나 하루 5000억 원을 헤아리기에 이르렀다. 결국 기아자동차는 1997년 7월 15일 '부도유예협약'을 적용받게 된다. 사실상 부도상태에 처한 것이다. 그 직후인 1997년 8월에는 삼성의 기아자동차 인수 추진계획을 담은 내부 보고서가 공개됐다. 삼성 기획홍보팀이 작성한 것으로 전해지는 '신수종 사업 추진 현황 및 향후 계획서'가 그것이다. 삼성의 기아자동차 인수 시도는 이제 노골적으로 거론되기에 이르렀다. 삼성은 스스로 자동차 사업에 뛰어들었지만, 자력으로 그것을 끌고 가기가 갈수록 어렵다는 것을 절감하고 있었다. 이에 삼성이 위기에서 벗어나기 위한 수단으로 기아자동차 인수를 꾀했다고 볼 수 있다.

기아자동차는 숱한 논란 끝에 결국 부도 처리되고 법정관리로 넘어갔다. 기아자동차 부실 처리 과정에서 많은 무리가 저질러졌고, 이는 국가신인도를 추락시켜 IMF 구제금융을 불러들였다. 이듬해 김대중 정부는 기아자동차를 국제입찰로 매각하기로 하고 공개입찰을 실시했다. 입찰은 2차례 유찰되고 3차까지 갔다. 1998년 10월 19일 실시된 3차 입찰에 삼성이 응찰했다. 그렇지만 제시한 조건이 좋지 않아 낙찰받는 데 실패했다. 아니, 삼성이 애초부터 낙찰받기에 부족한 조건을 제시한 것으로 미루어 기아차 인수를 사실상 포기한 것으로 받아들여졌다. 이는 삼성이 자동차 사업을 그만두려 한다는 신호나 다름없었다. 삼성은 당시 재계와 정부에서 논의되고 있던 '빅딜'을 통해 삼성자동차를 대우자동차에 넘기려고 했으나 이마저 무산되고 말았다. 그리고 뒤에 자세히 서술되겠지만, 삼성자동차는 결국 법정관리로 넘어간다.

삼성이 자동차 사업에 진출하고 실패에 이르는 과정을 보면 마치 그리스 비극을 보는 것 같다. 이건희와 삼성이 오랫동안 절치부심한 끝에 안팎의 견제를 물리치고 자동차 사업에 뛰어들긴 했지만 상처만 입고 퇴출된 것이다. 시작과 끝이 모두 강렬하다.

많은 전문가들이 삼성의 자동차 사업 진출을 두고 우리나라에 IMF 구제금융 사태를 초래한 한 요인이라고 지적하고 있다. 삼성 책임론이다. 삼성이 자동차 사업에 진출하는 과정에서 무리했을 뿐만 아니라 '기아자동차 흔들기'를 계속한 끝에 기아자동차의 부도상태를 유발했고, 결국 나라에 외환위기까지 불러들였다는 것이다. 이 같은 진단이 전적으로 옳다고 볼 수는 없다. 기아자동차 스스로 그 전에 이미 상당히 취약해진 상태였기 때문이다. 그런 상황에서 당시 정부와 채권단이 기아자동차 문제를 잘못 처리하는 바람에 국가신인도를 저하시킨 것이 외환위기를 초래했다고 판단된다. 그렇지만 삼성이 그룹의 자원을 자동차 사업에 몰아넣어 스스로 허약해졌을 뿐만 아니라 기아자동차까지 흔들고 그 약점을 노출시키면서 나라경제 파국의 요인을 만들어낸 것 또한 분명한 사실이다. 따라서 IMF 구제금융 사태의 궁극적인 책임을 삼성에 돌릴 수는 없지만, 삼성 역시 책임에서 자유로울 수는 없다.

부실한 문어발, 석유화학

이건희는 석유화학에 진출하기 위해 삼성그룹 경영권 승계 이후 몇 가지 일을 했다. 우선 1989년 7월 삼성BP화학을 설립했다. 삼성BP화학은 1988년 12월 삼성그룹과 영국 BP케미컬스(BP Chemicals)의 합작투자 계약에 의해 설립됐다. 이 회사는 1991년 10월 연산 15만 톤 규모의 공업용 빙초산 공장을 완공했다. 이 공장의 생산능력은 1994년에 20만 톤으로 확장됐다. 이어 1996년 10월에 연산 15만 톤 규모의 초산비닐 공장을 완공했다. 1994년 7월에는 삼성이 국영기업이던 한국비료의 매각 입찰에 참여해 낙찰받았다. 이 회사의 이름은 삼성정밀화학으로 바뀌었다. 삼성정밀화학의 전신인 한국비료는 이병철 창업회장이 1964년에 세계 최대의 비료공장을 짓겠다며 설립한 것이었지만, 사카린 밀수 사건으로 말미암아 1967년 국가에 헌납한 것이었다. 정부가 이후 국영기업으로 운영하던 한국비료를 민영화하기 위해 입찰을 실시하자 삼성이 응찰해서 되찾은 것이다. 30년 만에 이병철 창업회장의 한을 풀어준 셈이다. 인수금액은 2300억 원이었으니 큰 부담 없이 한풀이를 했다. 1997년 2월에는 삼성이 의약품 사업에 진출하기로 하고 대도제약을 인수했다. 그러나 대도제약은 이듬해 부실기업으로 분류돼 정리대상에 들어가는 비운을 당했다.

삼성정밀화학과 삼성BP화학은 비교적 건실했고, 경영에 별다른 어려움이 없었다. 규모가 가장 크고 어려움도 가장 큰 삼성의 화학 사업체는 삼성종합화학이었다. 삼성종합화학은 이건희가 취임한 뒤에 대규모 장치산업 분야에서 처음으로 벌인 사업이었다. 1988년 5월 19일 설립된 삼성종합화학은 충남 서산군의 해안을 매립해 95만여 평 규모의 부지를 확보했다. 1년여의 매립공사를 거쳐 1989년 11월 19일 거행된 석유화학 콤비나트 기공식에는 이건희 회장은 물론이고 노태우 대통령, 한승수 상공부 장관, 박준규 민정당 대표, 김종필 신민주공화당 총재 등 정부와 정계 요인들이 대거 참석했다. 삼성종합화학은 미국과 일본 등의 석유화학 선진기업과 고밀도폴리에틸렌(HDPE), 폴리프로필렌(PP), 저밀도폴리에틸렌(LDPE) 등 주요 화학제품 기술을 도입하는 계약을 맺고 가동 준비를 진행했다. 공장은 1991년 9월 18일 완공됐다. 모두 1조 3천억 원이 투입된 대단위 석유화학 콤비나트였다. 에틸렌 등 기초유분부터 계열제품에 이르기까지 일관생산체제를 갖춘 대단지였다. 여기에 나프타 분해공장을 비롯해 스티렌모노머(SM) 등을 생산하는 9개 공장이 들어섰다. 이로써 이 콤비나트는 연간 에틸렌 40만 톤, 프로필렌 20만 톤 등 총 200만 톤의 석유화학 원재료 생산능력을 갖추게 됐다. 삼성이 반도체 공장을 처음 지을 때 한겨울임에도 돌관공사로 6개월 만에 완공했듯이, 삼성종합화학 공장도 세계 화학공장 건설 역사상 가장 짧은 기간에 공사를 마무리했다고 한다. 그러나 건설비는 애초 예상했던 7800억 원보다 5천억 원이나 늘어났다.

상황변화에 따라 도중에 다시 책정된 실행예산보다도 1300억 원 초과됐다. 이 같은 초과비용은 결국 공장 완공 후 경영에 부담을 주었다.[43]

삼성종합화학은 바로 이웃에 비슷한 시기에 공장을 지은 현대석유화학과 맞수가 되어 경쟁을 벌였다. 삼성종합화학과 현대석유화학은 기존 석유화학 업계의 반발에 맞서 콤비나트 건설, 석유화학 산업 국제화, 투자 자유화의 필요성을 내세우며 석유화학 산업에 신규진출을 허용하는 것이 불가피함을 주장했다. 석유화학 투자 확대를 막는 석유화학공업육성법이 1986년에 폐지됐지만, 석유화학공업발전 민간협의회라는 기구를 통한 정부의 간접적인 규제가 아직 남아 있을 때였다. 결국 삼성과 현대는 3년 동안 생산량의 50% 이상을 수출하는 것을 조건으로 신규진출 허가를 받았다. 1990년 2월 8일 상공부는 삼성과 현대의 신규진출을 나란히 공식 허가했다. 삼성과 현대의 석유화학 콤비나트는 지리적으로 인접해 있기도 해서 양사간 경쟁이 한껏 고조됐다. 당시 삼성그룹과 현대그룹이 벌이고 있었던 재계수위 다툼의 축소판이었다. 전기나 물 등을 공급하기 위한 기반시설을 함께 지어 함께 이용해보자는 생각을 할 법도 했지만, 두 그룹은 그럴 의사가 추호도 없었다. 두 그룹은 무조건 모든 것을 경쟁적으로 건설해 중복투자라는 부작용을 낳았다.

삼성종합화학 공장은 국내와 중국의 석유화학제품 수요가 증가할 것이라는 가정 아래 세워졌다. 그러나 삼성종합화학이 출범할 당시부터 과잉생산 논란이 제기됐다. 기존 업계의 생산능력에 비해서도 수요가 적은 터에 삼성과 현대까지 뛰어들면 공급이 당연히 수요를 크게 초과할 것이라는 전망 때문이었다. 석유화학산업은 경기에 민감한 소품종 대량생산 체제로 굴러간다. 원재료인 나프타는 원유를 정제할 때 발생하는 부산물이

기 때문에 국제유가의 동향에 민감하다. 나프타를 원료로 해서 만드는 석
유화학제품도 마찬가지다. 호황 때에는 가격이 급등하지만, 경기가 나빠
지면 가격이 폭락한다. 매출과 수익의 진폭이 클 수밖에 없다. 가격은 철
저하게 수요와 공급에 의해 좌우된다. 어느 회사 제품이든 차별성이 별로
없기 때문에 가격이 모든 것을 말해준다. 그러므로 석유화학산업에 진출
하기 위해서는 맷집이 튼튼해야 한다. 특히 경기침체기에 가격이 폭락하
더라도 견딜 수 있는 체력이 뒷받침돼야 한다. 그러므로 함부로 뛰어들어
서는 안 되고, 뛰어든다 하더라도 부채가 많으면 견디기가 어렵다.

공장 완공되자마자 경제위기 '벼락'

삼성종합화학의 공장이 준공돼 제품을 생산할 무렵에는 석유화학 시장이
암울했다. 중국을 비롯한 국내외 시장의 수요감소로 인한 심각한 수급불
균형으로 합성수지 가격이 폭락하고 있었다. 반면에 석유화학제품의 원료
인 나프타의 국제가격은 삼성과 현대가 새로운 대규모 구매자로 등장한
탓에 떨어지지 않았다. 시장에 신규로 진입한 두 사업자로서는 2중의 고
통을 겪어야 했다. 이 때문에 삼성종합화학이 본격 가동을 시작한 1992
년에 이 회사의 매출은 3952억 원에 불과했는데도 적자는 무려 1천억 원
에 이르렀다. 전대미문의 적자율이라고 해도 과언이 아니었다. 삼성종합
화학은 그 뒤에도 적자를 면하지 못하다가 가동개시 4년만인 1995년이
돼서야 흑자의 기쁨을 맛보았다. 달콤한 기쁨이었다. 그러나 그 기쁨은 짧
았다. 이후에는 다시 적자의 수렁 속으로 빠져 들어갔다. 자체 원천기술
도 없이 대규모 설비투자에 의존하는 소품종 대량생산 사업의 피할 수 없
는 숙명이었다. 그럼에도 삼성종합화학은 공장을 더욱 확장했다. 1993년

부터 제1단지의 공장을 추가로 건설하기 시작해 이듬해에 선형저밀도폴리에틸렌(LLDPE) 공장 및 정밀화학제품 공장과 2번째 스티렌모노머(SM) 공장을 완공했다. SM 공장은 대만의 석유화학회사 치메이와 합작으로 건설됐다. 이 공장은 생산능력이 25만 톤에서 50만 톤으로 늘어나면서 아시아 최대의 SM 공장이 됐다. 삼성종합화학은 그것도 모자라 1996년부터 제2단지 건설에 착수했다. 1997년 완공된 제2단지에는 스판덱스의 원료인 고순도테레프탈산(PTA)을 생산하는 공장과 방향족을 생산하는 공장을 지었다. PTA 공장은 연산 25만 톤의 생산능력을 갖췄고, 방향족 공장은 연간 40만 톤의 파라자일렌(PX)과 20만 톤의 벤젠을 생산할 수 있는 시설을 갖췄다. 제2 PTA 공장은 1997년 2월 완공됐고, 방향족 공장은 1997년 6월 준공됐다. 건설비로는 PTA 공장 3천억 원과 방향족 공장 4천억 원을 합쳐 모두 7천억 원이 투입됐다.[44] 그러나 이렇게 추가로 추진된 공장이 완공된 직후에 아시아 외환위기가 일어났고, 그 회오리바람이 한국을 향했다. 그런 상황에서 국내외 업체들의 공급능력은 급격히 늘어났다. 이 때문에 가격이 폭락을 거듭해 최소한의 마진도 건지기 어려운 상태가 됐다. 이에 따라 PTA 제조업체들은 1997년 말 감산에 돌입해야 했다. 삼성종합화학은 새 공장을 짓자마자 경제위기의 벼락을 맞고 '감산'에 들어가야 했다. 삼성종합화학에 몇 겹의 어려움이 한꺼번에 닥친 것이다.

석유화학 콤비나트 경쟁에는 현대와 삼성 양대 재벌의 자존심 다툼까지 더해졌다. 양대 재벌의 투자가 타당한지에 대한 의구심도 컸다. 기존의 석유화학 업계는 물론 정부당국도 삼성과 현대의 석유화학 사업 진출을 못마땅하게 여겼다. 그럼에도 두 거대 재벌은 세간의 시선은 아랑곳하지 않고 욕심을 버리지 않았다. 그때까지만 해도 삼성그룹과 현대그룹 사이에는 겹치는 사업분야가 별로 없었다. 그런데 석유화학에서 정면으로 맞붙게 됐다. 게다가 두 그룹이 거의 비슷한 시기에 석유화학 공장을 완공했다. 이 때문에 국내 석유화학 제품 생산능력은 급격히 늘어났다. 그것은 사실 제 살 깎아먹기였다. 이렇듯 두 그룹의 석유화학 계열사는 설립 당시부터 이미 부실화의 가능성을 안고 있었다.

게다가 삼성종합화학이 생산하게 된 PTA는 삼성석유화학이 이미 1980년부터 생산해온 것이어서 중복이었다. 같은 그룹 안에서도 경합이 이루어지게 된 것이다. PTA 사업에서 삼성석유화학은 이미 안정적인 기반을 닦아놓은 데다 60만 톤의 생산능력을 갖추고 있었다. 삼성석유화학은 여기서 더 나아가 1993년 제3공장을 착공해 1995년에 완공함으로써 90만 톤 체제를 구축했다.

삼성은 1993년 신경영을 선언한 데 이어 1994년 계열사들을 전자, 화학, 기계, 금융 등 4개 소그룹으로 나누어 묶었다. 그리고 삼성종합화학 사장이 화학 소그룹의 그룹장이 됐다. 화학 소그룹은 21세기 초까지 매출 150억 달러를 달성해 세계 10위의 세계적 종합화학기업으로 성장한다는 중장기 비전을 설정했다. 이를 위해 인력, 장비, 연구개발 등에 관한 정보를 교류하고 공유하는 방안을 마련하기도 했다. 그렇지만 그런 정도의 시도로는 삼성종합화학의 태생적 한계를 극복할 수 없었다.

삼성이 왜 석유화학에 뛰어들었을까. 이건희는 《삼성종합화학 10년사》에 실린 기념사를 통해 그 이유를 이렇게 밝혔다.

"삼성종합화학이 출범할 당시만 해도 국내 석유화학 업계는 전자, 자동차, 섬유 등 관련 산업에 필수적인 기초소재의 공급이 부족하여 이의 안정적인 조달이 시급했으며, 세계적으로 볼 때 기술개발의 수준과 마케팅 능력 또한 낙후한 상태였습니다. 따라서 삼성종합화학의 대산 콤비나트 건설은 관련 산업에 대한 원활한 기초소재의 공급은 물론, 당시 국가적으로 추진되던 서해안개발 사업에 적극 부응하여 균형 있는 국토개발을 통한 국가경제 발전에 기여한다는 시대적 사명감 또한 컸던 것입니다."

또 삼성종합화학의 2003년도 사업보고서를 보면 세계적으로 석유화학은 성장산업이며 한국 실정에 적합한 산업이라고 기술돼 있다. 그 이유로는 첫째, 세계 석유화학 산업의 성장률이 세계 경제성장률 2~3%를 초과하는 5%에 이른다는 점, 둘째, 우리나라가 세계 최대 수입국인 중국에 인접하여 물류 측면에서 유리하다는 점이 제시됐다. 특히 중국은 1인당 합성수지 소비량이 한국의 5분의 1에도 못 미치는 수준이어서 향후 10% 이상의 수요 성장세가 전망된다는 것이었다.

그러나 이런 낙관적 전망과 달리, 삼성과 현대가 충남 대산단지에 석유화학 공장을 완공하자 우려되던 일이 일어났다. 시황이 급격하게 악화된 것이다. 이 때문에 삼성종합화학과 현대석유화학 둘 다 고전을 면치 못했다. 1990년대 중반에 국내 경기가 좋다 보니 한때 반짝한 시기는 있었지만, 그 시기를 제외하고는 어려움의 연속이었다. 두 회사가 가동 초기에 겪은 시황의 악화는 우발적인 것이라고 하기 어렵다. 두 대형 업체의 등장으로 인한 공급과잉에서 비롯된 것이라고 보는 것이 옳다. 어쨌든 시황의 악화로 말미암아 두 회사에 적자가 쌓이고 부채가 늘어나기만 했다. 삼성종합화학의 경우 부채가 1998년 말에 장부상으로만 2조 4800여억 원을 헤아리게 됐다.

이건희는 삼성종합화학을 가리켜 "선천성 불구기형아"라고 말한 바 있다. 태어날 때부터 잘못 태어났다는 것이다. 이건희의 말처럼 삼성이 삼성종합화학 사업에 뛰어든 것 자체가 잘못된 것이었는지도 모른다. 삼성종합화학은 이건희가 경영권을 승계한 뒤에 세워지고 투자가 진행됐다. 결국 이건희는 스스로 자신을 나무란 셈이다.

다만 이건희는 삼성종합화학도 수술만 잘하고 영양공급만 잘하면 불구기형아는 면할 가능성이 있다고 단서를 달았다. 그는 삼성종합화학에 대한 구조조정의 필요성을 인지했던 것 같다. 하지만 삼성은 결국 삼성종합화학을 스스로 구조조정하지 못했다. IMF 구제금융 이후 타자의 손을 빌려야 했다. 그것도 많은 곡절을 거쳐야 했다.

2장 | IMF 구제금융과 삼성

부실경영 드러나다

"도마뱀은 위기에 처하면 꼬리를 잘라냄으로써 위기를 벗어난다. 얼마 후면 또다시 꼬리가 자라고, 위기에 처하면 또 잘라낸다. 이것을 사람 사는 것과 비교하면 다소 논리의 비약이 없지 않지만, 우리도 과감하게 '도마뱀 꼬리 자르기'를 해야 한다. 이제는 사치와 허영, 낭비의 거품을 빼고 근면과 성실이 미덕인 사회로 돌아가야 한다."

— 《이건희 에세이-생각 좀 하며 세상을 보자》 중 '버릴 줄 아는 용기'

이건희의 에세이집에 들어있는 이 구절은 부실기업 구조조정의 고전적인 원리를 잘 정리한 표현이라고 할 수 있다. 그동안 벌여온 일들에 대한 반성 같기도 하고, 앞으로 닥칠 여러 가지 일들에 대한 예고로 들리기도 한다. 곧 닥칠 구조조정 회오리를 예감했던 것일까? 실제로 우리나라 재벌들과 나라경제 전체가 IMF 구제금융 사태가 몰고 온 거센 태풍에 휘말렸다. 대부분의 재벌그룹이 그동안 과도하게 불린 몸집을 깎아내라는 요구를 받게 됐다. 특히 과도한 차입금을 짊어진 재벌들은 국내외에서 신용도가 저하되면서 심각한 유동성 압박에 직면했다.

삼성도 예외가 아니었다. 삼성도 몸집이 크다는 것 외에는 부실화 측면에서 특별히 나을 것이 없었다. 현대그룹과 1위 다툼을 벌이는 큰 재벌이기는 했지만 구조조정의 이유가 충분했다. 덩치는 컸지만 튼튼하지는 않았다. 삼성그룹의 대표기업 삼성전자를 예로 들어보자. 삼성전자의 사업보고서들을 보면 1995년에는 2조 5천여억 원의 순이익을 냈다. 공전의 기록이었다. 그러나 이듬해에는 순이익 규모가 1641억 원으로 대폭 감소했다. 1997년에는 1235억 원으로 더 줄었다. 사실상 흑자라고 보기도 어려운 수준이었다. 매출액은 1995년 16조 1898억 원에서 1996년 15조 8745억 원으로 줄어들었고, 1997년에는 18조 4654억 원으로 2조 6천여억 원 늘어나는 데 그쳤다. 이에 비해 부채는 1995년 7조 9986억 원에서 1996년 10조 7487억 원으로 급증했다. 1997년에는 17조 2356억 원으로 더 큰 폭으로 늘어났다. 2년 사이에 매출은 2조여 원 늘어났을 뿐인데 부채는 10조 원 가까이 늘어났다.

삼성전자의 수익성이 왜 그렇게 나빠졌고, 부채는 어쩌다가 그토록 급증했을까? 우선 반도체 등 주력제품의 단가가 세계적인 공급초과로 말미암아 크게 떨어진 사실을 꼽을 수 있다. 4메가 D램의 경우 국제시장 가격이 1995년 48달러까지 올랐다가 1996년에는 고작 1달러로 추락했다.[45] 당시 삼성전자의 매출에서 70% 넘게 차지하는 이들 반도체 등 정보통신 부문의 단가하락은 삼성전자 전체의 매출과 수익성에 직격탄을 날렸다.

삼성전자의 경영악화는 문어발식 확장의 결과이기도 했다. 국내외 계열사를 출자나 채무보증 등 여러 가지 형태로 지원하면서 유출되는 자금이 제법 많았다. 삼성전자는 삼성그룹에서 가장 규모가 크고 수익성 좋은 회사였기 때문에 모르는 척할 수 없었다. 그런데 그런 계열사들 가운데 상당수가 부실하거나 어려움을 겪다 보니 삼성전자 역시 수렁에 빠질 수밖에 없었던 것이다. 1997년 말 현재 국내 계열사에 대한 채무보증이 7200억 원에 이르렀고, 해외 현지법인 등에 대한 투자금은 2조 2천억 원에 달했다. 삼성자동차에는 1700억 원을 출자했고, 삼성자동차 주식 인수를 위해 아일랜드에 설립한 것으로 알려진 유령회사 Pan Pacific에 대해서도 그쪽의 요구가 있으면 주식을 무조건 사줘야 하는 풋 옵션에 묶여 있었다. 삼성전자는 이천전기를 비롯한 다른 계열사들도 여러 가지 방법으로 지원해야 했다.

1995년에 지분 40%를 사들이며 인수한 미국의 컴퓨터 제조업체 AST도 골칫거리였다. AST는 삼성전자의 경영에 도움을 주기는커녕 부담만 계속 안겼다. 삼성전자는 AST를 인수한 후 수억 달러를 투자했으나 AST의 적자는 늘어나기만 했다. 삼성전자 사업보고서를 찾아보면 AST는 1998년 말 현재 자본잠식 상태에 빠진 채 1조 2649억 원의 부채를 짊어지고 있었다. 판매에 활용하려는 목적으로 미국에 세운 현지법인 SEA도 부채가 1조 3700억 원에 이르렀다. 이렇듯 삼성그룹 계열사 가운데 가장 우량한 기업으로 평가되던 삼성전자도 사실은 만신창이였던 것이다.

이처럼 여러 가지 악재가 겹치면서 삼성전자도 자금난을 겪게 됐다. 이 때문에 삼성전자는 1997년부터 1999년까지 3년 동안 유상증자를 5차례나 실시해 9천억 원 가까운 자금을 마련했다. 1998년에는 단기차입금이 2384억 원에 이르렀고, 장기차입금 가운데 1년 이내에 갚아야 하는 금액도 2조 원을 넘었다. 그런 반면 해외에서는 자금조달이 어려웠다. 차입금리가 오르는 것은 물론이고 채권을 발행하는 것 자체가 곤란했다. 이에 삼성전자는 1998년 한 해 동안 국내에서 무려 2조 8660억 원어치의 회사채를 발행하면서 자금난을 방어해야 했다. 이렇듯 어려움이 크다 보니 "삼성전자의 경영사정이 좋지 않으니 중간간부 이상은 인사에서 삼성전자를 피하라"는 소문이 퍼졌고, 반도체 이외의 사업부문은 정리해야 한다는 말까지 나돌았다고 한다.[46]

'신경영' 이후 거품 더 부풀어

삼성그룹의 주요 계열사 가운데 하나인 삼성중공업도 마찬가지였다. 삼성중공업은 1996년 2946억 원의 적자를 낸 데 이어 이듬해에도 955억 원의 적자를 기록했다. 삼성중공업의 부채는 1995년 3조 5687억 원에서 1996년 4조 5290억 원으로 증가한 데 이어 1997년에는 5조 3850억 원으로 더욱 늘어났다. 부채가 2년 사이에 1조 8천여억 원이나 증가하면서 매출을 훨씬 웃돌게 된 것이다. 그나마 그 부채는 1997년 2월 대형 상용차 부문을 삼성상용차에 넘겼기 때문에 2천여억 원 줄어든 것이다. 삼성그룹의 모태기업인 삼성물산도 같은 기간에 부채가 4조 6642억 원에서 6조 8143억 원으로 급증했다. 이렇듯 삼성그룹 주요 계열사들의 재무상태가 모두 나빠졌다.

게다가 몇 개의 치명적인 부실기업이 있었다. 바로 삼성자동차, 삼성상용차, 삼성종합화학, 이천전기 등이었다. 1998년 말 현재 삼성자동차의 부채는 4조 원을 넘었고, 삼성상용차의 부채도 9600억 원을 웃돌았다. 규모가 작은 기업이긴 했지만 삼성시계는 114억 원 자본잠식 상태였다. 게다가 이들 계열사의 적자가 엄청난 속도로 불어나고 있었다. 1998년에 삼성자동차는 6771억 원의 당기순손실을 냈고, 삼성상용차 역시 700억 원이 넘는 적자를 기록했다.

삼성종합화학도 1998년에 850억 원 이상의 순손실 기록을 장부에 남겼다. 삼성시계의 경우 매출액(149억 원)의 4배에 가까운 568억 원의 적자를 기록했다. 이 같은 상황은 해가 바뀌어도 크게 바뀌지 않았다. 삼성상용차의 1999년 사업보고서를 보면 그 해에 이자비용만 1217억 원에 이른 것을 비롯해 경상손실이 2050억 원을 넘었다. 그야말로 밑 빠진 독이었다. 주요 계열사들의 경영상태가 나빠지면서 부채가 눈덩이처럼 불어나게 되니 삼성그룹도 더 이상 버틸 수 없었다. 하물며 치명적 부실기업까지 끌어안고 간다는 것은 불가능한 일이었다. 삼성그룹에도 구조조정은 절박한 과제로 다가왔다.

삼성그룹 전체를 보아도 위기의 조짐은 분명했다. 그룹 전체의 매출액은 1995년 64조 5769억 원에서 1996년 74조 6407억 원으로 10조 원넘게 늘어났다. 1년 사이에 그야말로 눈부신 성장을 이룬 셈이다. 그러나 수익성이 현저하게 나빠졌다. 순이익은 1995년 2조 9328억 원에서 1996년 1318억 원으로 대폭 감소했다. 삼성전자의 순이익을 제외한다면 적자였던 것이다. 이는 다시 말해 제대로 이익을 내는 계열사가 거의 없었음을 의미한다.

삼성그룹의 수익성이 1년 사이에 이렇게 급격하게 나빠진 이유는 무엇이었을까? 삼성이 집계한 그룹 경영지표를 보면 판매관리비가 6조 3342억 원에서 7조 7211억 원으로 1조 4천억 원가량 늘어난 것이 눈에 띈다.[47] 판매관리비가 이렇게 급증한 이유는 알 수 없다. 이건희가 1993년에 신경영을 선언하고 난 뒤에 '뒷다리를 잡는' 관리 및 회계 담당 임원들을 사실상 '숙청'의 대상으로 삼은 결과가 아닐까 추측된다. 투자나 판매

촉진을 명분으로 추진되는 비용집행에 대한 내부견제가 사라져 고삐가 풀렸을 것이라는 추정을 해볼 수 있다. 실제로 매출액 가운데 판매관리비가 차지하는 비율도 상당히 높아졌다. 이 비율은 신경영 선언 이전인 1991년과 1992년에는 각각 9.3%에 머물렀지만, 신경영 선언이 나온 1993년에는 10.4%로 크게 높아졌다. 그리고 1994년에는 11.4%로 더 높아졌다. 1995년에는 매출액 자체가 대폭 증가한 덕분에 이 비율이 9.8%로 다소 낮아졌지만, 1996년에 다시 10.3%로 높아졌다. 이병철 창업회장 당시에는 대체로 6% 안팎에 그쳤던 것과 비교하면 이건희가 경영권을 승계한 뒤에 판매관리비 비율이 높아진 셈이다. 그런데 신경영 선언 이후에는 이 비율이 더욱 높아졌다. 물론 이런 분석은 아직 하나의 가설일 뿐이다. 지금 여기서 이 문제를 자세히 파고들기도 어렵다. 다만 이건희가 신경영을 부르짖은 뒤로 경영의 거품이 도리어 더 부풀어 오른 것은 분명해 보인다. 이런 여러 요인으로 인해 이 무렵 삼성그룹의 어려움은 시간이 흐를수록 가중됐다. 다행히 한때 호경기를 누릴 때 벌어둔 것이 많아 그 힘으로 버틸 수 있었다.[48]

구조조정의 태풍 속으로

결국 이건희가 신경영을 선언하고 질 위주의 경영을 부르짖었지만 그것은 사실상 껍데기였고 구호만 요란했음이 드러난 셈이다. 실속이 없었을 뿐 아니라 거품과 자만심만 키웠다. 이건희는 1996년 들어 반도체 가격이 급격하게 하락하는 등 위기의 조짐을 느끼고 경영진에게 "정신 차리라"고 일렀다.[49] 그러나 크게 달라진 것은 없었다. IMF 구제금융 사태가 터진 다음에야 삼성도 비로소 본격적인 대응 행동에 들어갔다.

삼성그룹은 1998년 1월 '경영체질 혁신방안'을 발표했다. 조직 30% 감축, 총비용 50% 절감, 임원급여 10% 삭감, 투자규모 30% 축소 등이 골자였다. 1998년 4월에는 '구조조정위원회'를 설치하고 그 위원장 자리를 강진구 삼성전기 회장에게 맡겼다. 그 외에 이수빈 삼성생명 회장, 현명관 삼성물산 부회장 등 그룹의 핵심 경영진 10여 명이 위원으로 참여했다. 구조조정위원회 위원장은 나중에 이수빈 삼성생명 회장으로 바뀌었다. 또한 삼성그룹은 구조조정본부를 설치하고 이학수 비서실 차장(사장)을 본부장으로 임명했다.[50] 당시 출범을 앞둔 김대중 정부가 재벌 구조조정을 강력히 추진하기로 하자 이에 부응하기 위한 것이었다. 종래의 비서실이 이름만 구조조정본부로 바뀐 것이라는 비판도 있었다. 그렇지만 어차피 그룹 전체의 골격을 새로 짜야 하는 상황이었으므로 더 좋은 방법이 있을 것 같지는 않았다.

삼성그룹은 스스로 본격적인 구조조정 작업에 착수하기 전에 이미 타율적인 구조조정의 홍역을 겪었다. 1998년 6월 12일 금융감독위원회가 삼성그룹 계열사 가운데 이천전기, 삼성시계, 대도제약, 한일전선을 퇴출 대상 기업으로 선정한 것이다.

이천전기는 1998년 12월 95억 원을 받고 일진그룹에 매각됐다. 이천전기는 그 전해인 1997년 3월에 삼성전자가 '중전기 분야 참여'를 명분으로 90억 원에 인수한 회사였다. 인수 당시부터 이천전기는 빚더미에 올라 있었다. 1995년부터 해마다 거액의 적자를 냈고, 1997년 2월 28일 현재 차입금이 이미 1394억 3500만 원에 이른 상태였다.

그럼에도 삼성전자는 이천전기를 인수한 직후인 1997년 4월에 200억 원을 들여 이 회사의 신주를 추가로 인수한 것을 비롯해 채무보증 등의 방식으로 모두 1909억 원을 추가 투입했다. 모두 1999억 원이 이천전기에 들어간 것이다. 삼성전자는 이천전기를 팔아 겨우 95억 원만 건졌으니 불과 1년여 사이에 1904억 원의 손실을 낸 셈이다. 삼성전자는 1998회계연도 결산 재무제표에 이천전기 정리와 삼성시계 투자주식 감액 처리에 따른 2992억 원의 특별손실을 반영했다.

그룹 차원의 구조조정 작업 착수

삼성그룹 스스로도 구조조정 작업을 소리 없이 진행했다. 삼성전자는

1997년 말 화합물 반도체 회사인 SMS를 미국 왓킨스-존슨에 매각하고 인터넷TV 소프트웨어 관련회사 DIBA를 미국 선마이크로시스템스에 넘겼다. 그렇지만 이는 큰 의미는 없는 것이었다. 좀더 강도 높은 조치가 필요했다. 이에 삼성은 1998년 4월 비동기전송방식교환기(ATM)의 칩을 개발하고 판매하는 IGT를 미국 PMC에 매각했고, 그해 5월 한국HP 지분을 미국 휴렛패커드(HP) 본사에 양도했다.

1998년 말에는 전력용 반도체를 생산하는 부천사업장을 4억 5천만 달러의 가격으로 미국 페어차일드에 팔았다. 이 사업장은 이건희가 반도체 사업을 시작하기 위해 사재를 들여 사들였던 것이다. 그런 만큼 이건희가 이 사업장에 각별한 애정을 느꼈을 법하지만, 그룹 경영진이 매각 의견을 제시하자 군말 없이 수용했다고 전해진다.[51] 1998년 11월에는 미국 텍사스인스트루먼트와 합작으로 설립한 포르투갈 반도체 공장도 매각했다. 삼성전자 제품에 대한 사후서비스 업무 등 22개 사업은 삼성전자서비스 등 18개 회사로 분사하거나 이관했다.

삼성중공업은 1998년 6월 30일 중장비 사업을 스웨덴의 볼보에 매각했다. 7780억 원을 받고 자산과 부채를 동시에 양도했다. 중장비 사업은 1983년 9월 당시 부실덩어리이던 한국중공업으로부터 인수한 것인데, 삼성은 이를 15년 만에 포기한 것이다. 삼성중공업은 지게차 사업 역시 1998년 7월 미국의 클라크에 넘겼다. 377억 원을 받고 자산과 부채를 동시에 인계했다.

삼성중공업에는 발전설비, 선박엔진, 항공기 등 정리해야 할 사업들이 더 있었다. 이들 사업은 당시 김대중 정부가 추진한 재벌간 사업교환(빅딜)의 대상이 됐다. 1998년 12월 전국경제인연합회에서 발표한 빅딜안에 따라 삼성중공업과 현대중공업의 발전설비는 1999년 12월 한국중공업으로 이관됐다. 한국중공업은 그로부터 2년 후 민영화되어 두산중공업으로 바뀌었다. 선박엔진 사업은 1999년 12월 한국중공업과 함께 설립한 통합법인 HSD엔진으로 넘어갔다. 항공기 사업도 삼성의 손을 떠났다. 삼성항공산업은 1999년 10월 1일 대우중공업, 현대우주항공과 동등 지분으로 설립한 항공우주산업으로 넘어갔다.

삼성물산은 1999년 영국의 유통기업 테스코와 합작으로 설립한 삼성테스코에 대형할인점 홈플러스의 지분 대부분을 2008년에 넘겼다. 삼성은 2011년에 남아있던 지분 5.32%도 테스코에 넘기면서 완전히 발을 뺐다. 회사 이름도 삼성테스코에서 홈플러스로 바뀌었다. 홈플러스는 2015년 사모펀드인 MBK파트너스에 인수되어 다시 한국기업이 됐다.

그렇지만 이런 것들은 그저 가지치기에 불과했다. 핵심은 삼성자동차, 삼성상용차, 삼성종합화학 등 '치명적 부실기업' 3총사였다. 모두가 이건희가 경영권을 승계한 뒤에 세워진 회사였다. 삼성종합화학은 1998년 출범한 김대중 정부가 추진한 사업교환(빅딜) 정책의 대상이 됐다. 전경련의 사업교환 방안에 따라 삼성종합화학은 현대석유화학과 법인통합을 하기로 확정됐다. 그러나 두 석유화학 기업의 재무상태가 너무 열악해서 통합의 실익이 거의 없어 보였다. 통합한다 해도 부실의 규모만 커지고 그것을 처리하기는 더 어려워질 것이 확실해 보였다. 두 회사는 일본의 미쓰이로부터 외자유치를 추진했으나 이마저 성사되지 않았다. 아니, 두 회사의 재무상태로 보아 성사될 수 없었다고 해야 옳다. 결국 두 회사의 통합은 없었던 일이 됐다. 두 회사는 각자 살길을 모색해야 했다.

이에 따라 현대석유화학은 2003년 LG와 호남유화의 컨소시엄에 인수됐다가 2005년 다시 부문별로 3개로 분할됐다. 삼성종합화학은 프랑스 아토피나의 자금을 유치해 50 대 50 지분의 합작법인을 세우는 방식으로 해결됐다. 아토피나는 자금을 대고 삼성은 모든 생산시설을 현물출자하기로 했다. 이런 방식으로 2003년 8월 삼성아토피나가 설립됐고, 나중에 회사 이름이 삼성토탈로 변경됐다. 삼성종합화학은 합작 이전에 PTA 공장을 삼성석유화학에 매각하고 발전설비와 수처리설비도 제3자에 팔아넘겨 몸집을 조금 가볍게 했다. 그리고 남은 자산과 부채를 신설 합작법인에 넘겼다. 이로써 삼성으로서는 큰 짐 하나를 덜어냈다. 아울러 대산 석유화학 단지의 구조조정도 일단락됐다. 이로써 삼성의 부실이 대폭 정리됐다. 마치 헤라클레스가 강물을 끌어들여 아우게이아스의 축사에서 오물을 청소했듯이.

삼성자동차는 기아자동차 인수, 빅딜 등을 시도하다가 모두 무산되자 법정관리로 넘어갔다. 결국 삼성그룹은 외환위기 직후의 구조조정을 통해 걸림돌이 될 만한 것들을 상당히 제거한 셈이다. 수익성 전망이 불분명한 계열사가 일부 남긴 했지만, 치명적인 부실기업들은 대폭 정리했다. 이렇게 해서 삼성은 계열사를 65개에서 45개로 줄이고 인력을 5만 2천여 명 감축했다. 삼성전자에서 그만둔 사람만도 3만여 명을 헤아렸다.[52]

삼성그룹의 구조조정은 이건희가 부르짖은 신경영의 허점을 여실히 드러냈다. 이건희는 경영노선을 전면 수정하라는 사회적 압박을 받았다. 첨단 전자제품에서 자동차, 금융, 병원, 문화예술에 이르기까지 모든 분야에 촉수를 뻗쳐온 문어발식 경영을 수정하라는 요구였다. 그런 요구는 삼성과 같은 재벌이 상징하는 경제력 집중이나 부의 편중 등에 대한 관념적 비판이나 구호에서 나온 것이 아니었다. 냉엄한 경영현실이 제기한 요구였다. 그리고 삼성이 생존하려면 따라야 할 처방이었다. 이건희와 삼성은 이 같은 요구를 더 이상 외면할 수 없었다. 그 요구를 수용하지 않고는 삼성도 살아남을 수 없었다. 결국 이건희는 따르지 않을 도리가 없었다. 삼성이 하는 것은 무엇이든 잘된다는 그때까지의 속설도 깨졌다. 요컨대 신경영은 실패한 것이나 다름없었다. 그리고 삼성은 새로운 패러다임을 필요로 했다.

잘못된 길을 서둘러 달린 대가

그렇지만 구조조정의 효과는 확실하게 나타났다. 무엇보다 재무구조가 건실해졌다. 삼성그룹의 총부채를 자본총계로 나눈 부채비율은 1996년 514%에서 5년 후인 2001년에 266%로 낮아졌다. 부채비율은 그 뒤에도 계속 낮아져서 2006년에는 176%로 떨어졌다. 부채비율이 낮아진다는 것은 금융비용이 줄어들고 생존 가능성이 커진다는 것을 의미한다. 2조 원이 넘던 계열사간 채무보증도 해소됐다. 또 부실 계열사들이 제거됨에 따라 이들에 빠져나가던 자금이 더는 유출되지 않았다. 이에 따라 경영장부가 과거에 비해 한결 청결해졌다. 그룹의 자원이 주력사업에 집중됨으로써 주력사업이 견고해지고 수익성도 좋아졌다. 잃었던 길을 되찾은 모습이었다.

예를 들어 핵심 기업인 삼성전자의 연구개발 투자가 크게 늘어났다. 삼성전자의 연구개발 비용은 1996년과 1997년에는 1조 2천여억 원 수준에 머물렀지만 2000년에는 2조 원대로 올라섰다. 그 뒤로는 해마다 급증했다. 2003년에 3조 5천억 원대로 늘어났고, 2005년에는 5조 원을 훨씬 웃돌았다. 이어 2011년에는 10조 원을 돌파하는 등 해마다 1조~2조 원

씩 증가했다. 2014년에는 15조 원 넘게 연구개발에 투입됐다. 연구개발
투자가 이렇게 급증하면 경쟁력은 당연히 향상될 수밖에 없다. 그 효과로
삼성전자의 매출은 1998년 20조 842억 원에서 2003년 43조 5800억 원
으로 117% 늘었고, 순이익은 3132억 원에서 20배에 가까운 5조 9550억
원으로 증가했다. 쉽게 말해서 외환위기를 전후해서는 제품을 판매해도
남는 것이 별로 없었지만, 구조조정을 대부분 마친 2000년대에는 제품을
판매해서 상당히 많은 이익을 남기게 됐다. 그제야 삼성전자는 비로소 '우
량기업'이라고 할 수 있는 상태가 됐다.

삼성전자는 2004년에는 매출 70조 원에 순이익 10조 원을 기록해 처
음으로 순이익 10조 원대로 올라섰다. 그 전에는 상상도 할 수 없던 경이
적인 실적이었다. 그룹 전체로도 실적이 눈에 띄게 개선됐다. 1996년에
는 매출 74조 6407억 원에 순이익이 1318억 원에 불과했지만, 2001년
에는 매출 101조 1670억 원에 순이익이 7조 3570억 원으로 늘어났다.
매출은 36% 늘어난 데 비해 순이익은 56배로 증가했다. 삼성그룹의 순이
익은 2000년대 들어 연평균 10조 원 이상으로 이어지다가 2010년대에
는 20조 원 수준으로 더 늘어났다.

이렇듯 IMF 구제금융 사태가 강요한 구조조정 이후 삼성의 경영은 비
교적 순탄한 길을 걸었다. 이렇게 볼 때 삼성은 IMF 구제금융과 뒤이은
구조조정의 '은혜'를 가장 확실하게 누렸다고 할 수 있다. 이를 두고 신경
영의 효과라고 하기는 어렵다. 오히려 IMF 구제금융 이후 제기된 새로운
패러다임이 삼성에 적용된 결과라고 해야 옳을 것이다.

삼성그룹의 구조조정 과정에서 많은 사람들이 아픔을 겪었다. 많은 임
직원이 정든 직장을 떠나야 했다. 이는 삼성그룹만의 일은 아니었다. IMF

구제금융 사태 이후의 구조조정 과정에서 삼성그룹 임직원을 포함해 많은 사람들이 겪어야 했던 아픔을 잊어서는 안 된다. 그것은 잘못된 길을, 그 것도 너무 서둘러서 달린 결과였다. 17세기의 철학자 데카르트가 지적했듯이 잘못된 길을 서둘러 달리는 것이 올바른 길을 천천히 가는 것보다 결코 빠른 것이 아니었던 것이다.

임직원은 대량 실직하고 이건희는 건재

그런데 만약 구조조정이 없었다면 삼성그룹은 어떻게 됐을까? 만약 삼성이 기아자동차를 인수하고 자동차사업 정리도 마다했다면? 역사에 가정은 없다지만, 이런 가정은 해볼 만한 가치가 충분히 있다. 아마도 오늘날과 같은 삼성은 없었을 것이다. 여전히 삼성전자는 세계 2~3류로 남아 있었을 것이고, 자동차 사업의 부실이 다른 계열사들로 전염돼 그룹 전체가 휘청거렸을 것이다.

삼성은 오물을 청소함으로써 훨씬 강한 재벌로 탈바꿈했지만, 그때 오물을 청소하지 않고 오히려 더 늘린 재벌들도 있었다. 그런 재벌들은 그 뒤에 결국 비극적인 운명을 맞이했다.

이건희는 이병철 창업회장의 뒤를 이어 삼성그룹의 경영권을 맡고는 무언가 다르게 한다는 몸짓을 보였다. 그렇지만 그의 그런 몸짓은 사실상 물거품으로 끝나고 말았다. 적어도 IMF 구제금융 시기까지는 그의 시도는 실패했다. 이건희가 새로 시작한 사업들은 모두 삼성으로 하여금 불행한 결과를 맛보게 했다. 자동차, 석유화학 등의 사업이 대표적인 실패사례라고 할 수 있다. 만약 삼성의 규모가 그다지 크지 않았다면 이런 실패로 말미암아 삼성그룹도 비극적인 운명을 맞이했을지 모른다. 다행히 규모가 제법 컸기에 대형 실패에도 불구하고 살아남을 수 있었다. 또 정상적인 경우라면 이건희는 그때 그룹 회장직에서 물러났어야 했다. 그러나 삼성에서 오너로서 차지하는 위상과 지배력이 워낙 확고했기에 그는 내내 건재했다.

자동차 부실 처리

이건희가 원했든 원하지 않았든 IMF 구제금융 이후에는 삼성도 구조조정의 급류에 휘말려 들어갈 수밖에 없었고, 그 가운데 초점은 무엇보다 자동차 사업의 처리 문제였다. 기세등등하게 출범한 삼성의 자동차 사업이 수렁에 빠져들면서 정리대상이 된 것이다.

파란만장했던 삼성의 자동차 사업

삼성자동차는 1998년 3월에 신차 SM520을 출시했다. 중형 승용차였다. IMF로부터 구제금융을 받고 나라 전체가 구조조정의 태풍 속으로 들어갈 때였다. 도산하는 기업이 속출하고 실업자가 늘어나고 있었다. 전국에서 부족한 외화를 채우기 위한 금 모으기 운동이 전개됐고, 국민들이 이에 열띤 호응을 보냈다. 새로 들어선 김대중 정부는 재벌을 개혁하겠다고 벼르고 있었다.

그런 가운데 삼성자동차가 내놓은 신차에 대한 반응은 괜찮았다. 그러나 판매가 여의치 않았다. 신차, 그것도 중형차가 잘 팔릴 수 있는 경제상황이 아니었던 것이다. 원가도 비쌌다. 공장부지 매립에 워낙 많은 자금이 투입된 데다 애초부터 생산을 하면 할수록 적자가 쌓이는 구조였다. 이런 까닭에 삼성자동차가 과연 잘 버틸 수 있을지 모두가 걱정 어린 시선으로 유심히 지켜봤다.

사태는 걱정한 대로 진행됐다. 삼성자동차는 1998년 한 해에 6771억 원의 적자를 냈다. 출범하자마자 부실기업으로 전락한 것이다. 이건희가 삼성종합화학을 두고 '선천성 기형아'라고 표현했지만, 이것은 사실 삼성 자동차에 더 잘 어울리는 말이었다. 삼성자동차는 계열 금융사의 지원으로 간신히 연명해 나갔다. 금융감독원의 조사 결과 삼성생명은 1997~99년 삼성자동차에 4200억 원을 채권회수 대책도 없이 신용대출해 주었다. 삼성생명은 또 한빛은행을 비롯한 5개 은행의 특정금전신탁을 이용해 삼성자동차 기업어음(CP) 1210억 원어치를 사들였고, 외환은행 등 4개 은행의 후순위채를 매입해주면서 이들로 하여금 삼성자동차 등 4개 삼성 계열사의 사모사채 2380억 원어치를 매입하도록 유도했다. 삼성캐피탈과 삼성카드는 어음할인 방식으로 각각 1천억 원씩을 삼성자동차에 지원했다. 그렇지만 이런 방식의 지원도 결국은 삼성자동차에 '부채'로 남을 뿐이었다. 삼성자동차의 부채는 겁나게 늘어만 갔다. 1998년 말에는 4조 원을 넘었고, 1999년 6월 무렵에는 4조 4565억 원으로 더 늘어났다. 그런 가운데 삼성자동차의 실상이 보다 적나라하게 드러나는 일이 발생했다. 1998년 3월 27일 열린 삼성전자 주주총회에서 참여연대가 삼성자동차에 대한 삼성그룹의 우회출자 문제를 건드렸다. 참여연대는 아일랜드에 소재한 Pan Pacific을 가리켜 삼성전자, 삼성전관, 삼성전기 등 삼성 계열사들이 삼성자동차에 우회출자하기 위한 '유령회사'라고 주장했다. 이어

1998년 7월 21일에는 증권감독원이 삼성전자와 삼일회계법인에 부실회계처리와 부실감사를 이유로 '주의' 조치를 내렸다. Pan Pacific과의 합작투자 계약에 따른 삼성자동차 주식 옵션거래 내용이 삼성전자 사업보고서에서 누락됐다는 이유에서였다. 투자자에게 알려야 할 중대한 재무정보를 사업보고서에서 빼먹었다가 들통 난 것이다.

시시각각으로 상황은 악화돼 갔다. 이는 삼성도 잘 알고 있었다. 그렇기에 탈출구를 모색했다. 유력한 탈출구는 기아자동차 인수였다. 때마침 법정관리 중인 기아자동차의 매각을 위한 입찰이 실시될 때였다. 기아자동차는 삼성이 오래 전부터 노려온 것이었다. 그렇지만 삼성은 막판에 기아자동차 인수를 사실상 포기했다.

또 하나의 돌파구가 있었다. 그 무렵 김대중 정부는 재벌간 사업교환, 즉 '빅딜'을 추진하고 있었다. 그중 하나로 1998년 12월 6일 삼성자동차와 대우전자 사이의 빅딜 계획이 발표됐다. 대우전자를 삼성전자에 넘기고 대신 삼성자동차를 대우자동차가 인수하는 방안이었다. 얼핏 보기에 그럴 듯해 보였지만, 사실 실현 가능성이 희박한 거래였다.

처음에는 이학수 삼성그룹 구조조정본부장과 김태구 대우자동차 사장이 만나 빅딜 협상을 벌였으나 난항을 겪었다. 그러자 이건희 삼성그룹 회장과 김우중 대우그룹 회장이 담판을 짓고 다시 속도를 내는 듯했다. 그러나 구체적인 협상이 지연된 끝에 삼성은 1995년 5월 대우전자 인수를 백지화했다. 그리고 나니 삼성자동차도 대책이 없는 처지가 됐다. 삼성자동차는 시간이 갈수록 사면초가에 빠졌다. 자금도 부족했다. 1999년 6월 11일 삼성생명으로부터 무담보로 1500억 원을 대출받아 일단 시간은 벌었다. 삼성자동차에 대한 삼성생명의 대출은 5400억 원으로 늘어났다.

객관적인 상황으로 볼 때 삼성생명의 입장에서 상환받기 어려운 대출이었지만, 그렇게라도 하지 않으면 삼성자동차는 연명하기 어려웠다. 삼성으로서는 삼성생명이라는 큰 규모의 금융 계열사를 거느린 '보람'이 있었다. 그러나 이 역시 미봉책에 불과했다. 무언가 근본적인 대책이 필요했다. 1999년 6월 이헌재 금융감독위원장이 이건희를 만나 삼성자동차에 대한 결단을 촉구했다.

결국 1999년 6월 30일 삼성자동차는 법정관리를 신청했다. 동시에 이건희는 삼성자동차 부실 처리를 위해 사재를 내놓았다. 정부와 채권단의 요구에 따른 것이었다. 그것은 이건희가 소유하고 있던 삼성생명 주식 400만 주였다. 그 가운데 350만 주(2조 4500억 원)를 채권단에 넘기고 종업원과 하청업체에 위로금으로 50만 주(3500억 원)를 준다는 것이었다. 주당 70만 원씩으로 계산됐다. 삼성은 1999년 7월 1일자 일간지 광고를 통해 "기업의 부채를 국민에게 전가하는 것은 기업의 도리가 아니다"라고 법정관리와 사재출연에 대한 입장을 밝혔다.

이건희의 사재출연에 대해서는 반론도 일부 있었다. 주식회사는 유한책임 회사인데, 왜 대주주라고 사재출연까지 해야 하는가 하는 의문이 제기된 것이다. 그러나 삼성자동차는 국민 대다수가 무리한 일이라며 반대하는데 이건희의 고집에 따라 삼성이 강행한 사업이었다. 그러니 이건희가 책임을 져야 한다는 논리가 우세했다. 더욱이 이건희가 사재출연으로 방어하지 않으면 삼성그룹 전체가 위태로워질 가능성이 컸다. 이 때문에 삼성과 이건희가 그것을 거부할 수 없었다. 이건희로서는 삼성그룹의 다른 계열사들이라도 살리기 위해서는 어쩔 수 없었다.

그럼에도 삼성자동차의 부실은 다른 계열사들에 손실을 끼쳤다. 1999

년 7월 20일 Pan Pacific에서 풋 옵션을 행사해 삼성전자가 2662억 원을 지급하게 됐다. 삼성자동차에 대한 부품 공급을 사실상 총괄하던 삼성전기는 삼성자동차의 법정관리 신청으로 4112억 원의 손실을 감수해야 했다. 다만 이건희가 사재를 출연함으로써 추가손실은 막을 수 있었다.

그런데 삼성은 애초 채권단과 재무구조개선약정을 맺을 때 삼성자동차에 대한 법정관리를 신청할 경우에는 사전에 협의하기로 했다. 그러나 삼성은 채권단과 협의도 하지 않고 전격적으로 법정관리를 신청함으로써 채권단을 분노하게 만들었다. 이에 채권단은 1999년 8월 삼성 계열사들에 금융제재를 가하기로 결의했다. 그렇지만 채권단은 이후 삼성 측과 밀고 당기기를 한 끝에 1999년 8월 24일 '손실금 보전 합의'를 체결했다. 합의서에는 삼성그룹 31개 계열사가 서명했다. 합의서에 따르면 삼성그룹은 2000년 12월 31일까지 채권단에 2조 4500억 원의 부채를 모두 변제하기로 했다. 삼성생명 주식의 매각가격이 주당 70만 원에 미치지 못하면 이건희가 삼성생명 주식 50만 주를 추가로 출연하고, 그래도 모자라면 삼성그룹의 31개 계열사가 채권금융사의 우선주나 후순위채를 매입해 보전해 주기로 했다. 그리고 만약 2000년 12월 31일까지 2조 4500억 원이 모두 변제되지 않으면 31개 계열사들이 연체이율로 계산된 지연이자를 지급하기로 했다.

한편 삼성그룹에서는 1999년 9월 1일 삼성전자, 삼성전관, 삼성전기 등 관련 계열사들이 일제히 이사회를 개최해 채권단과 합의된 삼성자동차 부채 처리 방안을 확정했다. 이로써 삼성자동차의 부채를 이건희가 모두 책임지지 않고 삼성그룹 계열사들도 같이 떠맡게 됐다. 이건희가 내놓은 삼성생명 주식 400만 주 가운데 협력업체에 할당된 46만 82주도 삼성광주전자 등 3개 계열사가 주당 70만 원에 매입했다. 만기가 도래한 삼성자동차 회사채를 보증했던 서울보증보험은 이건희로부터 받은 삼성생명 주식 188만 주 가운데 116만 5천 주를 담보로 7497억 원어치의 자산유동화증권(ABS)을 발행했다. 이 ABS도 삼성생명이 사들였다. 이런 방식으로 삼성자동차의 부채 가운데 일부가 정리됐다. 애초에 이건희가 떠맡기로 했던 부채해결 부담은 결국 보험계약자들에게 넘어간 셈이다.

그럼에도 불구하고 삼성자동차의 부실화로 인한 채권단의 손실은 그 뒤로도 오래도록 해결되지 않았다. 채권단은 이건희로부터 삼성생명 주식을 받아두기는 했지만, 그것은 당장은 현금화할 수 없는 자산이었다. 삼성생명 주식을 근거로 발행된 자산유동화증권을 삼성생명이 매입함으로써 정리된 부분을 제외하고 1조 7천억 원가량의 부채가 아직 정리되지 않고 있었다. 이 때문에 채권단은 삼성생명 주식을 그저 가지고 있을 수밖에 없었다. 가장 큰 이유는 삼성생명의 상장이 늦어지는 것이었다. 애초에 이건희가 삼성생명의 상장을 전제로 부채를 떠맡겠다고 했으니, 상장의 지연은 좋은 핑계가 되고도 남았다. 두 사안은 엄연히 다른 것이었지만, 이건희가 교묘하게 연결시킨 것이다.

사실 이건희는 사재출연을 통해 손해 볼 것이 없었다. 그때까지 임직원 명의로 위장해 분산시켜 놓았던 삼성생명 주식을 주당 불과 9000원에 매입했고, 이를 삼성자동차의 부채를 정리하는 데 쓰는 시늉을 하면서 사실은 주당 70만 원에 넘기는 것이었기 때문이다. 더욱이 이건희는 삼성자동차의 부채를 스스로 정리하는 몸짓을 취하면서 또다른 복선을 깔아놓았다. 바로 삼성생명을 상장시킨다는 계획이었다. 1999년 7월 8일 삼성은 "삼성생명의 상장을 전제로 기존 출연 주식으로 2조 8000억 원의 부채를 해소하는 데 부족할 경우 이건희 회장이 추가로 사재를 출연하겠다"는 입장을 밝혔다. 이때부터 삼성생명 상장 문제가 수면 위로 떠오르게 됐다. 이건희는 손해 보는 척하면서 더 큰 이익을 노린 셈이다. 일거양득 또는 그 이상의 이득을 겨냥한 것이다. 상당히 영리한 수완이었다. 삼성생명 상장 문제는 후술하는 바와 같이 숱한 논란을 야기했고, 결국은 삼성의 뜻대로 마무리됐다.

채권단은 2005년 12월 이건희와 삼성 계열사들을 상대로 지급되지 않은 부채의 원금과 지연이자를 내놓으라는 소송을 서울민사지방법원에 제기했다. 채권단으로서는 참을 만큼 참다가 용기를 낸 것이다. 판결은 2008년 1월 31일 내려졌다. 서울중앙지법 민사합의21부는 삼성이 부채 원금 1조 6338억 원과 이에 대한 지연이자 6861억 원을 지급해야 한다고 판결했다. 채권단은 지연이자를 연 19%로 계산해 요구했으나, 법원은 이를 6%로 깎았다. 1심법원의 판결에 대해 채권단과 삼성이 항소와 상고를 제기했다. 송사는 결국 2015년 1월에야 대법원 최종판결로 완전 종결됐다.

그런 가운데 삼성자동차는 2000년 9월 프랑스의 르노자동차에 인수돼 르노삼성자동차로 이름이 바뀌었다. 르노 측은 회사 이름에 '삼성'을 유지하기로 했다. 그 대가로 삼성은 매출액의 0.8%를 브랜드 사용료로 받기로 했다. 삼성은 여전히 19.9%의 지분도 보유하고 있다. 이는 제품의 국내 판매에 유리한 삼성이라는 브랜드를 잡아두려는 르노 측의 계산에 따른 것이다. 결국 삼성자동차는 2001년 1월 삼성그룹의 계열사에서 제외됐다. 그제야 삼성은 삼성자동차의 악몽을 다소 털어낼 수 있었다.

상용차는 파산 처리

삼성상용차 문제는 비교적 단순했다. 삼성상용차는 1998년에도 724억 원의 적자를 내는 등 적자규모가 계속 커졌다. 자본도 잠식상태에 빠졌다. 향후 경영여건도 불확실하다는 감사보고서가 제출됐다. 삼성상용차는 1999년 9월 3400억 원의 유상증자를 실시했다. 모기업이라 할 수 있는 삼성중공업이 1250억 원어치를 실권하고 이를 삼성카드와 삼성캐피탈이 인수했다. 그 가운데 보통주는 100억 원어치(4.54%)였고, 나머지는 우선주였다. 보통주를 100억 원어치만 넘긴 것은 금산법상 동일계열 금융회사는 보통주를 5% 이상 소유할 수 없다는 제한 때문이었다. 이에 대해 공정거래위원회는 부당지원행위라며 이들 계열사에 87억 5천만 원의 과징금을 부과했다. 이들 금융회사는 이에 대응해 소송을 제기했지만, 2006년 9월 19일 대법원 1부(주심 김지형 대법관)가 "부당지원행위에 해당한다"는 최종 판결을 내렸다. 어쨌든 삼성 금융계열사의 이 같은 '부당지원'에도 불구하고 삼성상용차에는 탈출구가 없었다.

삼성상용차는 결국 2000년 12월 12일 대구지법으로부터 파산 선고를 받았다. 재판부는 삼성상용차의 부채가 6556억 원으로 자산 6438억 원보다 많고 누적적자가 4502억 원에 달하는 데다가 금융지원이 중단되고 추가증자도 어렵다며 파산 결정을 내렸다. 삼성상용차의 공장 설비는 나중에 베트남에 매각된 것으로 전해졌다.

예금보험공사는 2003년 9월 9일 삼성상용차 부실화의 원인에 대한 조사에 착수했다. 예금보험공사는 2차례 현장조사를 벌인 끝에 2004년 12월 '삼성그룹 조사보고서: 삼성상용차(주), 삼성중공업(주)'를 만들었지만 공개하지는 않았다. 2005년 민주노동당 심상정 의원이 예보의 이 조사보고서를 분석해보니 삼성상용차가 1997년에 분식회계 처리한 규모가 3124억 원에 이르렀다고 주장했다. 심 의원은 문제의 자료를 공개할 것을 요구했지만 예보는 수용하지 않았다. 이에 심 의원은 경제개혁연대 및 참여연대와 함께 삼성상용차에 대한 특별감리를 통해 분식회계 의혹을 규명해 줄 것을 증권선물위원회에 요청했지만, 결과는 나오지 않았다.

앞에서 언급한 〈매일신문〉 보도에 따르면 이 보고서에는 '삼성이 상용차에는 처음부터 관심이 없었다'는 내용이 들어 있는 것으로 전해졌다. 이는 삼성이 정말로 목표로 삼았던 것은 삼성상용차가 아니라 삼성자동차였을 것이라는 추정을 낳는다. 삼성자동차를 하고 싶지만 각계의 반대에 직면하자 일종의 징검다리 삼아 삼성상용차를 시작했을 뿐이라는 추정이다. 삼성그룹 재무팀에서도 1996년 1월 상용차 사업에서 철수해야 한다는 보고서를 작성해 올렸다는 전언도 있다. 승용차 하나에 집중함으로써 자동차 사업의 전력분산을 막아야 한다는 취지였다고 한다.[53] 이 보고서가 당시에 바로 채택됐는지는 확실하지 않지만, 그 뒤의 진행과정은 이런 추정이나 주장을 뒷받침한다. 삼성자동차에는 여러 계열사들이 관여했지만, 삼성상용차는 오로지 삼성중공업 하나에만 맡겨졌다. 삼성상용차는 수익을 내지 못하는 반면 설비투자 등의 자금수요가 커서 삼성중공업에 큰 부담을 주었다. 그러자 삼성중공업에 부실이 감염되는 것을 차단하기 위해 상용차 부문을 떼어냈다는 설명이 가능하다. 말하자면 삼성상용차는 삼성그룹에 '계륵'일 뿐이었다. 삼성중공업으로서는 삼성상용차 분리를 통해 치명적 부실덩어리를 떼어낸 셈이다. 마치 중국 삼국시대의 맹장 관우가 절개수술을 통해 독화살을 제거했듯이.

국가경제 지옥으로 몰아넣어

삼성의 자동차 사업은 그야말로 악몽이었다. 뿐만 아니라 국가경제 전체를 지옥으로 끌고 갔다. 삼성 자신은 자동차 사업을 정리함으로써 지옥까지 가지는 않았다. 삼성의 무모한 자동차 사업 진출이 한국을 IMF 구제금융 사태로 몰아넣었다는 주장도 적지 않다. 이런 주장에 전적으로 동의하기는 어렵다. 그렇지만 삼성이 자동차에 진출하고 난 이후 벌어진 여러 가지 사태를 돌아보면 완전히 틀린 지적은 아니다. 정말로 우리나라 경제와 국민이 값비싼 대가를 치렀다는 것은 누가 봐도 명백하다.

또 삼성뿐만 아니라 모든 재벌에 큰 교훈을 남겼다. 재벌이 주력사업에 집중해야 한다는 이치가 '실험적'으로 입증되었다. 이 같은 이치는 이미 노태우 정부 시절부터 많은 전문가가 제기해 왔다. 앞에서 인용했듯이 이건희 자신도 비슷한 견해를 피력한 바 있다. 그러나 대부분의 재벌이 실제로는 정반대로 행동했다. 그 선두에는 삼성이 있었다. 삼성은 자동차 외에도 정리해야 할 사업이 적지 않았지만, 정리가 더 진행된 것은 거의 없었다. 그러다가 후술하는 바와 같이 2003년 신용카드 부실 사태로 삼성카드가 위험에 빠졌다가 계열사들의 '후원'으로 살아남았다. 선단식 경영이 완전히 불식되지 않은 탓이었다. 다만 자동차처럼 최악의 부실을 야기하는 위험한 사업은 삼성이 더 이상 벌이지 않게 됐다.

3장 파란 부른 경영권 승계 작업

삼성에버랜드 사건

1996년 10월 30일 삼성에버랜드는 이사회를 열어 계열사 주주를 상대로 전환사채(CB) 125만 4천 주를 발행하기로 결정했다. 나름대로 계산을 거쳐 1주당 7700원의 전환가격으로 100억 원의 자금을 조달하기로 한 것이었다. 이 결정은 이후 10여 년 동안 벌어진 숱한 논란의 불씨가 된다.

삼성에버랜드가 발행하기로 한 전환사채에 대해 삼성전자, 삼성물산, 제일모직, 중앙일보 등 기존주주 26명이 모두 실권한다. 당시 13.16%의 지분을 갖고 있던 이건희도 자신에게 배정된 13억 원어치를 인수하지 않았다. 다만 삼성의 울타리 밖으로 빠져나간 제일제당(현재의 CJ)만이 인수했지만, 그 지분은 약소했다. 그 결과 기존주주가 가지고 있던 주식의 97%가 실권됐다. 그러자 1996년 12월 3일 이사회가 다시 열려 기존주주들이 실권한 전환사채를 이건희의 아들 이재용을 비롯해 딸 이부진, 이서현, 이윤형 등 4남매에게 넘긴다. 이재용의 인수자금은 불과 48억 원이었다. 이부진, 이서현, 이윤형은 각각 16억여 원을 투입했다.

이에 따라 삼성에버랜드의 주주구성이 근본적으로 바뀌었다. 이재용은 인수한 전환사채를 주식으로 전환함으로써 31.9%의 지분을 가진 최대주주가 됐다. 이재용의 지분은 그 뒤 유상증자 등을 통한 지분변동 과정을 통해 25.1%로 낮아지고, 다시 23.23%로 떨어졌다. 하지만 최대주주의 지위는 변함없이 유지됐다. 이부진, 이서현, 이윤형은 각각 10.46%를 차지하게 됐다. 이들의 지분은 그 뒤 8.37%로 낮아졌다. 아버지 이건희의 지분은 전환사채 발행 전의 13.16%에서 4.65%로 떨어졌다가 3,72%로 더 낮아졌다. 이로써 4남매가 삼성에버랜드에 튼튼한 성을 구축하게 됐다.

전환사채 발행에 대해 제기된 의문

삼성에버랜드의 전환사채 발행이 적정한지에 대해 나중에 의문이 제기됐다. 특히 법학교수 43명이 함께 2000년 6월 29일 이건희 등 관련자 33명을 업무상 배임 혐의로 고발했다. 고발의 요지는 삼성에버랜드 주식전환 가격 7700원이 너무 싸다는 것이었다. 전환주가는 실제가치의 1.2%에 지나지 않는다는 것이 법학교수들의 주장이었다. 따라서 삼성에버랜드의 전환사채 발행은 이재용을 비롯한 4남매에게 부당한 이익을 취득하게 한 반면 회사에는 손해를 끼쳤다는 것이다. 고발한 법학교수들의 주장에 따르면 전환사채를 발행하기로 한 의사결정 과정도 문제였다. 삼성에버랜드의 정관에는 전환사채 발행에 대한 규정이 아예 없었다. 더욱이 1996년 10월 30일 열린 이사회에는 17명의 이사 가운데 8명만이 참석해 과반수에 미달됐다. 의결정족수를 채우지 못한 것이다. 2007년 김용철 변호사가 삼성 비자금 의혹을 폭로할 때 밝힌 바에 따르면 이때 이사회 자체가 열리지 않았다고 한다. 이사회 회의록도 나중에 조작됐다고 김용철 변호사는 주장했다. 또 홍석현(중앙일보 대표이사), 유현식(제일모직 대표이사) 등 삼성에버랜드 법인주주의 대표들은 삼성에버랜드의 전환사채를 인수하지 않음으로써 이재용 등에게 부당한 이익이 돌아가게 하고 자신들의 회사에는 손실을 초래했다고 법학교수들은 주장했다. 이건희는 전환사채 발행 당시 삼성에버랜드의 이사이기도 했다. 그러므로 이건희의 지휘 아래 삼성 비서실과 삼성에버랜드가 조직적으로 움직였을 거라고 법학교수들은 추정했다.

사건을 접수한 서울중앙지검은 2년 이상 수사를 끌다가 2003년 12월 1일 특정경제범죄가중처벌법상 배임 혐의로 허태학 당시 사장과 박노빈 상무이사만 불구속기소했다. 사건이 발생한 지 7년이 지난 시점이었다. 이건희는 2005년 4월 20일 삼성에버랜드 이사직에서 사임했다. 허태학과 박노빈은 2005년 10월 4일 열린 1심 재판에서 징역 3년에 집행유예 5년과 징역 2년에 집행유예 3년의 실형을 각각 선고받았다. 1심 재판부는 삼성에버랜드 전환사채의 전환가격인 주당 7700원이 현저하게 낮은 가격이었다고 결론짓고 이들에게 업무상 배임죄를 적용했다. 당시 삼성에버랜드의 매출과 영업이익이 꾸준히 증가하고 있었고, 신용상태 역시 건전했다는 판단이었다. 삼성그룹 지배구조의 정점에 있는 삼성에버랜드의 전환사채 발행이 삼성에버랜드에 대한 이재용의 지배권 확립을 위해 조직적으로 진행되고, 주주 계열사의 실권과 이사회 결의가 모두 잘못됐다는 주장을 법원이 받아들인 것이다.

2007년 5월 29일 열린 2심 재판에서 두 피고인은 나란히 징역 3년에 집행유예 5년과 벌금 30억 원의 실형을 받았다. 2심 재판에서는 회사의 손해액과 이재용의 재산이득액을 89억 4천만 원으로 평가해 특정경제범죄가중처벌법상 배임죄가 적용됐다. 검찰은 회사의 손해 및 이재용의 재산이득을 970억 원으로 산정해 기소했지만 재판부는 그중 일부만 인정했다. 재판부가 인정한 금액은 1995년 12월 삼성물산과 삼성건설의 합병 당시 삼성건설이 보유하고 있던 삼성에버랜드 주식 1800주를 주당 1만 4825원으로 계산한 것을 근거로 산정됐다.

그렇지만 이건희나 현명관 당시 비서실장 등 나머지 인사들은 무사태평이었다. 별다른 수사가 진행되지 않은 것이다. 최대수혜자인 이재용 역시 단 한 차례도 소환조사를 받지 않았다. 2006년 2월 서울중앙지검 금융조사부에 삼성 관련 사건 4건이 재배당되기도 했다. 4개의 사건이란 삼성에버랜드 전환사채, 삼성SDS 신주인수권부사채(BW), 서울통신기술 전환사채, e삼성과 각각 관련된 사건을 말한다. 그렇지만 수사에 진전이 없기는 마찬가지였다. 이들 사건은 차일피일 미뤄지다가 2008년 1월 조준웅 삼성 비자금 특별검사에게 그에 대한 수사권이 넘어갔다.

사건을 인수한 조준웅 삼성특검팀은 검찰에서 수사를 받지 않은 인사들에 대해서도 배임 여부를 수사했다. 이를 위해 이건희 등 관련자들을 소환조사한 끝에 비서실이 전환사채 발행을 삼성에버랜드에 지시하는 등 조직적으로 관여한 사실을 확인했다. 삼성에버랜드 역시 주주총회의 특별결의도 거치지 않은 채 불법적인 제3자배정 방식을 통해 전환사채를 발행했다고 특검팀은 결론지었다. 이사회 결의에는 '주주 우선배정 후 실권 시 이사회 결의에 의하여 제3자배정'이라고 돼 있지만, 실질적으로는 이재용과 그의 누이들에게 지배권을 이전할 목적으로 제3자배정 방식으로 발행된 것이라고 조준웅 삼성특검은 판단했다. 그리고 사전계획에 따라 전환사채가 실권되고 실권된 물량을 이재용과 그의 누이들이 인수했다는 것이

특검의 결론이었다. 조준웅 특검은 재무구조에 비추어 삼성에버랜드가 서둘러 전환사채를 발행할 필요는 없었다고 진단했다. 삼성에버랜드가 자본총계 1581억 원, 총자산 8387억 원을 보유하고 여러 신용평가기관으로부터 기업어음 등급도 A 이상을 받는 등 양호한 상태에 있었다는 것이다. 삼성에버랜드는 1995~97년에 연 10~12.65%의 금리로 1800억 원어치의 회사채를 발행했다. 아울러 1996년 10~11월에 삼성생명으로부터 370억 원의 장기차입금을 조달했기에 긴급하게 자금확보에 나서야 할 이유가 없었다고 조준웅 특검은 설명했다.

조준웅 특검은 이건희 등을 배임 등의 혐의로 기소했다. 그러나 이건희는 1심과 2심에서 연이어 무죄선고를 받았다. 2009년 5월 29일 오후 대법원 판결에서도 무죄선고가 내려졌다. 판결이유는 "삼성에버랜드의 CB 발행은 주주배정 방식에 의한 것임이 분명하고 삼성에버랜드 이사회의 결의를 거쳐 전환사채를 이재용 등에게 배정한 것은 주주들 스스로가 인수청약을 하지 않기로 선택했기 때문"이라며 "삼성에버랜드에 손해가 발생했다고 볼 수 없다"는 것이었다. 삼성에버랜드가 표면적으로는 주주 우선배정 방식을 취했지만 사실은 이재용과 그의 누이들에게 지배권을 이전하기 위한 불법적인 제3차배정 방식으로 발행됐다는 삼성특검의 주장이 배척된 것이다.

이날 오전 대법원 전원합의체는 삼성에버랜드 사건으로 먼저 기소돼 1심과 2심에서 유죄판결을 받았던 허태학, 박노빈 피고인에 대해서도 무죄 취지로 원심을 파기했다. 이날 전원합의체 판결에는 대법관 11명이 참여해 양승태, 김지형, 박일환, 차한성, 양창수, 신영철 대법관이 무죄 의견을 제시했고 김영란, 박시환, 전수안, 김홍환, 김능환 대법관이 유죄 의견을 밝혔다. 6대5로 '무죄' 의견이 우세했던 것이다.

삼성은 이로써 삼성에버랜드 전환사채를 통한 '경영권 불법승계 음모'라는 낙인을 떼어내게 됐다. 삼성에버랜드 사건으로 기소됐던 허태학, 박노빈 피고인도 사실은 이 사건과 무관하고 증인도 조작됐다는 주장이 김용철 변호사에 의해 제기되기도 했다. 이 주장은 사실 여부가 밝혀지지 않은 채 묻혀버렸다.

전환사채 발행의 타당성과 전환가격의 적정성 여부에 대한 사법적 판단은 이로써 마무리됐다. 더 이상 논란할 여지가 없어졌다. 그러는 동안 이재용 남매의 지배권은 공고해졌고, 삼성그룹 지배구조의 정점에 서 있는 그들의 '위상'도 굳건해졌다. 그렇게 한동안 잊혔던 이 문제가 다시 불거진 것은 2014년 삼성에버랜드가 제일모직으로 이름을 바꾼 후 증권시장에 상장되면서였다. 후술하는 바와 같이 삼성에버랜드의 대주주 지위를 차지한 이재용 남매의 상장차익이 상상을 초월했기 때문이다.

열악한 재무구조

그런데 삼성에버랜드 전환사채의 주식전환 가격이 정말로 심각하게 불합리한 것이었는지에 대해서는 좀더 따져볼 필요가 있다고 판단된다.

삼성에버랜드를 고발한 법학교수들이나 삼성특검은 삼성에버랜드가 책정한 주당 7700원의 전환가격은 적정가격보다 현저하게 낮은 가격이라고 한결같이 지적했다. 그렇지만 삼성에버랜드의 당시 재무구조에 의거해 보면 그 같은 지적에 얼른 동의하기가 어려운 것도 사실이다. 그 무렵 삼성에버랜드의 수익성과 재무구조가 그렇게 좋지는 않았기 때문이다. 삼성에버랜드는 1995년에 32억 9600만 원의 당기순손실을 낸 데 이어

1996년에도 37억 8400만 원의 적자를 기록했다. 전환사채를 발행할 무렵에도 적자요인은 해소되지 않고 있었다. 1995년 전후에는 우리나라 경제가 비교적 호황을 구가할 때였는데도 이처럼 연속 적자를 낸 것이다. 물론 그 전에 흑자를 내긴 했다. 그렇지만 축적된 내부유보도 연속 적자로 말미암아 고갈돼 가고 있었다. 1996년 말에는 배당가능이익이 1억 8600만 원에 불과했다. 이처럼 어려운 상황은 전환사채 발행 이후이기는 하지만 그 다음해에 절정에 이른다. 1997년에 삼성에버랜드는 IMF 구제금융 사태의 영향으로 146억 원의 당기순손실을 냈다. 이에 따라 배당가능이익도 마이너스 146억 원을 기록했다. 삼성에버랜드는 1998년이 돼서야 흑자로 돌아섰다.

이 같은 적자 행진으로 말미암아 차입금이 계속 늘어났다. 특히 단기차입금의 증가세가 두드러졌다. 삼성특검이 발표한 수사결과에 따르면 단기차입금은 1996년 5월 1926억 원에서 10월 2179억 원으로 증가했고, 11월에는 2370억 원으로 더 늘어났다. 6개월 사이에 444억 원 불어난 것이다. 단기차입금 비율은 1996년 4월 83.54%에서 11월 69.17%로 다소 낮아졌다. 이는 삼성생명의 장기차입과 회사채 발행으로 조달한 자금이 유입됐기 때문으로 추정된다. 그렇지만 단기차입금 비율이 여전히 3분의 2를 넘는 수준이었다.

또 삼성에버랜드의 부채는 1990년대 중반에는 계속 매출을 웃돌았다. 1996년에 총부채가 6800억 원을 넘었지만 매출은 4531억 원에 불과했고, 이듬해에 총부채가 8367억 원으로 급증했는데 매출은 5550억 원에 그쳤다. 이처럼 부채가 매출을 웃도는 구조는 그 뒤로도 상당기간 계속됐다. 부채비율은 1997년 582%에 이르렀다. 부채비율은 1998년에 자산재평가를 실시해서 낮아지긴 했어도 1998년 297%, 1999년 181%로 높은 수준이 계속됐다. 부채가 많다보니 금융비용이 영업이익을 웃도는 현상이 1999년까지 이어졌다. 1998년에는 금융비용이 722억 원에 이르렀지만 영업이익은 456억 원에 불과했다.

변칙증여 규제 앞서 서둘러 발행

이런 여러 지표들을 종합하면 삼성에버랜드는 당시에 사실상 부실기업 수준이었다. 그 무렵 삼성그룹의 치명적인 부실계열사였던 삼성자동차, 삼성상용차, 삼성종합화학만큼 심한 것은 아니었지만, 삼성에버랜드 역시 부실한 상태였다. 삼성중공업이나 삼성시계, 중앙일보 등도 부채가 매출보다 많았다. 그러니 배당도 할 수 없었고, 적정주가 수준도 가늠하기가 쉽지 않았다. 적자가 계속되고 단기차입금 비중이 높다면 증자 등 가능한 방법을 동원해 자본을 수혈해야 하는 것이 분명하다. 전환사채 발행이 그렇게 하는 한 가지 방법이었다고 할 수 있다.

삼성은 왜 다른 것들을 제쳐놓고 전환사채 발행이라는 방법을 동원했을까. 이에 대해 삼성특검팀은 당시 정부가 전환사채 등을 통한 변칙증여를 규제하려고 한 움직임을 지목했다. 정부는 1996년 초에 비정상적 거래를 통해 얻는 이익을 증여로 간주하고 세금을 물리는 증여의제과세 제도를 1997년부터 시행할 목적으로 상속세법 개정을 추진했다. 정부는 1996년 6월 공청회를 거쳐 8월 입법예고하고 10월 2일 상속세법 개정안을 국회에 제출했다. 따라서 이건희와 삼성그룹의 입장에서는 상속세법이 개정되기 전에 삼성에버랜드에 대한 경영지배권을 이재용에게 넘겨주기 위해 전환사채를 서둘러 발행할 필요가 있었다. 이에 삼성그룹 비서실이 갑자기 삼성에버랜드 경영진에게 지시해 전환사채 발행을 준비하게 했다는 것이 삼성특검팀의 결론이었다.

그렇지만 이것이 전부는 아니라고 봐야 할 듯하다. 또 다른 이유로 재무구조 개선의 필요성을 우선 꼽을 수 있다. 삼성에버랜드가 전환사채 발행을 통해 이건희 일가로부터 조달한 100억 원은 무이자 자금이었다. 재무구조 개선에 유익하게 작용했을 것이다. 물론 그것만으로는 충분하지 않았다. 삼성에버랜드는 이후 얼마동안 계열 금융회사의 지원을 더 받아야 했다. 공정거래위원회의 조사 결과 1997~99년에 삼성생명이 은행들과 약정을 맺고 자사의 특정금전신탁 자금을 이용해 삼성에버랜드의 기업어음을 고가로 매입하도록 했다. 삼성투신운용도 한도를 초과해 100억 원의 기업어음을 사주는 방식으로 삼성에버랜드를 지원한 것으로 금융감독원의 조사 결과 드러났다. 삼성에버랜드는 1997년 12월 31일에는 500억 원 규모의 회사채를 발행했는데, 금리가 연 25%였다. 상당히 높은 금리였다. 당시는 외환위기로 말미암아 우리나라가 국제통화기금(IMF)에 구제금융을 신청하고 많은 기업들이 부도 직전의 상황에 몰리고 있었다. 기업어음 금리는 한때 연 30%선까지 치솟았다. 그나마 회사채나 기업어음을 발행만 할 수 있으면 다행이었다. 기업어음을 발행하려면 최소한의 신용이라도 있어야 한다. 삼성 계열사들은 삼성그룹이라는 울타리가 그 신용을 대신해 주었다. 그런 울타리가 없었다면 그마저도 어려웠을지 모른다. 그렇지만 고금리는 감수해야 했다. 삼성에버랜드는 그 무렵 그토록 비싼 금리를 감수하지 않으면 안 될 정도로 다급한 상황이었던 것으로 추정된다.

삼성에버랜드는 1998년 7월 1일을 기준으로 자산재평가를 단행했다.

그 결과 1240억 원가량의 자산재평가 차익이 생겼다. 그러나 자산재평가 차익이 생겼다는 것이 우량기업을 만들어주지는 않는다. 그것은 분식의 한 가지 방법일 뿐이다. 당시 자산재평가는 부채비율을 200% 이하로 낮추라는 정부의 요구에 맞추기 위해 많은 기업들이 써먹은 수법이다. 대체로 재무구조가 열악하고 주가가 낮은 기업들이 애용했다. 그렇지만 현금흐름이 개선되지 않는 한 자산재평가는 큰 의미가 없다. 자산재평가를 한다고 해서 부실한 기업이 갑자기 우량기업으로 바뀌는 것은 아니다. 단지 그렇게 보이도록 만들 뿐이다. 에라스무스가 《바보여신의 바보예찬》에서 "원숭이가 주홍빛 외투를 입는다고 사람이 되는 것은 아니다"라고 했듯이.

아마도 삼성에버랜드 역시 그런 경우였을 것으로 추정된다. 당시 삼성에버랜드는 놀이공원, 골프장, 급식 등 여러 사업을 벌이고 있었다. 그 사업들은 아직 큰 수익을 가져다주는 것이 아니었다. 사실 필자도 삼성에버랜드에 대한 수사 결과를 접하기 전에는 삼성에버랜드가 우량기업일 거라고 막연히 생각했다. 그렇지만 삼성에버랜드의 사업보고서와 삼성특검의 수사결과 등을 통해 파악해 보니 적어도 1996년에는 물론 1999년까지도 경영상태가 열악한 편이었다. 우리나라가 1997년 외환위기에 이르는 과정에서도 드러났듯이 부도처리된 대기업들의 상당수가 단기차입금 비중이 지나치게 높았다. 삼성에버랜드 역시 크게 다르지 않았다. 삼성에버랜드에 대한 신용평가회사들의 등급평가도 객관적이었다고 믿어지지 않는다. 단기차입 비중이 그토록 높다면 사실은 투자부적격 등급이 매겨져야 했다. 그럼에도 A 이상의 등급을 받은 것은 다른 요인에 의한 것이라고 봐야 할 것이다. 이를테면 삼성그룹이 뒤에 있다는 사실이 가장 확실한 배경으로 작용했을 것으로 추정된다. 사실 우리나라 기업 가운데 신용등급이 높아 양호한 회사인 줄 알았는데 어느 날 갑자기 쓰러진 경우가 하나둘이 아니었다. 삼성에버랜드의 신용등급 역시 이와 비슷한 것이었다고 여겨진다. 요컨대 전환사채를 발행할 당시에 삼성에버랜드의 경영상태와 재무구조는 좋지 않았고, 따라서 어떤 방식으로든 개선해야 할 필요성이 분명히 있었다. 삼성 측에서도 삼성에버랜드 사건의 수사와 재판 과정에서 이런 필요성을 집중적으로 강조했고 그런 사실들이 무죄를 이끌어내는 데 한몫했다고 볼 수 있다.

그렇지만 삼성의 주장에도 허점은 있었다. 삼성 계열사들 사이에서는 삼성에버랜드 주식이 주당 10만 원에 거래된 사실이 있었다. 1998년 12월 중앙일보가 삼성으로부터 계열분리되기 위해 삼성에버랜드 주식을 삼성 계열사들에게 매각할 때 그 가격이 10만 원이었다. 분리되는 중앙일보의 경영을 도와주기 위한 것이 아니었을까 추정된다. 당시 중앙일보도 6천억 원 이상의 부채를 안고 있어 불안했기 때문이다. 1999년에 삼성에버랜드가 50만 주를 유상증자할 때의 신주발행가도 10만 원이었다. 두 경우 모두 삼성에버랜드의 당시 기업가치에 비해 과도하게 비싼 가격이었다고 판단된다. 그때 삼성에버랜드 지분을 삼성카드가 14% 매입했고, 삼성캐피탈도 11.6% 사들였다. 삼성에버랜드가 전환사채를 발행하기 1년 전인 1995년 12월 삼성물산과 삼성건설이 합병될 때 삼성건설이 보유하고 있던 삼성에버랜드 주식 1800주는 1만 4825원으로 계산됐다. 이렇듯 삼성에버랜드 주식의 실제 거래가격은 삼성에버랜드 전환사채의 주식전환 가격이 적정하다는 삼성의 입장과 어긋나는 것이었다.

삼성특검의 기소 내용에 대한 대법원의 판결을 사실상 뒤집는 판결도 나중에 나왔다. 장하성 고려대 교수와 제일모직 주주 3인이 이건희를 상대로 2006년 4월 2일 제기한 137억 원의 손해배상 청구소송에 대한 판결이 그것이다.

삼성에버랜드가 전환사채를 발행할 당시 제일모직은 삼성에버랜드의 지분 14.14%를 보유한 2대주주였다. 그런데 제일모직을 비롯해 26명의 주주가 실권했고, 그 결과 제일모직 보유 지분이 5%로 줄어들었다. 뿐만 아니라 삼성에버랜드의 주주구성이 인위적으로 바뀌고 이재용 등 4남매가 최대주주가 된 것이다. 그 과정에서 이건희와 삼성구조조정본부 인사들이 개입했음이 삼성특검 수사와 재판 과정에서 모두 드러났다. 다른 실권주주들도 권리행사를 하지 않음으로써 회사에 돌아올 이익을 걷어찼다는 점에서 역시 소추의 대상이 될 수 있었지만, 아무도 기소되지 않았다. 다만 제일모직만이 참여연대의 민사소송에 걸려들었다.

이 사건의 1심을 맡은 김천지원은 2011년 2월 18일 전환사채 발행 당시 삼성에버랜드 이사이자 제일모직 이사였던 이건희가 제일모직에 130억여 원을 배상해야 한다고 판결했다. 손해배상 청구액 137억 원과 별로 차이가 나지 않는 금액이었다. 이것은 모처럼 삼성을 상대로 원고가 승소한 판결이었다. 소송제기로부터 1심판결에 이르기까지 무려 4년 10개월이나 걸렸다. 그 과정에서 김천지원 재판부는 이건희에 관한 재판기록을 보내달라고 관련 법원 등에 요청했다. 그러나 대법원과 서울고등법원, 서울중앙지검 등이 모두 재판기록을 제대로 제공하지 않았다. 2012년 7월 13일에 열린 김창석 대법관 후보자에 대한 국회 인사청문회에서도 이 문제가 쟁점이 됐다. 김 후보자는 2009년 8월 서울고법 형사4부 부장판사로 재직하면서 삼성에버랜드 전환사채 및 삼성SDS 신주인수권부사채 헐값발행 관련 배임사건 파기환송심에서 이건희에게 집행유예를 선고한 장본인이다. 청문회에서 김도읍 새누리당 의원은 "김천지원 재판부는 김 후보자에게 1만 6천 쪽에 달하는 소송기록을 보내달라고 요청했는데 김 후보자는 단 48쪽만 보냈다"면서 그 이유를 추궁했다.

이어 2012년 8월 22일 대구고등법원에서 열린 2심에서도 원고가 승소했다. 대구고법도 판결을 통해 "피고 이건희는 제일모직에 130억 원을 배상하라"고 명했다. 삼성에버랜드 전환사채에 대해 제일모직이 실권한 것은 "피고 이건희 또는 피고의 지시를 받은 비서실의 지시 또는 요청에 의한 것"라는 판단이었다. 재판부의 판결은 명확했다. 당초부터 전환사채의 저가발행은 증여세 등 조세를 회피하면서 삼성에버랜드에 대한 지배권을 장남 이재용 등에게 이전하기 위한 목적으로 이건희와 그 지시를 받은 비서실이 주도한 것이라는 요지였다.

"삼성에버랜드는 설립 이후 한 차례도 발행하지 않았던 전환사채를, 그것도 기존 주식의 1.8배에 달하는 많은 양으로 발행했고, 제일제당을 제외한 모든 주주가 실권을 하면서 장남 이재용 등 피고 이건희의 자녀들이 인수해 종전에 주식이 전혀 없던 이재용이 삼성에버랜드의 최대 주주가 됐다."[54]

이 판결은 2012년 8월 22일 내려졌다. 그렇지만 너무 늦었다. 이미 이재용 등 3남매는 삼성에버랜드의 대주주로서 자리를 굳힌 상태였다. 한발 더 나아가 삼성에버랜드가 삼성생명 주식을 충분히 인수하고 삼성그룹 지배구조의 꼭대기에 오른 후였다. 이건희도 대세를 거스르는 판결은 아니라고 판단했던지 상고를 포기했다. 이 판결로 미뤄볼 때 삼성에버랜드 전환사채가 발행될 당시의 전환가격 자체보다는 여러 계열사들의 실권을 통해 이재용 남매에게 지분을 몰아줘 경영지배권을 넘겨준 준 것이 더 큰 문제였다고 할 수 있다. 그것은 인위적이고 편법적인 '상속'이라고 할 수 있는 것이었다. 이것이 전환사채 발행의 진정한 이유였을 것으로 봐도 좋을 듯하다.

내부거래를 통한 실찌우기 진행

전환사채 발행을 통해 삼성에버랜드에 대한 이재용 남매의 법적인 지배권이 확립된 뒤로는 그 지배권을 사실적이고 구체적인 것으로 굳히기 위한 작업이 본격화됐다. 말하자면 뼈대만 있던 삼성에버랜드에 살을 붙이고 그 몸집을 키우는 과정이 그 뒤로 꾸준히 진행됐다.

우선 사업의 측면에서 '삼성에버랜드 살찌우기'가 꾸준히 전개됐다. 기존의 놀이동산만으로는 삼성에버랜드의 성장성과 수익성에 한계가 있기에 더 크고 확실한 수익사업을 만들 필요가 있었다. 삼성에버랜드는 이를 위해 건설, 조경, 단체급식, 에너지절약 등의 사업에 진출한다. 그 결과 삼성에버랜드는 2000년부터 매출이 크게 늘어났다. 1998년과 1999년에는 5000억 원대에 머무르던 매출이 2000년에 7595억 원으로 급증했고, 2004년에는 1조 원을 넘었다. 계열사를 상대로 한 내부거래도 꾸준히 증가했다. 계열사를 상대로 한 건설, 건물관리, 단체급식 등의 사업에서 매출이 급증한 것이다. 경제개혁연대의 조사 결과 삼성에버랜드의 내부거래 비중은 1999년 이후 15년 동안 평균 44%라는 높은 수준에서 유지됐다. 2011년에는 삼성에버랜드의 계열사 매출이 구내식당 6천억 원, 건설 3천억 원 등 모두 1조 1천억 원에 이르렀다. 특히 삼성전자에 대한 단체급식 매출 하나만 해도 4천억 원을 헤아렸다. 총수 일가의 지분이 높은 삼성에 버랜드가 내부거래 비중까지 높다면 일감 몰아주기 과세의 대상이 될 가능성이 컸다. 그렇지만 삼성에버랜드는 2013년 이후 사업조정을 통해 단체급식과 건물관리 사업을 따로 떼어냈다. 이 때문에 삼성에버랜드의 내부거래 비중은 대폭 하락했고, 2014년 시작된 일감 몰아주기 규제 대상에서 빠졌다.

삼성에버랜드 전환사채 사건이 불거지고 이에 대해 대법원이 무죄 판결을 내린 결과로 우리나라 재벌들 사이에서 유사한 일이 많이 벌어졌다. 총수의 자식들이 비상장 계열사 가운데 비교적 몸집이 작은 회사에 대한 지분을 높여 경영권을 확보한 다음에 계열사들이 그 회사의 사업을 전폭적으로 지원한 것이다. 바로 '일감 몰아주기'가 그것이다. 이런 방법으로 재벌 비상장 계열사의 몸집과 기업가치가 커지면 그 비상장사가 다른 계열사들에 대한 지배권까지 확보하곤 했다. 나아가서는 그룹 전체의 경영권도 이런 방식으로 2세, 3세, 4세에게 자연스럽게 넘어가고 있다. 이런 수법은 최근 우리나라의 다수 재벌들이 애용하고 있는데, 삼성이 선도적으로 그 수법을 활용함으로써 다른 재벌들에게 가르친 것이나 다름없다. 경영권 편법승계의 기지가 된 재벌 비상장사는 배당도 별로 하지 않고 이익을 대부분 사내에 유보해 두는 것이 보통이다. 삼성에버랜드 역시 이익이 나도 배당을 하지 않고 쌓아 두었다.

삼성에버랜드의 위상이 대폭 강화된 결정적인 계기는 삼성생명 주식을 확보한 것이었다. 삼성에버랜드는 1998년 12월 당시 비상장 상태였던 삼성생명의 주식 386만 8천 주를 주당 9000원의 가격으로 삼성그룹 전현직 임원들로부터 매입했다. 이를 위해 삼성에버랜드는 300여억 원을 투입했다. 경영상황이 여의치 않았던 때임을 감안하면 거금을 들인 것이다. 이는 당시 차명 상태로 있던 것을 실명으로 전환하는 과정이기도 했다. 따라서 파격적으로 싼 가격에 우량 계열사의 주식을 확보한 것이다. 이로써 삼성에버랜드의 삼성생명 지분이 19.34%로 갑자기 높아졌다. 국내 최대 생명보험회사인 삼성생명의 실적이 그 뒤로 계속 좋았으므로 에버랜드로서는 강력한 수익사업 하나를 챙긴 것이나 다름없었다. 그것도 아주 헐값으로 차지한 것이다. 뿐만 아니라 삼성에버랜드는 삼성생명의 대주주로 등극했다. 이로써 삼성에버랜드는 삼성그룹 계열사들 전체를 호령하는 지배구조의 정점에 올라서게 된다. 이건희는 삼성에버랜드에 삼성생명 주식을 염가에 넘겨줌으로써 삼성생명 지배권을 '선사'했다. 아니, 사실은 이재용 남매에게 '증여'한 것이나 다름없다. 나아가서 삼성생명을 지렛대로 삼아 삼성그룹 전체를 지배할 수 있는 권한까지 함께 넘겨준 셈이다.

그룹 지배권 '염가'로 넘겨

요컨대 삼성에버랜드는 1990년대까지는 매출이나 재무구조 측면에서 우량기업이라고 하기 어려웠다. 게다가 비상장회사였으므로 다루기 쉽고 주주 등의 감시를 크게 걱정할 필요도 없었다. 이건희는 바로 이 점을 이용한 셈이다. 삼성에버랜드는 이건희가 비교적 적은 돈을 들이고도 이재용 남매에게 그룹 지배권을 넘겨줄 수 있게 해준 '전략요충'이었던 것이다. 이재용 남매가 삼성에버랜드에 대한 지배권을 큰 돈 들이지 않고 넘겨받은 이후 그 전략요충을 더욱 튼튼하게 만드는 차원에서 삼성그룹은 삼성에버랜드를 전폭적으로 지원해 그 매출과 기업가치를 끌어올렸다. 전환사채 발행을 통해 삼성에버랜드에 대한 지배권을 이재용 남매에게 넘겨준 과정은 이처럼 변칙적이었다.

삼성에버랜드는 2014년 제일모직으로 '변신'했다가 삼성물산과 합병했다. 합병회사는 삼성전자와 삼성생명 등 삼성그룹 핵심 계열사들을 호령하는 기둥회사가 됐다. 명목상으로는 지주회사가 아니지만 실질적으로는 지주회사나 다름없다. 이제는 완전한 의미의 지주회사로 변신하는 과정만 남아 있는 셈이다. 이건희가 이 모든 과정을 처음부터 구상해 실행에 옮긴 것인지, 아니면 일단 삼성에버랜드를 이재용 남매에게 넘긴 뒤에 차츰 구상을 가다듬었는지는 확실하지 않다. 지금 말 없이 누워 있는 이건희 본인만 알고 있을 듯하다.

삼성SDS 사건

삼성SDS는 삼성그룹의 '일감 몰아주기'를 통해 성장한 회사다. 1985년 5월 2억 원의 자본금을 가지고 삼성데이타시스템이라는 이름으로 설립돼 삼성그룹의 시스템 통합 업무를 도맡으면서 성장했다. 1997년에 삼성SDS로 이름을 바꿨고, 1998년에 삼성전자로부터 일부 업무를 양도받았다. 이후 삼성전자는 물론 삼성그룹 전체의 국내외 정보통신망 운영을 책임지게 되면서 꾸준히 성장했다. 1996년에는 유니텔(Unitel)이라는 컴퓨터통신망을 개설해 컴퓨터통신 시장에 진입했다. 가입자도 제법 확보해 업계 2위에 올랐다. 그렇지만 매출의 절반 이상을 삼성그룹 내부에서 얻었다. 재벌닷컴의 조사 결과를 바탕으로 연합뉴스가 보도한 기사에 따르면 2012년에는 내부거래 매출비중이 72.5%에 이르렀다.

이상규 전 통합진보당 의원이 작성한 자료에 따르면 1999년부터 2013년까지 삼성SDS의 내부거래 매출은 18조 4188억 원에 이르렀다. 이는 전체 매출의 55%에 해당한다. 특히 삼성전자를 상대로 한 매출이 전체 매출에서 차지하는 비중이 31%에 이른다. 삼성SDS의 내부거래 매출비중은

2007년까지는 해마다 60%를 넘었지만, 2008년 이후에는 40% 안팎으로 낮아지기도 했다. 사업영역을 넓혀가면서 새로운 사업분야의 매출액 증가폭이 내부거래 매출액 증가폭보다 컸기 때문이다. 그렇지만 삼성전자에 대한 매출비중은 초기 20%에서 2004년 이후 30% 이상으로 확대됐고, 최근에는 40%에 육박하고 있다. 한마디로 삼성그룹, 특히 삼성전자가 성장하는 한 삼성SDS도 성장할 수밖에 없는 사업구조다.

삼성전자의 매출과 이익이 꾸준히 늘어나면서 삼성SDS의 기업가치도 상승을 거듭했다. 그렇지만 예전에는 아직 상장되지 않은 회사였기에 장외시장에서 비공식적으로 주식이 거래되고 있었다. 그래서 재벌 비상장계열사의 '숙명'을 피해가지 못했다. 이건희가 이재용 등 3남매에게 경영권을 승계하는 데 발판 노릇을 하게 된 것이다.

1999년 2월 25일 오전 8시 서울 강남구 역삼동 707-19 삼성SDS 본사 건물 24층 회의실에 김홍기 대표이사와 이학수 감사 겸 삼성그룹 구조조정본부장 등 이사 5명과 박주원 경영지원실장이 모였다. 신주인권부사채(BW) 발행을 결의하기 위한 회의였다. 이 회의에서 박주원 경영지원실장이 230억 원 상당의 분리형 사모 신주인수권부사채를 발행하기 위한 '사모 신주인권부사채 발행안'을 설명했다. 아울러 발행되는 신주인수권부사채는 이재용 남매를 포함한 개인주주들에게 배정된다고 일러주었다. 발행안은 당연히 통과됐다.

2008년 조준웅 삼성특검팀이 내놓은 수사결과에 따르면, 이날 이사회는 사전조율이 이미 끝난 상태에서 열렸다. 1999년 2월 초순 삼성 구조조정본부 재무팀장(전무) 김인주와 이건희 사재 관리 담당 임원 박재중(재무팀 상무) 등이 의논한 끝에 당시 비상장 상태였던 삼성SDS로 하여금 분리형 신주인수권부사채를 발행하게 하기로 의견을 모았다. 발행된 신주인수권부사채를 이재용과 그의 누이들이 인수하면 삼성SDS의 경영지배권을 저가로 확보할 수 있고, 장차 상장되면 차익도 얻을 수 있다는 판단이 내려진 것이다. 박재중은 박주원 삼성SDS 경영지원실장에게 신주인수권부사채 발행을 위한 실무작업에 들어가라고 지시했고, 김인주는 그런 사실을 이학수 삼성그룹 구조조정본부장에게 보고했다. 이학수는 2월 22일 이와 같은 계획을 이건희에게 보고했고, 이건희는 계획대로 진행하되 사채 인수인 명단에 이학수와 김인주도 포함시키라고 지시했다. 이에 따라 삼성SDS 경영지원실은 '긴급자금조달계획서'를 작성해 김홍기 대표이사에게 보고했다. 이어 김홍기의 소집에 따라 1999년 2월 25일 이사회가 열린 것이다.

삼성SDS는 이사회가 열린 다음날인 1999년 2월 26일 신주인수권부사채 230억 원어치를 발행했다. 이 발행금액은 이재용 남매와 이학수, 김인주 등 모두 6명의 자금규모에 맞춰 책정된 것으로 삼성특검 조사 결과 드러났다. 이는 총 321만 주의 주식을 주당 7150원에 발행할 수 있는 금액이었다. 사채는 당일 SK증권에 전량 인수됐고, SK증권은 이를 사채권(bond)과 신주인수권(warrant)으로 분리했다. SK증권은 사채권 218억 2천만 원어치는 삼성증권에 매각했고, 신주인수권 11억 8천만 원어치는 이재용, 이부진, 이서현, 이윤형, 이학수, 김인주 등 6명에게 바로 팔았다. 삼성증권은 SK증권으로부터 인수한 사채권을 수수료 한 푼 받지 않고 6명에게 다시 넘겼다. 중간에 SK증권을 개입시킨 것은 계열 증권사가 특수관계인의 유가증권 발행 과정에서 주간사회사를 맡을 수 없도록 돼 있는 규제 때문이었다.

이 같은 과정을 거쳐 이재용은 47억 원어치, 이부진과 이서현, 이윤형은 각각 34억 원어치의 삼성SDS 신주인수권부사채를 매입했다. 이학수는 54억 원어치, 김인주는 27억 원어치를 인수했다. 삼성SDS는 이보다 앞선 1996년 12월에도 유상증자를 실시해 늘어난 400만 주 가운데 실권주 177만여 주를 이재용 남매에게 배정한 바 있다. 삼성에버랜드가 전환사채를 이들 남매에게 배정했을 무렵이었다. 그런데 신주인수권부사채 발행을 통해 이들 남매의 지분은 더욱 높아졌다. 이재용을 비롯해 신주인수권부사채를 받은 사람들은 2002년 1~2월에 그것을 주식으로 전환했다. 그 결과 이재용의 지분이 6.5%에서 9.1%로 올라갔고, 각각 2.2%씩 보유했던 이부진, 이서현, 이윤형도 나란히 4.6%씩 갖게 됐다. 이학수와 김인주도 4.5%와 2.2%의 지분을 가진 주주가 됐다.

계란으로 바위치기 8년

이들이 인수한 신주인권부사채에 대해서도 저가발행 시비가 일어났다. 주당 7150원이라는 주식인수 가격이 너무 저렴해 보였던 것이다. 당시 비상장회사였던 삼성SDS는 매출액이 삼성전자나 삼성생명 등 다른 계열사들에 비해 적긴 했지만 그래도 안정적인 기반을 가진 회사였다. 삼성그룹이 존속하는 한 삼성SDS의 존립이 흔들릴 일은 없었고, 하기에 따라서는 더욱 커질 수도 있었다. 이에 따라 그 무렵 삼성SDS 주식은 장외에서 5만 3천~6만 원에 거래되고 있었다. 신주인수권부사채가 발행된 날인 2월 26일에는 5만 5천 원에 거래됐다. 그런데 신주인수권부사채의 인수가격을 7150원으로 책정했으니 저가 논란이 당연히 일어날 수밖에 없었다. 공정거래위원회가 삼성SDS의 미래 수익가치 등을 감안해 산출한 주당 최소가격 1만 4536원에 비해서도 절반에도 미치지 않는 가격이었다.

국세청은 이 같은 거래가격을 근거로 2001년 이재용에게 86억 8700만 원의 증여세를 부과하는 등 삼성SDS 신주인수권부사채 인수자 6명에게 모두 570억 3200만 원의 세금을 내라고 통고했다. 이 과정에서 참여연대가 2000년 12월부터 2001년 4월까지 국세청 앞에서 이재용 등에 대한 변칙증여에 대해 과세하라고 촉구하는 1인시위를 벌이기도 했다. 세액은 나중에 440억 원으로 삭감되기는 했다. 국세청의 과세조치에 대해 이재용 등이 부당하다며 국세청 과세전적부심사위원회에 불복청구를 했지만 받아들여지지 않자 서울행정법원에 소송을 제기했다. 그렇지만 법원도 국세청의 손을 들어주었다. 이에 대해 이재용 등은 서울고등법원에 항소하는 등 물러서지 않았다. 그렇지만 삼성 X파일 사건의 여파로 삼성이 2006년 2월 7일 '국민께 드리는 말씀'을 발표하면서 사과표명을 한 후 항소를 취하했다.

공정거래위원회도 1999년 10월 삼성SDS의 신주인수권부사채 저가발행에 대해 부당지원에 해당한다며 시정조치를 발동함과 더불어 158억 400만 원의 과징금을 부과했다. 그러나 삼성SDS가 공정위의 이런 과징금 부과 조치가 부당하다며 소송을 제기했고, 결국 2004년 10월 대법원에서 최종 승소 판결을 받아냈다.

이런 여러 사실과 근거들에 비춰볼 때 이건희의 자녀들과 삼성 고위 임원들에게 넘겨진 신주인수권부 사채의 가격은 너무나도 저렴해 보였다. 이에 따라 참여연대 경제민주화위원회는 그해 6월 삼성SDS와 이 회사의 주요 주주인 삼성전자에 대해 신주인수권부사채 발행이 특수관계인들에 대한 특혜라는 의혹에 대해 해명할 것을 요구했다. 그러나 이에 대해 두 회사는 꿀 먹은 벙어리였다.

참여연대는 보다 강력하게 배임 혐의를 추궁하기 위해 1999년 11월 17일 삼성SDS를 고소했다. 참여연대 관계자 2명이 삼성SDS 주식을 갖고 있었기에 주주의 입장에서 대표이사 김홍기와 당시 감사이자 삼성 구조조정본부장이었던 이학수 등 6명을 서울중앙지방검찰청에 고소한 것이다. 참여연대 측의 주장은 한마디로 삼성SDS가 신주인수권부사채를 너무 낮은 가격으로 발행함으로써 회사와 주주들에게 손해를 끼쳤다는 것이다. 신주인수권부사채를 통해 신주가 발행됨으로써 이건희의 자녀들이 보유한 삼성SDS 지분의 합계는 22.9%로 높아졌다. 이로써 이들 남매는 삼성전자(21.3%)를 누르고 사실상 최대주주가 됐다. 지분을 이렇게 늘리려면 인수자들이 시장가격대로 값을 치르고 소액주주들로부터 주식을 사들여야 마땅하다. 하지만 이들은 편법적인 방법으로 지분을 늘리고 지배권을 강화함은 물론 재산상의 이익까지 소액주주들로부터 가로챘다는 주장이었다.

그러나 검찰은 2000년 2월 마땅한 주식평가 방법이 없다는 등의 이유를 들어 이들을 불기소 처분했다. 참여연대는 물러서지 않고 집요하게 법적인 추궁을 시도했다. 검찰 역시 요지부동이었다. 참여연대는 항고하여 기각당하고 재항고하여 기각당하는 과정을 거치면서 삼성이 난공불락의 성임을 절감해야 했다. 2000년 6월에는 헌법재판소에 심판청구를 내기도 했으나 이마저 기각됐다. 그래도 참여연대는 포기하지 않았다. 2001년 9월 3일 2차 고소장을 검찰에 접수시켰다. 그러나 이번에도 결과는 1차 고소 때와 마찬가지였다. 계란으로 바위치기였다. 2차 고소가 각하되자 참여연대는 항고, 재항고, 헌법소원 등 밟을 수 있는 법적 절차를 모두 다시 밟았다. 하지만 1차 때와 마찬가지로 그 모든 과정은 메아리 없이 끝났다. 두 바퀴를 돌았다. 그래도 참여연대는 다시 시도해 보기로 했다. 2005년 10월 31일 재차 검찰에 고발했다. 이번에도 메아리는 없었다. 이 같은 '도전'과 '버티기'의 줄다리기는 2007년 11월 김용철 변호사가 삼성의 비자금 의혹을 폭로함으로써 종지부를 찍었다. 그 영향으로 국회에서 특별검사에게 수사를 맡기는 법안이 통과되고 조준웅 특별검사가 임명되면서 삼성SDS에 대한 수사가 재개됐다. 꺼져가던 불씨가 사건 발생 8년여 만에 간신히 되살아난 것이다.

사건을 맡은 조준웅 삼성특검은 김홍기 삼성SDS 대표이사 등 피고발인 6명을 전원 소환조사하고 이건희, 이학수, 김인주, 박주원 등도 피의자로 불러 조사했다. 이건희 등 피의자들은 신주인수권부 사채 발행에 적극 가담한 공범으로 인정됐다. 삼성특검은 수사결과를 발표하면서 이들의 혐의를 구체적으로 적시했다. 그 요지는 다음과 같다.

"삼성SDS는 장외에서 거래되는 주식의 가격을 조사해 보지도 않은 채 단순히 상속세 및 증여세법에 의한 보충적 평가 방법에 따라 주가를 결정했다. 더욱이 지배권에 변동이 생기는 것을 감수하면서까지 신주인수권부 사채를 발행할 만큼 긴급한 자금수요가 없는데도 특수관계자에게 주식을 몰아주어 지배권을 확보하게 했다. 또 이들 특수관계자에게 재산상 이익을 제공할 의도로 공모하여 사채를 발행함으로써 통상적으로 예정하고 있는 자금조달이라는 목적을 넘어섬으로써 이사의 권한을 벗어났다. 이는 이사의 선량한 관리자 의무를 위배한 것이다. 그 결과 이재용으로 하여금 삼성SDS의 주식 321만 6780주를 시가 5만 5천 원보다 훨씬 낮은 가격으로 취득할 수 있도록 했다. 이학수는 사채 발행을 처음부터 지휘했을 뿐만 아니라 스스로 인수인이 되어 54억 원 상당의 사채를 인수했다. 또 김인주에게 27억 원을 빌려주어 사채를 인수하게 했다. 이건희는 삼성SDS의 등기이사로 재직하고 있으면서 자녀들이 삼성SDS에 대한 경영지배권을 확보하게 하려고 회장으로서의 직위를 이용하여 사채 발행을 주도한 책임이 있다. 이에 따라 이재용 314억여 원을 비롯해 관련자인 이부진, 이서현, 이윤형, 이학수, 김인주 등 6명이 모두 1539억 원의 이익을 얻은 반면 삼성SDS는 해당 금액만큼 손해를 입었다."

특검팀이 밝힌 이재용 등 6인의 이익 금액은 당시 이 회사 주식 거래가격 5만 5천 원을 기준으로 계산된 것이다. 그러나 이들이 실제로 얻은 이익은 그보다 훨씬 많았다. 이재용 남매가 얻게 된 이익의 규모는 후술하는 대로 2014년 삼성SDS의 주가상승을 통해 비로소 가시화됐고, 그 규모는 모두 합쳐 수조 원을 헤아린다. 어쨌든 조준웅 특검은 수사한 결과를 바탕으로 이건희, 이학수, 김인주, 김홍기, 박주원 등 5명을 특정경제범죄가중처벌법상의 배임죄와 조세포탈 혐의로 기소했다. 김종환, 한용외, 조관래 등 나머지 이사들은 가담 정도가 약해 기소유예 처분됐다. 이 사건은 특검 수사를 거쳐 재판에 회부됐지만, 재판 과정도 수사 과정만큼이나 우여곡절을 겪었다. 1심과 2심에서 면소와 무죄 판결이 내려지더니 대법원에서 간신히 파기환송되어 혐의가 되살아났다. 결국 2009년 8월 14일 열린 서울고등법원 파기환송심에서 227억 원의 배임액이 산출돼 특정경제범죄가중처벌법상 유죄 판결이 내려졌다. 삼성SDS의 적정주가를 주당 1만

4230원으로 보고 계산한 결과였다. 그런데 이건희를 비롯해 이학수, 김인주 등에게는 유죄 선고가 내려졌지만, 이재용은 아예 기소조차 되지 않았다.

사건이 발생한 지 무려 10년 6개월의 세월이 흐른 뒤에 내려진 결론이었다. 결론의 내용은 다소 왜소하지만, 그러한 결론이 내려진 것 자체는 참여연대를 비롯한 시민단체의 끈질긴 노력이 만들어낸 빛나는 성과라고 할 수 있겠다. 비록 소송을 제기한 쪽에서 100% 만족할 수 없는 결과였지만, 신주인수권부사채 등을 경영권 편법승계에 이용해서는 안 된다는 원칙이 이로써 확립된 것이다.

그런데 이 사건과 관련된 의문이 하나 더 남아 있다. 이학수와 김인주가 인수한 신주인수권부사채는 과연 그들의 것이 맞는가 하는 의문이다. 다시 말해 차명 인수가 아니었나 하는 물음이다. 삼성특검에서도 이런 의문에 대한 수사는 제대로 되지 않았다. 일단 그것이 본인들의 소유임을 전제로 수사가 진행됐다. 그렇지만 차명인지 실명인지는 확인되지 않았다고 보는 것이 오히려 정확할 것이다. 동아일보의 최영해 논설위원도 2014년 11월에 칼럼을 통해 이 문제를 지적한 바 있다. 삼성이 그룹 임원들의 이름을 빌려 금융거래에 사용한 것은 사실 그 역사가 오래됐다.

다른 재벌 BW 악용 고무

삼성SDS는 2010년 삼성네트웍스를 합병했다. 이어 2013년 12월 삼성SNS와도 합병했다. 재벌 계열사들의 일감 몰아주기에 대한 규제에서 벗어나기 위해서였다. 합병회사에 대한 이재용의 지분은 11.25%가 됐고, 이부진과 이서현의 지분은 3.9%씩이 됐다. 다만 이재용이 2016년 2월

2.05%를 매각함에 따라 지분이 9.20%로 다소 낮아졌다. 이들 외에 최대주주인 삼성전자(22.58%)를 비롯해 삼성물산(17.08%)과 삼성전기(7.88%) 등 삼성그룹 계열사들도 삼성SDS에 지분을 갖고 있다. 최근에는 삼성전자 물류 대행업무를 확대하는 등 사업을 다각화해 왔다.

삼성SDS의 앞날에 대해서는 논의가 분분하다. 특히 이재용 3남매가 갖고 있는 지분을 앞으로 어떻게 활용할지에 대한 전망이 다양하게 제시되고 있다. 이재용 등이 막대한 규모의 상속세를 납부하고 다른 계열사 지분을 확보하는 데 필요한 자금 마련을 위해 삼성SDS 지분을 처분할 것이라는 전망도 있다. 이 경우 삼성SDS는 사실상 이재용 남매의 '현금지급기(ATM)'로 전락할 가능성이 있다. 아울러 삼성전자가 이들 남매의 지분을 사들일 가능성도 점쳐지고 있다. 또는 삼성SDS를 삼성전자와 바로 합병하거나 삼성전자를 인적분할한 후 분할된 회사를 삼성SDS와 합병해 사실상 비금융계열사를 지휘하는 지주회사를 만들 것이라는 설도 나돈다. 어느 경우든 삼성전자에 대한 이재용의 지분을 확대하고 지배력을 강화하는 효과가 있다.

그런데 삼성SDS의 앞날을 가늠힐 수 있게 해줄 변수가 2016년 6월 초에 대두됐다. 삼성SDS의 사업 가운데 물류대행 사업을 분리해서 통합 삼성물산에 넘기는 방안이 검토되고 있다는 보도가 나온 것이다. 삼성물산이 2015년 9월 제일모직과 합병한 후 실적부진에 빠지자 이를 만회하기 위한 방안이라고 한다. 통합 삼성물산은 후술하는 바와 같이 이재용의 그룹 지배권 강화를 위해 삼성물산과 제일모직을 무리하게 합병시켜 출범한 회사다. 사실상 삼성그룹의 지주회사나 다름없는 위상을 갖게 됐다. 그런데 삼성물산이 통합 이후 적자를 내고 향후 사업전망도 불투명해지면서 주가가 하락을 거듭했다. 이런 추세가 계속되면 최대주주 이재용의 경영권도 불안해질 가능성이 크다. 보도에 따르면 삼성그룹은 그래서 삼성물산의 수익성을 보강하기 위해 삼성SDS 물류사업에 주목하게 됐다. 말하자면 삼성물산 구하기다. 아니, 정확하게 말하자면 '이재용 구하기'인 셈이다. 삼성은 아직 이런 계획을 공식적으로 부인하고 있다. 다만 삼성SDS의 물류대행 사업을 분할할 것이라는 계획만 공식화돼 있다. 삼성SDS의 주주나 사원들의 반발도 만만치 않다. 당연히 주가는 크게 떨어졌다. 삼성SDS 사원들의 입장에서는 알뜰한 사업 하나를 빼앗기는 것이나 다름없으니 억울하다는 느낌도 들 것이다. 삼성SDS의 매출에서 물류대행 사업이 차지하는 비중은 30%를 넘는다. 삼성그룹은 삼성물산과 제일모직의 합병 과정에서 많은 무리수를 두었는데, 또다시 무리한 작업을 강행하기는 어려울 것 같다.

이 같은 계획의 실현 여부와 관계없이 삼성SDS로서는 그러한 논의가 일어나는 것 자체만으로도 심각한 위상추락을 겪지 않을 수 없게 됐다. 삼성SDS는 삼성그룹의 지배구조에서 결코 중요한 회사가 아니며 언제든지 그룹 차원에서 이용하는 카드가 될 가능성이 크다는 사실이 확인됐기 때문이다. 현금지급기 아니면 계륵으로 전락할 수 있음이 드러난 것이다. 앞으로 삼성SDS의 운명이 어떻게 될지 유심히 지켜볼 필요가 있겠다.

한편 삼성SDS의 신주인수권부사채 헐값 발행 사건이 오래 끄는 동안 우리나라는 큰 대가를 치렀다. 이에 대해 정부 당국이 원칙에 입각한 처리를 기피하는 모습을 보임에 따라 다른 재벌들을 고무한 것이다. 삼성 외에도 효성을 비롯해 많은 재벌이 여러 가지 목적으로 신주인수권부사채를 활용했다. 이런 분위기는 기업규모가 작은 코스닥 상장기업들에게도 번졌다. 일부 재벌은 해외에 유령법인을 세워 차명으로 신주인수권부사채를 인수하게 하기도 했다. 그 가운데 어떤 재벌은 사법처리됐고, 일부는 세간의 시선을 의식하여 신주인수권부사채를 되사들여 소각하겠다고 스스로 밝히기도 했다. 2016년 5월에는 조석래 효성그룹 회장이 효성에서 발행한 해외 신주인수권부사채를 차명으로 샀다가 팔아 19억 원의 차익을 남긴 사실이 금융당국의 조사 결과 드러났다. 이 모두가 국내 최대 재벌이 법과 원칙을 어기고도 법의 제재를 받지 않아서 번진 부패상이라고 할 수 있다. 단언하건대, 만약 삼성SDS의 신주인수권부사채 헐값 발행에 대해 금융감독 당국과 검찰이 초기에 법과 원칙대로 처리했다면 그 뒤로 신주인수권부사채와 관련된 불미스런 사건들이 더 이상 일어나지 않았을 것이다.

이재용과 인터넷 사업

이재용은 1991년에 23살의 나이로 삼성전자에 평사원으로 입사해 1994년에 과장으로 승진했다. 그렇지만 곧바로 일본 게이오대학으로 유학을 떠나 10년 가까이 기업 현장에서 떠나 있었다. 따라서 젊은 시절에 제대로 경영수업을 받았다고 하기 어렵다. 이재용의 진정한 경영수업은 2001년에 귀국한 뒤에 비로소 시작됐다. 그러나 그 경영수업은 삼성전자에서 받은 것이 아니다. 인터넷 분야의 회사를 만들어 운영하는 과정에서 호된 시련을 겪은 것이 그가 받은 경영수업이었다.

  이재용은 유학을 마치고 돌아와 2000년에 e-삼성, e-삼성인터내셔널, 시큐아이닷컴, 가치네트 등 인터넷 계열사 14개를 설립했다. 당시 인터넷 열기가 확산되고 김대중 정부가 벤처기업 붐을 일으킬 때였으므로 그런 시대적 흐름을 타려고 한 것이다. 이들 인터넷 계열사는 사실상 개인회사에 가까웠다. 거기에 이학수, 김인주 등 삼성그룹 고위 경영진의 이름이 함께 얽혀 들어갔다. 삼성그룹의 다른 계열사들도 구조조정본부와 함께 여러 형태로 이들 인터넷 계열사들을 지원해 주었다. 그럼에도 이들 인터넷 계열사의 경영상태는 좋지 않았다. 매출은 부진했고, 이렇다 할 수익 모델도 마련하지 못했다. e-삼성이나 가치네트, e-삼성인터내셔널 등 주요 인터넷 계열사들의 순자산가치가 연속된 적자로 인해 대폭 감소했다. 가치네트의 경우 첫해인 2000년에 16억 원의 적자를 낸 데 이어 2001년에는 적자가 103억 원으로 더 커졌다. 이에 따라 자본금 210억 원의 절반 이상이 허공으로 날아갔다. 이재용이 추진한 인터넷 계열사들의 경영이 부실해지면서 이재용의 경영능력에 대한 의구심도 커져갔다. 그런 실력으로 삼성전자를 비롯한 거대한 삼성그룹의 경영을 장차 떠맡을 수 있을까 하는 의구심이 뭉게뭉게 퍼져갔다.

그룹 구조조정본부의 조직적 개입

2001년 3월 27일 삼성그룹 구조조정본부는 '삼성, e비즈니스 사업개편'이라는 제목의 보도자료를 언론에 돌렸다. 삼성그룹의 9개 계열사가 이재용의 인터넷 계열사 지분을 인수한다는 내용이었다. 이어 27일부터 30일 사이에 9개 계열사가 이재용의 지분을 나누어 인수했다. 이때 인수에 참여한 기업은 제일기획, 에스원, 삼성SDS, 삼성SDI, 삼성전기, 삼성카드, 삼성증권, 삼성캐피탈, 삼성벤처투자였다. 대부분 인터넷이나 벤처기업과는 별다른 접점을 찾기 어려운 기업들이었다. 이들 기업은 이재용, 이학수, 김인주의 지분을 나누어 인수했다. 삼성SDI는 이재용으로부터 e-삼성인터내셔널의 지분 11.25%에 해당하는 주식 90만 주를 주당 4054원씩 모두 36억 4860만 원에 매입했다. 제일기획은 e-삼성 주식 75%를 이재용, 이학수, 김인주로부터 208억 원에 샀다. 이처럼 계열사들이 자사 고유의 사업과 무관한 인터넷기업 주식을 사들인 것은 이재용의 부실경영을 회사와 주주들에게 전가시킨 것이나 다름없다. 이들 인터넷기업의 지분을 인수한 삼성 계열사들은 주가가 하락하고 투자등급이 하락하는 등 피해를 감수해야 했다.

그러자 참여연대가 2005년 10월 13일 이재용 및 이들 인터넷계열사의 주식을 인수한 9개 계열사의 대표이사와 감사를 모두 고발했다. 참여연대 측은 2000년 하반기부터 인터넷 거품이 꺼지면서 인터넷 계열사들이 파산상태에 몰리자 이재용이 짊어져야 할 부담을 계열사들이 떠맡았다고 주장했다. 이재용의 사회적 명성과 경영능력에 대한 평판이 훼손되는 것을 막기 위한 것이라는 주장이었다. 그러나 이 사건에 대한 수사도 제대로 진행되지 않았다. 조준웅 삼성특검은 이 사건까지 떠맡아 2008년 2월에 수사를 벌였다. 수사 결과 삼성그룹 구조조정본부가 이들 인터넷 계열사의 설립부터 조직적으로 관여한 것으로 드러났다. 이재용 명의로 된 주식을 모두 삼성그룹 구조조정본부 재무팀에서 관리하고 있었다는 점 등 주변적 사실은 충분히 조사됐다. 이에 대해 삼성 측은 검찰의 피고발인 조사에서 "고발인들이 이재용의 지분 소유에 대한 의혹을 제기하고 지분 매각을 요구하는 등 이재용으로 하여금 더 이상 지분을 소유하지 못하도록 사회적 분위기를 조성했기 때문"이라고 진술했다. 삼성 계열사들도 나름대로 방어망을 쳐 놓았다. 이들은 내부적으로 이사회 결의 절차를 밟았고, 지분을 인수할 때의 가격도 가장 보수적인 평가방법이라는 상속세 및 증여세법상 순자산가치평가법으로 평가해 결정했다. 최대주주에 대한 할증도 없었다. 아마도 삼성에버랜드와 삼성SDS 사건으로 인해 시민단체에 시달렸던 일이 트라우마로 남아 있기 때문이었을 것이다. 조준웅 삼성특검은 이런 점들을 근거로 삼성의 9개 계열사 대표와 이사, 감사 등 28명에 대해 무혐의 처분을 내렸다. 경제개혁연대와 참여연대는 2008년 3월 14일 삼성특검의 불기소 처분에 불복하고 서울고등검찰청에 항고했으나, 서울고검은 7일 뒤에 기각 처분을 내렸다. 경제개혁연대와 참여연대는 그해 4월 21일 재항고했으나 결과는 마찬가지였다. 경제개혁연대와 참여연대는 제일기획과 삼성SDS가 입은 손실이 각각 152억 원과 68억 원이고 이에 대해 특정경제범죄가중처벌법을 적용해야 한다고 주장했지만, 이 역시 통하지 않았다. 검찰이 항고나 재항고를 수용할 의지가 있었다면 이미 2년 6개월 전에 처음 고발됐을 때 제대로 수사했을 것이다. 해가 서쪽에서 뜨지 않는 한 특검이 면죄부를 준 사건에 뒤늦게 검찰이 다시 나설 리가 만무했다.

사실 인터넷기업이나 벤처기업은 창의적이고 모험적으로 사업을 벌여야 하므로 대기업에 어울리지 않는다. 오늘날 국내외에서 인정받는 인터넷기업이나 벤처기업들은 대부분 작은 사업체로부터 출발했다. 차고에서 시작한 기업도 있다. 창의적인 사람들이 자신의 인생을 걸고 모든 능력과 에너지를 투여해야 하는 사업이다. 삼성그룹 같은 대기업의 울타리는 필요가 없을 뿐만 아니라 거추장스럽기까지 하다. 이재용 같은 재벌 3세가 벤처 성격의 인터넷기업을 제대로 운영하기는 아무래도 어려울 것이다. 기업경영의 정신이 근본적으로 다르기 때문이다. 그렇지만 아버지 이건희 회장이나 삼성그룹의 지원을 받을 수 있었던 것은 다른 인터넷기업이나 벤처기업의 경우에 비해 훨씬 유리한 조건이었다. 그런 조건을 바탕으로 이재용 자신이 혁신성을 발휘하고 헌신적으로 경영했다면 삼성 인터넷기업들의 운명은 달랐을지도 모른다. 그러나 이재용에게 그런 창의성을 기대하기는 아무래도 무리였던 것 같다.

인터넷 계열사 가운데 e-삼성은 2004년 청산됐고, e-삼성인터내셔널도 2012년 문을 닫았다. 가치네트도 2014년 11월 청산됐다. 다만 에스원으로 넘어간 정보보안업체 시큐아이닷컴은 그 뒤에도 살아남았다가 2015년 삼성SDS의 자회사가 됐다.

지울 수 없는 '주홍글씨'

인터넷 사업 실패는 이후 이재용에게 지울 수 없는 '주홍글씨'로 남았다. "이재용은 인터넷 사업에 실패한 것 외에는 한 일이 없다"는 평가가 오랫동안 삼성 안팎에 나돌았다. 다만 삼성은 이들 인터넷기업을 오래 끌고 가지 않고 신속하게 정리함으로써 이재용에 대한 비판과 의구심이 더 이상 확산되는 것을 막을 수 있었다. "이재용의 사회적 명성이 훼손되는 것을 막기 위해 삼성 계열사들이 나선 것"이라는 참여연대의 지적은 분명히 진실의 한 단면이다. 삼성 계열사들이 이재용의 지분을 매입하며 인터넷 사업 실패를 봉합해주던 바로 그 무렵에 이재용은 삼성전자에 상무보로 복귀한다.

이재용이 인터넷 사업에 실패하긴 했지만, 아무 성과도 없었다고 할 수는 없다. 그 인터넷기업들은 하드웨어가 아니라 주로 소프트웨어와 관계된 사업체였다. 이재용은 이런 사업에 대한 경험을 쌓음으로써 소프트웨어의 중요성을 인식했을 가능성도 있다. 그런 경험과 인식이 삼성전자가 훗날 삼성페이를 비롯한 소프트웨어 쪽 사업으로 눈을 돌리는 데 바탕이 됐을 거라고 말할 수는 있겠다.

삼성특검의 추억

2007년 10월 29일 김용철 변호사는 천주교 정의구현사제단과 함께 서울 제기동 성당에서 기자회견을 열고 삼성그룹이 거액의 비자금을 조성했다고 폭로했다. 김용철 변호사는 1997년 8월부터 2004년 8월까지 삼성그룹에서 법무담당과 법무팀장 및 임원을 지내고 3년 동안 삼성물산의 비상근 고문을 맡았다. 삼성의 내부사정에 대해 잘 알 수 있는 위치였다. 그런 그의 폭로였기에 파괴력이 엄청났다. 그가 폭로한 내용을 요약하면 다음과 같다.

"삼성그룹은 김용철 변호사 본인의 동의 없이 본인의 이름으로 모 은행에 차명계좌를 개설하고 관리해 왔다. 그 계좌는 본인도 번호를 모르고, 은행 직원도 지정된 사람 외에는 조회할 수 없는 '보안계좌'로 분류돼 있다. 김용철 변호사의 금융소득종합과세 납부실적으로 미뤄볼 때 계좌의 예금액은 40억 원대에 이른다. 김용철 변호사 자신도 모르는 본인 명의의 계좌가 같은 은행에 2개 더 있으며, 그 가운데 한 계좌에서는 '삼성국공채신탁 매수' 명목으로 17억 원이 인출된 적이 있다. 삼성은 이렇게 조성한 비자금으로 검찰, 국세청, 재경부 등의 고위 공무원들에게 거액의 뇌물을 제공해 왔다."

　김 변호사는 이어 한 시사주간지와 가진 인터뷰에서 2004년 10월 현재 자신의 이름으로 돼 있는 주식잔고 확인요청서를 공개했다. 그것은 당시 시세로 약 26억 원어치의 삼성전자 주식이 보관돼 있다는 증빙이었다. 김 변호사는 자신의 이름으로 된 차명계좌들을 빨리 정리해 달라고 삼성 측에 요청했다고 밝히기도 했다.

　이어 〈한겨레〉는 11월 3일자에 이건희 회장의 지시사항을 담은 삼성그룹 내부문건을 게재했다. 삼성이 정계와 관계는 물론이고 학계, 언론계, 시민단체 등 우리 사회 곳곳을 상대로 전방위 로비활동을 벌여왔음을 보여주는 문건이었다. 특히 그런 로비활동은 이건희의 지시로 진행된 것으로 나타나 있었다. 보도에 따르면 삼성은 그 문건이 비서실 직원이 회장의 발언을 메모해 두었다가 필요할 때 임원들이 볼 수 있도록 한 것이라고 해명했다. 이건희가 그런 지시를 했다는 것은 부인하지 않았다. 그러자 참여연대와 민주사회를 위한 변호사모임은 이건희 등이 비자금을 조성해 계열사 자금을 횡령하고 정관계에 뇌물을 제공했다는 등의 혐의로 이건희 등을 대검찰청에 고발했다.

　김용철 변호사는 그해 11월 26일까지 모두 4차례에 걸쳐 기자회견을 했고, 삼성이 비자금을 전현직 검찰 간부에게도 제공했다면서 이름까지 공개했다. 이에 참여연대 등 60여 개 시민단체가 '삼성 이건희 불법 규명 국민운동'을 결성해 관련된 사실을 추가로 폭로하는 등 사태가 걷잡을 수 없이 커져만 갔다. 나라 전체가 벌집 쑤신 듯 시끄러웠다. 대통령 선거를 앞두고 있었기에 여론이 더욱 민감하게 움직였다. 이에 검찰은 삼성 비자금 관련 특별수사감찰본부를 설치하고 수사에 나섰다. 그러나 정치권과 사회 각계에서 수사를 특별검사에게 맡기라는 요구가 거세게 제기됐다. 삼성과 관련된 사건에 대해 검찰이 그동안 보여 온 미온적인 태도로 미루어 이번에도 제대로 수사할 수 없을 것이라는 우려에서였다. 이에 따라 국회에서 '삼성 비자금 의혹 관련 특별검사 임명 등에 관한 법률안'이 통과돼 12월 20일 조준웅 변호사가 특별검사로 임명됐다.

조준웅 특별검사팀은 2008년 1월 10일 출범했다. 특검팀은 서울 한남동에 사무실을 차려놓고 삼성의 비자금 조성 여부, 검찰 등에 대한 불법로비 의혹, 삼성그룹 경영지배권 불법승계 의혹 등에 대해 수사를 벌였다. 참여연대 등 시민단체가 고소와 고발 등을 통해 끈질기게 수사를 요구해왔지만 제대로 진행되지 않았던 사건 4가지가 수사 대상에 들어갔다. 그것은 바로 삼성에버랜드 사건, 서울통신기술 사건, e-삼성 사건, 삼성SDS 사건이었다. 조준웅 특별검사는 3개월여 동안 수사를 벌인 뒤 4월 17일 수사결과를 발표했다.

"삼성공화국 자위대"

수사 결과 삼성에버랜드 전환사채 저가발행 사건과 관련해서는 삼성그룹 비서실이 전환사채 발행을 주도한 것으로 드러났고, 이건희 회장과 이학수 전략기획실장(부회장), 김인주 전략기획실 사장, 유석렬 삼성카드 사장(전 전략기획실 재무팀장), 현명관 전 비서실장 등 5명이 특정경제범죄가중처벌법상 배임죄로 기소됐다. 삼성SDS 신주인수권부사채 저가발행 사건과 관련해서는 이건희와 이학수, 김인주 외에 삼성SDS 김홍기 대표이사와 박주원 경영지원실장이 기소됐다. 두 사건에 중복 연루된 이건희, 이학수, 김인주를 포함해 모두 8명이 기소됐다. 그렇지만 두 사건으로 큰 차익을 누리게 된 이재용은 기소 대상에서 제외됐다. 또 e-삼성 사건과 서울통신기술 사건은 증거불충분 혹은 공소시효 만료 등의 이유로 종결 처리됐다. 김용철 변호사가 주장한 삼성그룹의 분식회계 의혹이나 정관계 및 검찰 상대 로비 의혹의 진상도 거의 밝혀내지 못했다.

삼성특검팀은 삼성그룹의 비자금 조성 여부를 파악하기 위해 차명계좌를 추적한 결과 삼성 전현직 임원 486명의 이름으로 된 계좌 1199개를 찾아냈고, 이건희의 차명 보유재산을 4조 5373억 원으로 추정했다. 그 가운데 주식이 4조 1009억 원으로 가장 큰 비중을 차지했고, 삼성생명 지분이 2조 3119억 원으로 가장 많았다. 삼성특검은 차명계좌에 이름을 빌려준 임원 486명 중 258명의 명단을 기소할 때 공소장에 공개했다. 차명재산이 모두 이병철 창업회장이 물려준 상속재산인지에 대한 논란이 거듭 일었다. 삼성은 상속재산이라는 주장을 폈고, 특검은 삼성의 이런 주장을 받아들였다.

곤란한 일이 생기면 이미 세상을 떠난 사람을 끌어다 대는 경우가 있다. 그렇게 하는 것이 위기를 모면하기에 가장 쉬운 방법이다. 반박하기 어려운 알리바이를 제시하는 것이기 때문이다. 이때 삼성의 경우도 그러는 것 아니냐는 추측과 비판이 일어났다. 이를테면 경제개혁연대는 임직원 명의의 삼성생명 지분 모두가 이병철이 남긴 상속재산이라는 특검의 결론에 대해 의문을 제기했다. 삼성도 1988년 삼성생명의 유상증자 때 실권된 주식이 임원 명의로 처리된 부분이 있음을 사실상 인정했다.

그렇지만 특검이 이를 모두 상속재산이라고 전제하고 조사하는 바람에 비자금이 조성된 경위는 밝혀지지 않았다. 사실 삼성 비자금의 실체를 완전하게 파헤치려면 더 긴 시간이 필요했을 것이니 특검으로서는 시간적 제약 때문에 그러기가 여의치 않았을 듯하다. 그렇다 하더라도 삼성이 주장하는 '상속재산'이라는 알리바이를 인정함으로써 특검이 수사의 한계를 스스로 설정했다고 해도 좋을 것이다.

이와 함께 이건희와 삼성이 차명계좌들을 운용하면서 삼성전자 등 7개 계열사의 주식거래를 하는 과정에서 5643억여 원의 양도차익이 발생했는데도 양도소득세를 납부하지 않은 금액이 1128억 7천만 원에 이른다는 사실이 밝혀졌다. 이에 따라 조준웅 특검은 이건희를 비롯해 이학수와 김인주 및 최광해 전략기획실 전략지원팀장 등을 특정경제범죄가중처벌법상 배임과 조세포탈 혐의로 기소했다. 또 최대주주의 소유주식수 변동에 대한 보고 의무를 이행하지 않았다는 사실을 확인하고 이건희에게 증권거래법 위반 혐의를 적용했다.

삼성특검의 수사 과정에서 갑자기 불거진 것도 있다. 예를 들어 삼성화재가 고객에게 지급해야 하는 보험금을 지급하지 않고도 마치 지급한 것처럼 회계처리하고 비자금을 조성했다는 혐의가 불거졌다. 이것이 방송 뉴스에 보도되어 삼성특검팀이 수사에 들어갔지만, 삼성화재는 보험금 출금에 관한 전산 데이터를 삭제해버렸다. 그래도 삼성특검팀은 계좌추적을 벌였고, 결국 삼성화재는 미지급 보험금 계정을 조작하고 전현직 임직원 등의 명의로 계좌를 개설해 돈을 빼내간 것으로 드러났다. 이에 따라 삼성특검은 황태선 삼성화재 대표이사와 김승언 전무를 특정경제범죄가중처벌법상 횡령죄로 불구속 기소했다.

삼성특검이 수사를 모두 마치고 결과를 발표하자 많은 비판이 쏟아졌다. 삼성특검이 짧은 기간 동안 수사하면서 나름대로 적지 않은 성과를 올리긴 했지만, 그동안 삼성의 비리를 끈질기게 파고들었던 사람들이 보기에는 충분하지 않은 것이 사실이었다. 김용철 변호사가 폭로한 여러 가지 사안 가운데 삼성물산의 해외비자금 조성, 중앙일보의 위장 계열분리, 삼성중공업 등 5개 계열사의 분식회계, 삼성생명의 차명주식 조성 경위, 비자금을 이용한 미술품 구입 여부 등 주요 문제들이 제대로 규명되지 않았다. 차명 삼성생명 주식은 모두 이건희가 선대 회장으로부터 상속받은 것으로 '미화'됐고, 수만 점에 이르는 미술품은 이건희의 개인자금으로 구입한 것으로 결론이 내려졌다. 한마디로 면죄부가 적지 않게 발부된 셈이다. 이건희는 미납된 증여세 4800억 원을 뒤늦게 내고는 이런 납세 사실을 양형참고 자료에 포함해 재판부에 제출했다. 삼성이 비자금으로 정관계와 법조계 등에 뇌물을 뿌렸다는 의혹에 대한 수사는 거의 성과를 내지 못했다. 그동안 삼성에버랜드와 삼성SDS에 대한 수사가 왜 오래도록 진전되지 않았고, 이건희를 비롯한 주요 피의자에 대한 조사는 왜 이뤄지지 않았는지를 밝혀내기를 국민들은 소망했다. 하지만 이 같은 소망 역시 한갓 헛된 꿈으로 끝나고 말았다.

이건희, 이학수, 김인주 등 재판에 넘겨진 이들에게 적용된 혐의로 볼 때 이들을 구속시키기에 충분한 규모였지만, 특검은 모두를 불구속 기소하는 데 그쳤다. 삼성특검 수사결과에 대해 경제개혁연대는 '삼성공화국 자위대' 같았다고 혹평했다.

조준웅 특별검사는 1심 재판에서 이건희에게 징역 7년과 벌금 3500억 원, 이학수와 김인주에게 징역 5년을 구형했다. 경제개혁연대는 이에 대해 '봐주기 구형'이었다고 비판했다. 기소된 사실만을 근거로 보더라도 양형이 너무 관대했다는 지적을 면하기 어려웠다. 삼성특검은 재판 과정에서 김용철 변호사를 증인으로 신청하지도 않았다.

충격적인 재판 결과

그렇지만 사실은 재판 결과가 더 큰 충격이었다. 삼성특검이 기소한 사건의 1심을 맡은 서울중앙지법 형사합의23부(재판장 민병훈)는 2008년 7월 16일 삼성에버랜드 전환사채 저가발행에 따른 배임 혐의에 대해 "주주배정 방식으로 발행돼 회사에 손해가 발생하지 않았고, 경영진에게 최대한 많은 자금이 회사에 들어오게 할 의무는 없다"면서 '무죄'를 선고했다. 삼성SDS 신주인수권부사채 저가발행에 대해서는 배임이기는 하지만 배임액이 50억 원을 넘지 않아 공소시효가 끝났다는 이유로 면소 판결했다. 삼성SDS 주식의 가치를 주당 9740원으로 보았기 때문에 산정된 피해액이 44억 원에 그쳤고, 따라서 일반 형법상 배임죄의 공소시효 7년은 이미 끝났다는 판결이었다. 삼성에 대해 총체적 면죄부를 내준 셈이었다. 다만 이건희의 차명주식 거래를 통한 조세포탈 혐의에 대해서는 일부 유죄로 판결하면서 징역 3년에 집행유예 5년과 벌금 1100억 원을 선고했다. 이학수 부회장 겸 전략기획실장에게는 징역 2년 6개월에 집행유예 5년과 벌금 740억 원, 김인주 전략기획실 사장에게는 징역 3년에 집행유예 5년과 벌금 740억 원, 최광해 전 전략지원팀장(부사장)에게는 징역 3년에 집행유예 4년과 벌금 400억 원을 각각 선고했다. 그렇지만 현명관과 유석렬은 무죄 판결을 받았고, 김홍기와 박주원도 공소시효 경과로 인한 면소 판결을 받았다.

2심 재판은 한술 더 떴다. 서울고등법원 형사1부(재판장 서기석)는 2008년 10월 10일 선고공판에서 삼성에버랜드 전환사채 발행뿐만 아니라 삼성SDS 신주인수권부사채 발행도 배임에 해당되지 않는다면서 무죄로 판결했다. 전환사채 발행은 주주간 자본거래로 회사의 손익과는 무관하고 경영진에게는 신주 발행 시 적정가액으로 발행해야 할 의무가 없다는 것이 이유였다. 극단적으로 말해서 경영진이 신주를 발행할 때 단돈 1원의 가액으로 발행해도 된다는 논리였다. 1심 형량은 대체로 유지됐지만 이학수, 김인주, 최광해 등에 대한 벌금형은 사회봉사 명령으로 바뀌었다.

대법원도 2009년 5월 29일 열린 선고공판에서 삼성에버랜드 사건에 대한 1심과 2심의 무죄 판결을 그대로 유지했다. 다만 삼성SDS 사건에 대해서는 제3자배정 방식의 신주발행을 할 때 현저한 저가발행은 배임이라면서 손해액을 다시 산정해야 한다는 취지로 원심을 파기하고 사건을 서울고등법원으로 돌려보냈다. 대법원은 이날 별도로 기소된 삼성에버랜드 사건에 대해서는 전원합의체를 열어 무죄로 판결했다. 삼성특검 이전에 기소돼 1심과 2심에서 유죄 판결을 받은 허태학과 박노빈 피고인에 대해 2년째 선고를 미뤄오다가 이날 삼성특검 기소 사건과 함께 최종 결론을 내려준 것이다.

다만 삼성화재의 미지급 보험금 '횡령'과 관련된 전산자료 삭제 혐의로 기소된 황태선과 김승언은 2009년 6월 11일 대법원에서 각각 징역 1년 6개월에 집행유예 3년과 징역 6개월에 집행유예 2년의 실형을 선고받았다.

삼성특검 기소 사건에 대한 서울고등법원의 파기환송심 재판에서도 판결은 상당히 온건했다. 서울고등법원 제4형사부(재판장 김창석 부장판사)

는 2009년 8월 14일 열린 파기환송심 재판에서 삼성SDS 신주인수권부
사채의 적정가격이 1만 4230원이고 이에 따라 배임액수가 227억 원으로
50억 원을 넘으므로 공소시효가 만료되지 않아 유죄라고 판결했다. 그럼
에도 이건희 등 피고인들에 대한 종전의 양형은 그대로 유지했다. 이런 금
액이면 이건희 등 피고인들은 실형을 선고받고 법정구속돼야 마땅하다.
그러나 삼성이 재판부에 '빠져나갈' 이유를 하나 만들어주었다. 이건희가
2008년 7월 삼성SDS와 삼성에버랜드에 1539억 원과 970억 원을 각각
배상했다는 양형참고자료를 재판부에 제출한 것이다. 이 자료는 이건희가
조준웅 특검에 의해 기소된 직후에 제출됐다. 거기에는 '유무죄 판결 결
과와 상관없이 공소장에 기재된 두 회사의 손해액을 지급했다'고 적혀 있
었다. 두 회사의 2008년 사업보고서에도 배상됐다는 금액이 반영되지 않
았다. 그럼에도 재판부는 삼성이 제출한 자료를 그대로 수용했다. 그런데
최종 판결에서 배임액수가 227억 원으로 확정되자 삼성SDS는 이 금액과
지연이자를 더한 120억 원을 제외한 나머지를 모두 이건희에게 돌려주었
다. 삼성SDS와 이건희 측의 실무진이 작성한 '공소장 기재금원 지급 관련
약정서'에 따른 것이었다. 법원에는 제출되지 않은 약정서였다. 따라서 재
판부는 삼성이 제출한 참고자료만을 보고 판결을 내린 셈이다. 이 같은 사
실이 밝혀지자 경제개혁연대가 두 회사의 전현직 대표이사를 배임 및 분
식회계 혐의로, 이건희를 위계에 의한 공무집행 방해 혐의로 각각 검찰에
고발했다. 그러나 검찰은 두 고발사건에 대해 모두 무혐의 처분했다.

서울고등법원의 파기환송심 선고에 대해 삼성과 조준웅 특별검사는 재
상고를 포기했다. 따라서 서울고등법원의 선고가 그대로 확정됐다. 삼성
으로서는 그다지 나쁘지 않은 결과였다. 삼성SDS는 이로써 10년 만에 송

사에서 벗어나 홀가분해졌다. 사실 삼성SDS는 삼성그룹 지배구조에서 삼성에버랜드에 비해 덜 중요했다. 더 중요한 삼성에버랜드의 전환사채 저가발행 문제에 대해 무죄 판결을 받았으니 삼성은 별다른 상처를 입지 않은 셈이다. 삼성에버랜드를 이재용 3남매에게 물려주고 삼성그룹 지배구조의 정점에 서게 한 구도는 조금도 흔들리지 않고 유지됐다. 이재용에게는 한마디로 '대박 중의 대박'이었다.

더욱이 특검에 의해 기소되고 법원에 의해 유죄 판결을 받은 이건희는 2009년 12월에 단독으로 특별사면을 받았다. 이학수, 김인주. 최광해, 김홍기, 박주원 등 5명도 2010년 8월 광복절에 모두 사면됐다. 이후에도 이들은 승승장구했다. 이학수와 김인주는 삼성의 경영일선에서 물러났지만, 한몫 단단히 챙겼다. 이건희의 '배려'로 받은 삼성SDS 신주인권부사채를 주식으로 전환해 그대로 보유하게 됐기 때문이다. 삼성SDS가 2014년 상장됨으로써 이들은 막대한 시세차익을 올렸다. 이 때문에 박영선 의원이 '이학수법'이라고 일컬어지는 '특정재산범죄수익 등의 환수 및 피해구제에 관한 법률안'을 2015년 2월에 발의했다. 이재용 3남매를 비롯해 이학수와 김인주 등의 삼성SDS 신주인수권부사채 인수로 발생한 막대한 차익을 국고로 환수하자는 법안이었다. 그렇지만 이 법안은 국회에서 제대로 심의도 되지 않은 채 2016년 5월 제19대 국회 종료와 함께 폐기됐다.

결국 한때 나라를 떠들썩하게 했던 삼성비자금 특검은 실속은 없이 이렇게 추억만 남기고 끝났다. 특검의 수사가 끝나고 재판이 진행되던 2008년 12월 31일 이건희는 보유하고 있던 차명주식을 실명으로 전환했다. 삼성생명 주식 324만 4800주, 삼성전자 보통주 224만 5525주와 우선주 1만 2398주, 삼성SDI 주식 39만 9371주가 계열사 전현직 임직원

명의에서 이건희 명의로 바뀌었다. 이건희의 보유주식이 '음지'에서 비로소 '양지'로 나오게 된 것이다. 차명주식 보유에 대한 처벌 법규의 공소시효도 이미 지나버렸으니 걱정할 것이 없었다. 이병철 창업회장으로부터 바로 상속받았더라면 납부했을 상속세도 내지 않았다. 어느 모로 보나 이건희에게는 수지맞는 장사였다.

삼성그룹은 특검의 수사결과가 발표된 지 닷새 뒤인 2008년 4월 22일 경영쇄신안을 발표했다. 이건희 회장 일가의 퇴진, 이학수 부회장과 김인주 사장의 경영일선 퇴진, 전략기획실 해체, 삼성 관련 인사의 사외이사 배제 등이 주요 내용이었다. 은행업에 진출하지 않겠다는 약속도 했다. 또한 삼성경제연구소에 사회공헌연구실을 설치해 사회공헌 사업의 방향과 그 개선방안을 마련하겠다고 했다.

마지막 기회

삼성특검 수사는 이건희가 삼성그룹의 대권을 승계한 후 누적돼 온 의혹들을 규명할 수 있는 마지막 기회였다. 그런 기회는 다시 오기 어렵다. 그 마지막 기회를 제대로 살려야 했지만 제대로 살리지 못한 것이다. 90여 일 동안 진행된 삼성특검의 수사 결과로 일부 밝혀진 것이 있기는 하지만, 여전히 많은 것들이 흑막에 싸여 있다.

이를테면 김용철 변호사가 제기한 삼성중공업과 삼성물산, 제일모직, 삼성엔지니어링, 삼성항공 등 5개사의 분식회계 의혹에 관한 진실이 규명되지 못했다. 사실 삼성중공업의 분식회계 의혹은 충격적이다. 거제도 조선소에 실제로는 배가 없는데도 마치 건조 중인 배가 수십 척 떠있는 것처럼 서류를 꾸미는 등의 수법으로 약 2조 원 규모의 분식회계를 저질렀다는 것이다. 수법과 규모 모두 상상을 초월하는 이런 의혹은 삼성중공업은 물론이고 삼성그룹 전체를 위태롭게 할 만큼 치명적이었다. 그러나 이 같은 의혹은 우리나라에서는 사실상 규명될 수 없는 것이나 마찬가지였다. 당시 삼성특검이 조사하겠다는 몸짓은 취한 것으로 보도됐다. 그렇지만 결과는 없었다. 적극적인 의지만 있다면 할 수 없는 일이 아니었겠지만, 폭발성이 워낙 큰 사인인데다 제한된 특검수사 기간으로 인해 하기가 쉽지 않은 일이었던 게 사실이다. 특검 수사가 끝난 뒤에라도 금융감독원 등 권위를 가진 기관이 나서면 진실을 규명할 수도 있었다. 그러나 골리앗 같은 삼성그룹에 감히 돌이라도 던져보겠다고 나설 다윗 같은 기관이 우리나라에는 없었다. 그런 기관이 삼성중공업을 비롯한 삼성그룹의 분식회계 의혹을 규명하겠다고 나설 용기를 내기 어려웠던 것이 당시의 사회적 풍토였다. 2015년에 대우조선해양의 대규모 분식회계 의혹이 불거지는 등 최근 조선, 건설 등 수주산업이 큰 어려움에 빠진 것도 돌이켜보면 그 같은 사회적 풍토에서 비롯된 것이다. 만약 삼성특검이나 기타 국가 공권력이 삼성중공업과 삼성상용차의 분식회계 의혹을 파헤쳤다면 그런 풍토가 달라졌을 것이다.

다른 기관의 협조도 미흡했다. 이를테면 금융감독원의 태도가 석연치 않았다. 삼성특검이 수사 과정에서 삼성증권에 개설돼 있는 3800여 개의 삼성그룹 차명의심 계좌를 찾아내고 이를 대신 조사해 달라고 금융감독원에 요청했다. 그러나 금융감독원은 삼성그룹이 차명계좌임을 시인한 임원 4명 명의의 계좌 10여 개만을 검사했다. 이 때문에 삼성그룹 차명계좌의 실태는 온전히 밝혀지지 않았다. 금융감독원은 단지 삼성그룹이 차명계좌를 개설하도록 도와준 우리은행과 굿모닝신한증권에 대해 뒤늦게 사실을 확인하고 솜방망이 징계를 하는 데 그쳤다.

전화위복

사실 삼성그룹의 비자금 조성이나 차명계좌 운용, 그리고 경영권 승계 작업은 장기간 지속돼온 문제이기 때문에 불과 3개월 반 동안 진행된 특검 수사라는 1회성 이벤트로는 제대로 그 실체를 가려내기가 어렵다. 다른 유관 기관들의 협조 없이는 더더욱 어렵다. 이런 이벤트보다는 국가 공권력이 평소에 주어진 책무를 다하면서 제대로 감시하는 것이 더욱 중요하다. 그렇지만 그런 국가 공권력의 평소 기능이 이미 실종됐기에 뒤늦게 삼성특검이라는 '한풀이 쇼'가 벌어진 것이다. 특검이 미처 밝혀내지 못한 부분을 마저 밝혀내기 위해 검찰이 뒤를 이어 나섰다면 보다 많은 진실이 드러났을 것이다. 삼성이라는 거대한 물줄기에서 흘러나온 작은 물줄기들의 일부를 삼성특검이 찾아냈다면, 큰 물줄기를 찾아내는 것은 검찰이라는 상시 수사조직의 몫이었다. 그러나 특검은 미진한 부분을 수사해 달라고 검찰에 요청하지 않았고, 검찰은 당연히 나서지 않았다.

결국 삼성특검은 하나의 희극처럼 막을 내렸다. 삼성 자신을 위해서는 나쁠 것이 전혀 없었다. 그동안 남아 있던 불확실성이 이로써 모두 해소됐기 때문이다. 몇 가지 점에서 특검은 삼성에 오히려 전화위복이 됐다.

첫째, 이건희의 차명주식이 차갑고 컴컴한 '차명의 동굴'에서 나와 따뜻한 햇볕을 쬐게 됐다. 그것을 당당하게 이재용에게 물려줄 수 있게 됐고, 훗날 차명주식을 둘러싼 분쟁이 벌어질 소지를 없앴다.

둘째, 후술하는 바와 같이 삼성에버랜드가 금융지주회사라는 '멍에'를 벗게 됐다. 그동안 이건희가 삼성생명의 변함없는 최대주주였지만 차명으로 삼성생명 주식을 보유하고 있었기에 19.34%의 지분을 가진 삼성에버랜드가 삼성생명의 최대주주로 돼 있었다. 이 때문에 한동안 삼성에버랜드가 금융지주회사인지를 둘러싸고 참여연대, 삼성그룹, 금융당국 사이에 치열한 줄다리기가 벌어졌다. 그런데 이건희가 차명주식의 실명전환을 통해 20.76%의 지분을 가진 삼성생명의 최대주주임이 확인됨에 따라 삼성에버랜드는 금융지주회사 아니냐는 이야기에 더 이상 신경 쓸 필요가 없게 됐다. 삼성에버랜드가 금융지주회사로서 규제를 받게 되면 운신에 불편한 점이 많고 계열사 지배도 어려워질 수 있는데, 그런 우려를 더 이상 할 필요가 없게 된 것이다. 이건희를 단죄하려던 삼성특검이 역설적이게도 그에게 도리어 큰 선물을 안겨준 셈이다. 나아가 이재용에게는 아무 상처도 받지 않고 삼성에버랜드와 그룹 전체의 경영권을 승계할 수 있도록 멍석을 깔아주었다. 그야말로 전화위복이다. 삼성 비자금 특검 수사는 이건희에게 큰 위기였지만, 결과적으로는 그 위기가 도리어 큰 '행운'으로 바뀐 것이다.

이 대목에서 고대 희랍의 비극작가 에우리피데스가 애용하던 대사가 떠오른다. 《메데이아》와 《알케스티스》, 《헤카베》, 《안드로마케》 등 에우리피데스의 작품 말미에 코러스의 형식으로 등장하는 대사다.

"신의 힘은 여러 가지 모습으로 나타나는 법.
신께서는 많은 것을 예상과 다르게 이루시지요.
우리가 바랐던 것이 이루어지지 않는가 하면,
바라지도 않았던 것을 위해 신께서는 길을 찾아내지요.
여기 이 사건도 그렇게 일어난 것이라오."

12가지 고역을 마친 헤라클레스가 자유로워졌듯이 이건희 역시 특검 수사라는 고역을 거친 다음에는 오히려 자유로워졌다. 한 가지 미결과제가 남아 있다. 이건희는 2008년 4월 경영쇄신안을 발표하면서 조세포탈 문제가 제기된 차명계좌에 대해 실명전환과 함께 세금을 납부한 후 남는 돈을 '유익한 일'에 쓰겠다면서 사회환원 방침을 밝혔다. 다만 삼성그룹 지배구조에서 핵심적인 위치를 차지하는 삼성생명 주식은 제외한다고 못 박았다. 그러나 이후 이건희의 사회환원에 관한 소식은 더 이상 없다. 이건희의 사회환원 계획이 발표되자 보험소비자연맹에서는 약정된 확정배당금을 지급하지 않은 삼성생명의 유배당 보험계약자에게 그것을 지급하라고 요구하기도 했다. 그러나 이 역시 메아리는 들리지 않았다.

중국 전국시대에 진(秦)나라의 재상을 맡고 있던 장의(張儀)는 초나라에 가서 제나라와의 관계를 끊으면 사방 600리의 땅을 선사하겠다고 약속했다. 초나라는 약속을 이행했지만, 진나라는 쓸모없는 사방 6리의 땅만 내놓았다. 이와 마찬가지로 이건희는 사회환원 약속을 근사하게 했지만, 실제로 이행한 것은 없다. 사방 6리는커녕 사방 1리도 내놓지 않았다.

삼성생명의 역할

삼성생명을 빼놓고는 이건희 시대에 삼성그룹이 걸어온 역정과 삼성그룹의 지배구조를 이야기할 수 없다. 과거나 지금이나 삼성생명은 삼성그룹 지배구조의 핵심 중의 핵심이다. 현재 삼성생명의 주주구성을 보면 이건희가 20.76% 지분을 가진 최대주주이고, 이어 통합 삼성물산이 19.34%, 삼성문화재단이 4.68%, 삼성생명공익재단이 2.18%를 각각 보유하고 있다. 이건희와 삼성 계열사들이 47.6%를 보유하고 있어 안정적인 지배권을 구축한 상태다. 이재용도 0.06% 보유하고 있다. 아울러 삼성생명은 삼성전자 7.5%, 삼성물산 4.8%, 호텔신라 7.9%, 에스원 6.2% 등의 지분을 보유하면서 이건희 일가의 삼성그룹 지배를 뒷받침한다.

삼성그룹은 1963년 7월 동방생명을 인수해 1989년 7월 1일자로 그 이름을 삼성생명으로 바꿨다. 삼성생명은 생명보험사 가운데 자산규모 1위에 올라 있어 자타가 공인하는 국내 최대의 보험회사다. 2010년 5월 증권시장에 상장되기 전까지 언제나 숱한 논란의 한가운데 있었다.

경제개혁연대의 조사 결과 삼성생명은 2012년 3월 말 현재 23개 계열

회사 주식을 보유하고 있다. 이들 계열사 주식의 장부가액은 18조 1천억 원에 이르러 전체 출자회사 주식가치 18조 3천억 원 가운데 99%를 차지한다. 이 같은 가치평가액도 장부가에 의한 것이어서 시가를 기준으로 다시 계산하면 훨씬 더 클 것이다. 예를 들면 삼성전자의 주가는 삼성생명이 이 회사의 주식을 취득할 당시에 비해 엄청나게 올랐다. 현행 보험업법에 의하면 보험회사가 자기계열 회사의 주식 또는 채권에 투자할 수 있는 한도는 총자산의 3%와 순자산의 60% 가운데 작은 금액이다. 지난 2012년 3월 말 현재 삼성생명의 총자산은 160조 원, 순자산은 17조 7천억 원이므로 보험업법에 따른 투자한도는 총자산 기준으로는 4조 8천억 원, 순자산 기준으로는 10조 6천억 원이다. 결국 삼성생명이 계열사 주식 또는 채권에 투자할 수 있는 한도는 4조 원대다. 그런데 유독 보험업법에서는 보유주식의 가치를 시가가 아니라 취득원가로 평가하도록 돼 있다. 그 괴리가 제법 크다. 이를테면 2012년 3월 말 현재를 기준으로 할 경우 삼성생명이 보유하고 있는 계열사 주식의 취득원가는 2조 2천억 원 수준이지만, 이를 시가로 평가하면 17조 원에 이른다. 삼성생명이 7% 이상의 삼성전자 지분을 유지하고 있는 것노 결국 보험업법에 규정된 취득원가에 의한 평가방식 때문에 가능하다. 삼성생명이 보유하고 있는 삼성전자 지분의 가치는 취득원가 기준으로는 5690억 원에 불과하지만, 시가로 평가하면 13조 5천억 원을 넘어선다.

이에 대해 이종걸 의원이 보험회사 보유 주식에 대한 평가기준을 장부가에서 시가로 바꾸는 내용의 보험업법 개정안을 2014년 제출했다. 개정안대로 바뀔 경우 삼성생명이 보유 중인 삼성전자 주식의 가치가 크게 오르므로 삼성생명은 투자한도를 크게 초과하며, 초과분은 정리돼야 한다.

이종걸 의원의 개정안에는 해당 주식을 5년 동안 분할매각할 수 있도록 규정돼 있었지만, 매각 자체가 삼성으로서는 받아들이기 어렵다. 이런 법안만 통과돼도 삼성의 지배구조에는 혁명적인 변화가 일어날 것이다. 그러나 바로 이 때문에 현실적으로 그것은 수용되기 어려웠다. 이 법안이 통과된 후 삼성그룹의 삼성전자 지배가 유지되려면 삼성의 다른 계열사들이 삼성전자 주식을 매입해 주어야 한다. 그렇지만 이를 떠맡을 만한 계열사가 사실상 없다. 정부와 한국사회가 삼성과 삼성전자의 경영권 안정이 필요하다고 판단하는 한 이 같은 개정안은 수용되기가 쉽지 않다. 실제로 보험업법 개정안은 제19대 국회에서 통과되지 못하고 폐기됐다. 그렇지만 이종걸 의원은 제20대 국회에 또다시 개정안을 제출했다. 다만 분할매각 기간을 5년에서 7년으로 늘렸다. 제19대 국회와 달리 제20대 국회는 경제민주화를 요구하는 야당이 다수 의석을 차지하고 있기에 상황이 상당히 달라졌다. 따라서 이 법안이 앞으로 어떻게 처리될지 관심을 가지고 지켜볼 필요가 있다. 아마 삼성도 지금쯤 이를 놓고 상당히 긴장하고 있을 듯하다.

삼성생명 지분구조 형성 과정

여기서 삼성생명이 현재와 같은 지분구조를 갖게 된 경위를 되짚어볼 필요가 있겠다. 삼성생명은 1988년 9월 주주배정 방식 유상증자를 실시했다. 이에 따라 자본금이 30억 원에서 60억 원으로 늘어났다. 당시 삼성생명의 주식 가운데 48%는 임직원 명의로 돼 있었고, 나머지 52%를 신세계(29%)와 제일제당(23%)이 나누어 보유하고 있었다. 그런데 유상증자 과정에서 신세계는 실권해 지분이 29.00%에서 14.50%로 낮아졌고, 제일제당도 유상증자에 불참해 지분이 23.00%에서 11.50%로 떨어졌다. 신세계와 제일제당의 지분 합계가 52%에서 26%로 낮아진 것이다. 실권주 26% 가운데 10%를 이건희가 인수했고, 삼성문화재단(5.0%), 삼성에버랜드(2.25%), 이종기 전 삼성화재 대표이사(5.0%)도 나누어 받았다. 이들의 지분을 모두 합치면 22.25%다. 실권주 가운데 나머지 3.75%는 누구의 손으로 들어갔는지 행방이 묘연하다. 아마도 삼성 임원의 이름을 내세운 차명주주들에게 넘어갔을 것이라는 추정이 유력하다. 이런 주장을 경제개혁연대가 꾸준히 제기했고, 삼성그룹도 삼성특검 수사 과정에서 사실상 시인했다. 결국 삼성생명의 전체 주식 중 무려 51.75%가 차명으로 돼 있었던 셈이다.

이 같은 지분구조는 1997년 4월 3일 큰 변화를 맞이한다. 삼성에버랜드가 삼성생명 지분 18.42%를 전현직 삼성 임직원 11명으로부터 취득했다. 이건희도 지분 16%에 해당되는 주식을 전현직 삼성 임원 15명으로부터 매입했다. 이에 따라 삼성생명에 대한 이건희의 지분은 26%로 확대됐고, 삼성에버랜드의 지분도 20.67%로 늘어났다. 이건희와 삼성에버랜드의 삼성생명 지분이 합쳐서 34.42%포인트나 증가한 것이다. 그만큼 전현직 삼성 임직원의 지분은 감소했다. 이때 이건희와 삼성에버랜드가 삼성생명 주식을 인수한 가격은 주당 9000원에 불과했다. 이는 말하자면 이병철 창업회장으로부터 이어져 온 차명주식을 실명화한 과정이었다.

삼성자동차 문제를 해결하는 과정에서 또 한 차례 큰 변화가 일어난다. 1999년 6월 30일 삼성그룹은 삼성자동차에 대한 법정관리를 신청한 데 이어 7월 8일 삼성자동차 부채 해결을 위해 이건희의 사재를 출연하겠다고 밝혔다. 이건희가 내놓은 사재는 삼성생명 주식 400만 주였다. 이를 통해 삼성자동차의 부채 2조 8000억 원을 해소하겠다는 것이었다. 삼성은 주당 70만 원씩 350만 주(2조 4500억 원)를 채권단에 넘기고, 하청업체에 위로금으로 50만 주(3500억 원)를 양도하기로 했다. 이건희와 삼성은 "삼성생명의 상장을 전제로 기존 출연주식으로 2조 8000억 원의 부채를 해소하는 데 부족할 경우 이건희 회장이 사재를 추가로 출연하겠다"고 덧붙였다.

이에 따라 이건희가 소유하던 삼성생명 주식 400만 주가 1999~2000년에 삼성자동차 채권단과 협력업체에 양도됐다. 협력업체에 할당된 주식은 삼성광주전자 등 삼성 계열 3개사가 주당 70만 원에 다시 매입했다. 이에 따라 이건희의 지분은 4.54%로 낮아졌다. 이처럼 이건희의 지분이 표면적으로는 상당히 낮아졌지만, 아직 차명주식이 남아 있기에 이건희가 경영권을 유지하는 데는 어려움이 없었다.

삼성특검이 진행되던 2008년 4월까지도 16.22%의 지분은 전현직 삼성 임원 11명의 이름으로 돼 있었다. 삼성 측은 이들 지분이 모두 이병철 선대회장으로부터 상속받은 것이라고 설명했다. 그렇지만 그 가운데 3.75%는 1988년 유상증자 때 신세계와 제일제당이 실권한 주식 중 일부였던 것으로 추정된다. 이건희의 매제로 삼성화재 회장을 지낸 이종기의 지분 4.68%(93만 6천 주)는 그런 가운데서도 따로 유지됐다. 이종기의 지분은 그가 2006년에 세상을 떠난 뒤에 삼성생명공익재단에 기부됐다. 이종기의 지분도 차명이라는 의심을 받았지만 사실이 그랬는지 여부는 규명되지 않았다. 삼성생명공익재단은 이종기가 기부한 삼성생명 지분 가운데 일부를 2014년에 매각해 현재는 2.18%만 들고 있다.

이건희는 삼성특검 기소 사건에 대한 재판이 진행 중이던 2008년 12

월 31일 차명주식 324만 4800주를 본인의 이름으로 실명전환했다. 이로써 이건희의 지분은 4.54%에서 20.76%로 늘어났고, 비로소 이건희가 최대주주로 등장했다. 물론 그 전에도 이건희가 최대주주이기는 했지만 그의 지분이 다른 사람의 이름으로 돼 있었기에 표면상으로는 그가 최대주주가 아니었다. 그런데 실명전환을 통해 글자 그대로 최대주주가 된 것이다.

이건희는 이렇게 장기간 많은 주식을 차명으로 보유하고 있었음에도 별다른 제재를 받지 않았다. 상속세도 시효가 지나 납부하지 않았다. 다만 이로 말미암아 삼성에버랜드가 삼성생명의 최대주주라는 '오해'를 사고, 훗날 이맹희 등으로부터 반환소송을 당해 한동안 법정싸움을 벌여야 했을 뿐이다. 그 밖에 이건희에게 특별히 불편한 것은 아무것도 없었다.

'통정매매'의 주된 파트너

삼성생명은 이건희가 삼성그룹에 대한 지배권을 확대하고 이어 아들 이재용에게 물려주는 과정에서 헤아릴 수 없을 만큼 중요한 역할을 맡았다. 이재용이 비상장 계열사의 주식을 사들였다가 상장 후 매각하는 과정에서 '통정매매'의 주된 파트너가 돼 준 것도 삼성생명이었다.

2007년 11월 12일 천주교 정의구현사제단이 공개한 'JY 유가증권 취득 일자별 현황' 문건, 그 뒤에 조준웅 삼성특검팀이 발표한 수사결과, 경제개혁연대 등 시민단체가 추적해 밝힌 내용 등을 종합해 보면 삼성생명의 역할이 무엇이었는지가 대부분 드러난다. 예를 들어 1996년 1월 에스원이 상장되자 회장비서실 재무팀과 삼성생명 사이에 이재용의 에스원 주식 매물을 삼성생명이 즉시 받아준다는 계획이 준비됐다. 이에 따라 이재용은 그해 8월 7~9일에 에스원 주식 2만 주를 주당 29만 5500~30만 7000원의 가격으로 삼성생명에 매도했다. 에스원이 상장되기 전인 1994년에 삼성에버랜드 등으로부터 주당 1만 9천 원에 사들인 12만 1880주 가운데 일부였다. 이 거래를 통해 이재용은 60억 5662만 원을 마련했다. 이재용은 이 자금 가운데 55억 6100만 원을 들여 같은 해 8월 12일 에스원 유상증자에 참여했다. 이때 주식 2만 7301주를 주당 20만 3700만 원에 받았다. 이어 8월 17일에 에스원의 무상증자 주식 3만 1958주를 취득했다. 이재용은 그해 11월 13일 보유 중이던 에스원 주식 가운데 1만 주를 21만 2169원에 팔아 21억 2100만원을 마련하고, 그 다음날에도 2만 주를 주당 20만 1090원에 매각해 40억 2100만 원을 확보했다. 이때의 매수자도 삼성생명이었다. 11월 19일에도 에스원 주식 3만 주를 주당 19만 644원의 가격으로 처분해 57억 1900만 원의 자금을 수중에 넣었다. 이때 주식을 사준 업체도 삼성생명이었다. 이런 방식으로 이재용은 그해 11월 중 에스원 주식 6만 주를 매각해 103억 원을 만들었다. 이 가운데 48억여 원은 삼성에버랜드 전환사채 인수자금으로 썼고, 15억여 원은 서울통신기술 전환사채 인수에 사용했다.

경제개혁연대에 따르면 이재용은 1997년 2월 5일 남아있던 에스원 주식 10만 1139주를 일괄 매각했다. 이재용은 또한 1994~95년에 삼성엔지니어링 신주인수권 인수와 유상증자 참여 등을 통해 확보한 18억 6000만 원어치의 주식도 1996년 12월 상장 후 2차례에 걸쳐 전량 매각했다. 이때 매수자도 주로 삼성생명이었던 것으로 추정된다. 이에 따라 삼성생명이 보유한 삼성엔지니어링 지분은 6.2%로 늘어났다. 삼성화재의 삼성엔지니어링 지분 1.34%를 더하면 두 계열 금융사가 7.54%의 삼성엔지니

어링 지분을 갖게 된 셈이다.[55]

이 같은 통정매매는 1997년 3월 1일에 '금융산업 구조개선에 관한 법률(금산법)'이 시행되기 전에 벌어졌다. '금융기관의 합병 및 전환에 관한 법률' 대신으로 제정된 금산법의 제24조는 동일계열 금융기관이 비금융 계열사의 지분을 5% 이상 보유하는 것을 금지했다. 이런 내용의 금산법이 시행되면 삼성생명이 에스원 지분을 5% 이상 소유하는 것이 금지되므로, 이 법이 시행되기에 앞서 이재용의 에스원 지분을 삼성생명에 넘겼다는 의심을 받기에 부족함이 없었다.

금산법도 위반

1998년 11월 17~19일에는 이재용이 보유 중이던 제일기획 주식 29만 9375주 전량을 매각했다. 매각가격이 146억 1000만 원이었으므로 141억 원 상당의 시세차익을 남겼다. 그 가운데 일부인 14만 주는 삼성화재로 들어간 것으로 추정된다. 삼성화재의 제일기획 지분이 1997년 말 0주에서 1998년 말 14만 주(9.72%)가 된 것이다. 삼성생명이 보유한 제일기획 지분 0.96%와 합치면 두 삼성 계열 보험회사의 제일기획 지분이 10.68%에 이르렀다. 이는 동일계열 금융회사가 비금융 계열사 지분을 5% 이상 취득할 수 없도록 규정한 금산법 제24조를 위반한 것이었다. 그럼에도 당시 금융감독 당국은 아무런 조치도 취하지 않았다. 2004년에 금융감독원이 금산법 위반 실태를 조사할 때에도 이 문제는 노출되지 않았다. 사실 노출되지 않은 것인지, 금감원이 노출시키지 않은 것인지는 알 수 없다.

1999년 1월에 삼성생명은 보유 중인 한일투신운용과 한빛투신운용의 주식 30만 주씩을 한빛은행이 보유 중인 삼성투신운용 주식 60만 주와 교환하기로 한빛은행과 합의했다. 그런데 이 교환거래에서 삼성투신운용 주식 인수자가 갑자기 삼성생명에서 이재용 4남매로 바뀌었다. 금융감독원의 조사 결과 삼성생명은 이 때문에 10억 원가량의 기대이익을 상실했다. 반면 경제개혁연대의 조사 결과 이재용 4남매는 삼성투신운용 지분 34.9%를 확보했다. 참으로 기상천외한 거래였다. 삼성생명은 이렇게 손실을 감수하면서 이재용의 경영권 세습에 확실한 '후원자' 노릇을 한 것이다.

부실 계열사 지탱

삼성생명은 부실화된 계열사를 지탱하거나 정리하는 데서도 중요한 역할을 담당했다. 삼성생명은 1997년 1월부터 1999년 6월까지 한빛은행 등 5개 은행의 특정금전신탁을 이용해 삼성자동차의 기업어음(CP) 1210억 원어치를 매입하고 외환은행 등 4개 은행의 후순위채를 매입하면서 이들 은행에 삼성자동차 등 4개 삼성 계열사의 사모사채 2380억 원어치를 매입하도록 유도했다. 1999년 6월에는 삼성자동차에 무담보로 1500억 원을 신용대출해 주었다. 삼성자동차가 법정관리를 신청하기 직전의 일이었다. 삼성자동차가 부실기업이었으니 대출금을 회수하기 어려운 상황이라는 사실을 삼성생명도 잘 알고 있었을 것이다. 그럼에도 삼성생명은 삼성자동차가 단지 계열사였기에 이처럼 거액을 대출해준 것이다. 이로써 삼성자동차에 대한 삼성생명의 대출이 총 5400억 원으로 늘어났다. 금융감독원이 1999년 12월 발표한 '삼성 계열 금융기관에 대한 연계검사 결과'에 따르면 삼성생명을 비롯해 삼성생명투신운용과 삼성화재, 삼성증권 등 삼성의 금융 계열사들이 한도를 초과하는 기업어음 매입, 유상증자 참여,

유가증권 매매 등 갖가지 방식으로 부실 계열사를 도와줬다. 그 모두가 고객이 맡긴 돈으로 저질러진 것이었다. 말하자면 금융 계열사 고객들의 희생 덕분에 삼성그룹 계열사들의 부실경영이 은폐된 셈이다.

이에 대해 금융감독위원회는 1999년 12월 24일 삼성생명 법인과 그 임직원들을 문책했다. 부실 계열사인 삼성자동차에 대한 4200억 원의 신용대출과 한빛은행과의 희극적인 주식교환 거래에 대한 책임을 한꺼번에 물은 것이다. 공정거래위원회도 2001년 1월 삼성투신운용 지분을 저가에 양도함으로써 이재용 등에게 자본이득을 얻게 했다며 2억 1천만 원의 과징금을 삼성생명에 부과했다. 삼성생명이 이재용의 경영권 승계 과정에서 수행한 역할에 비춰본다면 이 정도의 과징금은 사실 가벼운 찰과상에 불과한 것이었다.

삼성카드 살리기에도 한몫

2003년 신용카드 부실사태 처리과정에서도 삼성생명은 중요한 역할을 떠맡았다. 부실화된 삼성카드 구하기에 나선 것이다. 삼성카드는 삼성그룹이 1988년 3월 코카(KOCA)카드를 인수해 이름을 바꾼 것이다. 이 회사는 그해 5월 이름을 삼성신용카드로 바꾸고 1995년 9월 다시 삼성카드로 변경했다. 삼성카드는 2000년대 초 김대중 정부의 내수부양 정책에 따른 신용카드 사용 확대 정책에 힘입어 한때 호황을 누렸다. 그러나 2003년 들어 신용카드 남발의 후유증이 터져 나오고 카드빚 연체 사태가 빚어지면서 모든 신용카드회사들이 급격히 부실의 늪에 빠졌다. 삼성카드 역시 예외가 아니었다. 계열사인 삼성캐피탈도 동반 부실에 빠졌다. 그러자 삼성 계열사들이 삼성카드 구하기에 나섰다.

2003년 12월 삼성카드는 함께 부실화돼 있던 삼성캐피탈을 흡수합병하기로 했다. 삼성카드는 또 2004년 3월까지 1조 원을 증자하기로 결정했다. 삼성카드의 증자에는 기존 주주인 삼성전자뿐만 아니라 삼성생명도 제3자배정 또는 실권주 인수 방식으로 참여하기로 했다. 삼성생명은 삼성카드에 출자하기 위해 재경부와 금융감독원 등에 보험업법상의 계열사 투자한도를 완화해 달라고 요청했다.

삼성생명의 삼성카드 출자는 생명보험회사 자산운용 규제에 대한 '시험'이었다. 보험업법상 계열사에 대한 금융회사의 유가증권 투자 및 대부한도는 1999년 김대중 정부의 '5+3 원칙'에 따라 자산 대비 3%에서 2%로 줄어들었다. 5+3 원칙은 김대중 대통령이 1998년 대통령에 취임할 무렵 재계와 약속한 5대 기본과제와 1999년 8.15 경축사에서 밝힌 보완과제 3가지를 말한다. 5대 기본과제는 기업경영 투명성 제고, 상호지급보증 해소, 재무구조 개선, 핵심기업 설정, 지배주주와 경영자 책임 강화다. 보완과제 3가지는 제2금융권 지배구조 개선, 순환출자 억제 및 부당내부거래 차단, 변칙적인 상속증여 방지를 가리킨다. 이것은 외환위기를 초래한 원인을 제거하기 위해 필요한 과제들로서, 상호지급보증 해소 등 일부과제에서는 성과를 거두었다. 그렇지만 상당부분은 약화되거나 흐지부지되거나 뒤집어졌다. 계열사에 대한 금융회사의 유가증권 투자 및 대부 한도를 축소한 것이 바로 그런 경우다. 2001년 증권시장이 침체되자 정부는 증시 수요기반 확대를 명분으로 2001년 9월 29일 시행령 개정을 통해 한도를 다시 3%로 확대했다. 2002년 6월에는 보험업법 개정안이 발표됐다. 시행령 개정으로 완화된 재벌 금융회사의 투자 및 대부 한도를 법적으로 뒷받침하기 위한 것이었다. 개정안은 5대 재벌 진입장벽 폐지, 대주주에 대한 자산운용 규제 완화 등을 담고 있었다. 자산운용 규제는 자산 기준에서 자기자본 기준으로 바뀌었다. 신용공여는 자산의 2% 또는 자기자본의 40% 가운데 적은 금액으로, 채권 및 주식투자 한도는 자산의 3%와 자기자본의 60% 가운데 적은 금액으로 변경됐다. 이 개정안은 오랜 논란이 이어진 끝에 2003년 4월 30일 통과됐다.

그런데 자산 기준 3%로 커진 투자한도조차 삼성카드 구하기에는 장애물이었다. 당시 삼성생명의 자산이 64조여 원이었으므로 출자는 2조 원 이상 할 수가 없었다. 이미 1조 5천억 원은 다른 계열사에 출자돼 있기 때문에 추가로 출자할 수 있는 금액은 5천억 원 수준에 불과했다. 이에 따라 금융감독위원회는 삼성생명이 삼성카드에 1조 원을 출자하는 것은 불가능하다고 일단 결론지었다. 2004년 2월에는 삼성생명이 계열사에 대한 신용공여 한도를 확대해 달라고 금융감독위원회에 요청했다. 보험업법 규정에 따라 보험회사가 대주주나 자회사에 신용을 공여할 수 있는 한도는 기업구조조정을 위해 필요한 경우 예외적으로 자기자본의 10%까지 늘릴 수 있었다. 삼성생명이 삼성카드에 대한 신용공여 한도를 늘려달라고 한 것은 바로 이를 근거로 한 것이었다. 삼성의 이런 '노력'에 대한 반응이 나왔다. 2004년 3월 26일 금융감독원위원회는 삼성카드에 대한 삼성생명의 신용공여 한도를 5조 원으로 설정하고 출자도 7500억 원까지 할 수 있도록 허용했다. 보험업법 제107조의 예외규정을 처음으로 적용한 것이다. 삼성카드는 2004년 3월 유상증자를 실시했다. 삼성전자가 6000억 원을 출자했고, 삼성생명도 7247억 원을 출자했다. 삼성생명은 삼성전기와 삼성물산 등 기존 주주회사의 실권주를 인수하는 방식으로 참여했다.

그럼에도 삼성카드의 경영은 상당기간 정상화되지 않았다. 이 때문에

2005년 3월 11일 삼성전자는 삼성카드에 5576억 원을 추가로 출자하기로 했다. 이에 따라 삼성카드에 대한 삼성전자의 출자는 총 1조 6493억 원으로 늘어났다. 다행히 그 후 삼성카드의 경영은 정상화됐다. 때문에 삼성전자의 추가 지원은 더 이상 필요하지 않았다.

당시 삼성카드의 부실을 마냥 방치할 수는 없었다는 점에서 삼성생명의 이 같은 지원은 불가피한 측면도 있다. 삼성카드의 경영을 안정시켜야 신용불량자의 기하급수적 증가를 막을 수 있었던 것이다. 금융당국이 삼성생명의 삼성카드 지원을 허용한 배경에는 그런 고민이 있었을 것이다. 그 무렵 똑같이 부실화된 LG카드의 경우 LG그룹에서 완전히 포기하고 산업은행에 넘겼다. 당시 LG카드의 경우 대주주 구씨 일가나 그룹 계열사로부터 아무런 지원도 받지 못했기 때문이다. 이에 비해 삼성은 계열사를 동원해 자금을 수혈함으로 삼성카드를 살려냈다. 그러나 원칙에 입각해서 말한다면 삼성카드의 경우에도 기존 주주의 지분에 대한 감자 등의 조치를 먼저 취해야 했다. 이는 부실기업 구조조정의 기본원칙이다. 그런데 삼성카드의 경우 이런 원칙은 지켜지지 않았다.

순환출자 구조 확립

삼성으로서는 삼성생명의 삼성카드 구하기를 통해 또 하나의 부수효과를 누렸다. 삼성에버랜드→삼성생명→삼성카드→삼성에버랜드로 이어지는 순환출자 구조가 확립된 것이다. 당시 순환출자는 금지사항은 아니었다. 참으로 환상적인 지배구조가 구축된 것이다. 결국 삼성생명은 그동안 계약자를 위해 운영됐다기보다는 이건희 일가의 경영권 승계를 뒷받침하고 부실 계열사를 지원하는 통로 역할을 해왔다. 이건희 일가로서는 보물덩어리였던 것이다. 심하게 말하면 총수 일가의 사금고나 다름없었다.

그런데 그런 보물덩어리는 본질적으로 보험계약자가 낸 보험료로 조성된 것이다. 따라서 상당부분은 보험계약자의 몫이다. 전부가 이건희 개인 또는 그 일가의 자산은 아닌 것이다. 모아진 자산을 잘 운용해 회사를 성장시킨 대주주와 경영진의 노고도 물론 존중할 만한 것이지만, 원천적으로 계약자가 낸 보험료가 있기에 그것도 가능한 일이다. 따라서 이익이 나고 잉여금이 발생할 경우 회사 발전을 위해 필요한 몫을 제외하고는 계약자에게 돌려주라는 것이 건전한 상식의 판단이요 요구다. 비근한 예로 의료보험의 경우 흑자를 내고 재정의 여유가 생기면 보험료를 인하하거나 보장혜택을 늘리는 등의 방법으로 계약자에게 혜택을 돌려주는 것이 옳다. 그러나 이건희와 삼성그룹은 삼성생명의 자산을 부실 계열사 지원과 경영권 승계 공작에 동원했다. 넓은 의미의 '배임'이라는 생각을 떨쳐버리기가 참으로 어렵다.

삼성생명은 지금도 삼성그룹의 지배구조에서 중심적인 위치를 차지하고 있다. 정점에는 통합 삼성물산이 있지만, 삼성물산과 다른 계열사들을 연결하는 고리에 바로 삼성생명이 있는 것이다. 특히 금융 계열사에 대한 출자를 통해 그룹 전체를 사실상 지배하는 구조다. 이에 따라 후술하는 바와 같이 삼성생명을 중심으로 한 금융지주회사 출범의 가능성이 높게 점쳐지고 있다.

삼성생명 상장

이건희가 삼성자동차의 부채 문제를 해결하기 위해 삼성생명 주식을 내놓기로 한 것은 삼성생명의 상장을 전제로 한 것이었다. 그리고 상장에 따른 자본이득을 대부분 주주의 몫으로 삼겠다는 뜻을 암암리에 깔고 있었다.

삼성생명은 상장 준비를 오래전에 마치고 때를 기다리고 있었다. 1988년 9월 유상증자를 실시한 데 이어 1990년 2월 상장을 위한 자산재평가도 마쳤다. 이에 따라 삼성생명은 재평가차익 중 876억 원을 자본으로 전입시켜 놓았다. 삼성생명은 1983년에도 자산재평가를 실시해 20억 원을 자본으로 전입시킨 바 있다. 삼성생명은 1999년 5월 28일 주주총회와 이사회를 열어 수권자본금을 960억 원에서 3000억 원으로 늘리고 납입자본금도 기존의 936억 원에 우리사주 증자분을 더해 996억 원으로 증액했다. 납입자본금 가운데 지배주주가 직접 납입한 자본은 40억여 원에 불과했다. 여기에 축적돼 있던 이익잉여금까지 더한 자기자본은 7천억 원으로 늘어났다. 이 역시 오로지 지배주주의 노고에 의한 것이라고 보기 어렵다. 어쨌든 삼성이 보기에 삼성생명을 상장할 시기는 무르익은 셈이었다. 삼성은 그 다음 달에 삼성자동차에 대한 법정관리를 신청했다.

이건희는 부실한 삼성자동차를 정리하면서 동시에 삼성생명의 상장이라는 해묵은 숙원사업을 해결하기 위한 '신의 한 수'를 만들어가고 있었다. 이때부터 생명보험회사 상장의 타당성 여부와 상장에 따른 자본이득의 배분 문제를 둘러싸고 논란이 본격화됐다. 삼성이 삼성자동차에 대한 법정관리 신청 방침을 발표한 1999년 6월 30일 당일에 이헌재 금융감독위원장은 삼성생명과 교보생명의 상장을 허용하겠다는 입장을 밝혔다. 이헌재 위원장은 이에 대한 비판론이 일자 7월 1일 일단 유보 방침을 밝히며 한발 물러나는 듯하다가 7월 3일 다시 허용 방침을 밝혔다. 다만 공청회 등을 거쳐 상장차익 배분 문제를 결정하겠다는 입장을 덧붙였다. 삼성으로서는 삼성생명의 상장이라는 오래된 숙원사업을 해결할 기회가 온 것이다.

이와 관련해 참여연대는 즉각 논평을 발표하고 생명보험회사 상장의 방향에 관한 의견을 제시했다. 상장에 따른 자본이득의 분배 비율에 대한 사회적 합의가 필요하다는 것이었다. 주주와 계약자 사이에 자본이득을 어떤 비율로 배분할 것인지에 대한 세심한 검토와 의견수렴이 전제돼야 한다고 참여연대는 주장했다. 참여연대는 보험계약자에게 자본이득을 분배할 경우 현금 지급이나 보험료 감액보다는 주식을 나눠주는 방식이 검토돼야 한다는 제안까지 내놓았다. 다만 계약자 가운데 과거 계약자에게 자본이득을 돌려주는 것은 현실적으로 어려우므로 사회복지사업에 출연하는 형태가 돼야 한다는 의견이었다.

2003년 구성된 생명보험회사 상장자문위원회의 검토 결과 생명보험회사에 상호회사적 특성이 포함돼 있다는 결론이 내려졌다. 그러나 상장차익을 독차지하려는 업계는 이 같은 검토결과를 수용하지 않고 버텼다. 금융감독위원회는 2003년 10월 17일 생명보험회사 상장 방안을 제시하지 않을 것이라고 발표했다. 이정재 금융감독위원장이 연내에 해결하겠다고 했던 생명보험회사 상장 문제가 또다시 해를 넘기게 됐다. 금융감독위원회는 이날 "정부안을 발표하더라도 해당 기업이 수용하지 않으면 강제할 방법이 없다"고 그 이유를 밝혔다. 결국 상장자문위의 보고서는 발표도 되지 않은 채 폐기되고 상장은 또다시 지연됐다.

상장이 지연됨에 따라 자산재평가 차익에 대한 법인세의 납부를 언제까지 유예해 줄 것인지가 쟁점으로 떠올랐다. 삼성생명은 1990년의 자산재평가 차익에 대해 법인세를 내야 했지만, 상장이 안 돼 10년 넘게 납부유예 조치를 받았다. 그렇지만 2003년 상장이 무산되자 더 이상 유예는 안 된다는 지적이 일었다. 김진표 당시 경제부총리도 "삼성생명과 교보생명에 대한 법인세 납부유예를 더 이상 연장하지 않겠다"고 밝혔다. 결국 삼성생명과 교보생명은 가산세를 포함해 모두 3143억 원과 2520억 원의 법인세를 2004년에 납부했다. 그러나 가산세 1900억 원은 2005년에 환급됐다. 삼성생명은 여기에서 만족하지 않고 1244억 원의 세금 부과 자체가 부당하다며 2005년 7월 소송을 제기해 2013년 3월 대법원에서 최종 승소했다. 삼성생명은 결국 자산재평가 차익에 대해 한 푼의 세금도 내지 않은 셈이다.

2007년에 일방적으로 내려진 결론

생명보험회사의 상장 문제는 한동안 잊혔다가 2007년에 다시 본격적으로 거론됐다. 2007년 1월 제3차 생명보험회사 상장자문위원회(위원장 나동민 박사)는 생명보험회사의 상장 문제에 대해 '역사적'인 결론을 내렸다. "생명보험회사는 완전한 주식회사이며 상장에 따른 자본이득은 모두 주주 몫"이라고. 뒤이어 그해 4월 증권선물위원회가 '생명보험회사 상장을 위한 유가증권 상장 규정' 개정안을 의결했고, 금융감독위원회가 이를 승인했다. 윤증현이 위원장을 맡고 있을 때였다. 이러한 일방적인 상장 진행에 대한 반발 여론을 무마하기 위해 생명보험업계가 공동으로 20년 동안 총 1조 5천억 원 규모의 공익기금을 조성하는 것을 골자로 한 사회공헌사업 추진방안이 마련됐다. 삼성생명은 그중 7천억 원을 내기로 했다. 그런데 그 금액을 2007년 당시의 현재가치로 환산하면 2656억 원에 지나지 않는다고 경제개혁연대는 평가했다. 어쨌든 생명보험회사의 상장은 그 다음부터 일사천리로 진행됐다. 동양생명이 2009년 10월에 가장 먼저 상장했고, 이어 대한생명(지금의 한화생명)이 2010년 3월 유가증권시장에 데뷔했다. 삼성생명은 2010년 4월 23일 주식 공모가를 11만 원(액면가는 500원)으로 결정하고, 총 4443만 7420주를 공모하기로 했다. 이 같은 절차를 마치고 삼성생명은 2010년 5월 12일 정식으로 유가증권시장에 상장했다. 삼성생명은 구주매출 방식으로 상장했는데, 매출 대상 구주는 삼성자동차 채권단과 신세계, CJ 등 계열분리 친족그룹이 보유하고 있던 물량 4443만 7420주였다. 같은 구주라도 최대주주인 이건희 자신과 2대주주인 삼성에버랜드가 가지고 있는 주식은 대상이 아니었다. 이건희는 삼성특검과 관련해 실명전환한 324만 4800주를 포함해 모두 415만 1918주를 보유하고 있었는데, 주식 액면분할로 4151만 9180주로 보유 물량이 늘어났다.

삼성생명의 구주매출에서 이건희와 삼성에버랜드가 보유한 물량이 제외된 것은 그렇게 하지 않으면 삼성에버랜드→삼성생명→삼성전자를 핵심 줄기로 하는 그룹 지배구조가 흔들릴 수 있기 때문이었다. 또 그룹의 지배권을 이재용에게 승계하려면 이건희로서는 자신의 삼성생명 지분을 남겨두는 것이 중요했다. 이건희는 삼성생명의 상장을 통해 엄청난 규모의 상장차익을 누렸을 뿐만 아니라 삼성의 기존 지배구조도 온전히 지켜 냈다. 일석이조 또는 그 이상의 성과를 거둔 셈이다. 이건희와 삼성은 이렇듯 삼성생명의 상장 문제에서도 기막힌 '수완'을 발휘해서 소기의 목적을 달성했다. 모든 것을 뜻대로 성취한 것이다. 반면 계약자는 소외됐다. 보험회사의 상장차익은 배당 지급이나 보험료 인하 등의 형태로 보험계약자에게 돌려주는 것이 원칙이지만, 이 같은 원칙은 실종되고 말았다. 그 대신 남은 것이라곤 '공익재단' 하나였다.

생명보험회사의 상장 과정에서 출범한 공익재단이란 생명보험사들의 출연금으로 2008년에 설립된 '생명보험사회공헌재단'을 가리킨다. 삼성이 삼성생명의 상장을 통해 얻은 이익이 태산이라면, 이 재단에 대한 삼성의 출연금은 바위 하나라고 할 수 있겠다.

4장 | 삼성과 공권력

금산분리 문제

1997년에 우리나라가 겪은 외환위기와 IMF 구제금융은 전대미문의 재앙이었다. 6.25전쟁처럼 피를 흘리는 사태는 아니었지만, 그것이 국민생활과 나라경제에 무차별적으로 끼친 파괴적 영향은 자못 컸다. 이처럼 비극적인 사태를 유발한 원인에는 여러 가지가 있지만, 삼성생명의 기아자동차 지분 매집 사건도 그중 하나라고 할 수 있다. 삼성생명은 기아자동차 지분을 대량으로 매집함으로써 기아자동차를 인수하려 한다는 관측을 불러일으켰다. 물론 삼성은 부인했지만, 객관적인 정황상 삼성의 지분매집 의도에 대한 의구심을 가라앉히지 못했다.

그런 사태의 재발을 막기 위해 만들어진 법이 '금융산업의 구조개선에 관한 법률(금산법)'이다. '금융기관의 합병 및 전환에 관한 법률' 대신으로 제정된 금산법은 1997년 3월 1일부터 시행됐다. 금산법 제24조에는 재벌계열 금융회사가 비금융 계열사의 지분을 5% 이상 소유하려면 금융감독위원회의 승인을 받아야 한다고 규정됐다. 산업과 금융의 분리를 위한 규정이다. 2000년에는 이 같은 금지사항을 어긴 금융회사 임원은 1년 이

하의 징역 또는 1천만 원 이하의 벌금에 처한다는 처벌조항도 신설됐다.

그러나 이 법은 취지대로 이행되지 않았다. 많은 재벌 금융회사들이 여전히 비금융회사 지분을 법이 허용하는 한도 이상으로 소유하고 있었다. 이에 금융감독위원회가 2004년 일제조사를 통해 삼성, 현대차, 동부, 동양, 태광 등 13대 재벌의 계열 금융회사들이 금산법을 어기고 있음을 확인했다.

삼성그룹의 경우 삼성생명과 삼성카드가 금산법이 허용하는 범위를 넘어서는 비금융회사 지분을 소유하고 있었다. 2000년 12월 31일 현재 삼성생명은 삼성전자 7.0%를 비롯해 호텔신라 7.3%, 에스원 5.3%, 삼성물산 4.8%, 삼성중공업 3.9% 등의 지분을 갖고 있었다. 삼성카드는 삼성에버랜드 14.0%와 올앳 30.0%의 지분을 갖고 있었고, 삼성캐피탈은 삼성에버랜드 11.6%와 삼성정밀화학 3.1%의 지분 소유자였다. 삼성카드와 삼성캐피탈이 보유한 삼성에버랜드 지분은 합쳐서 25.64%에 달했다.

삼성 계열 금융회사들은 에스원과 제일기획 지분도 보유하고 있었는데, 이 역시 금산법 위반 상태였다. 에스원의 주주구성을 보면 1997년 12월 현재 삼성생명이 9.95%의 지분을 갖고 있었는데, 10년 뒤인 2007년에는 삼성생명, 삼성증권, 삼성화재, 삼성카드가 모두 합쳐 9.54%의 지분을 갖고 있었다. 삼성생명이 홀로 갖고 있던 에스원 지분이 여러 금융 계열사들로 분산됐을 뿐 금산법 위반이라는 점에서는 다를 바 없었다.

제일기획에 대해서는 1997년 말에 삼성화재 9.72%, 삼성생명 0.96%를 합쳐 같은 그룹의 금융회사 둘이 10.68%를 보유해 역시 금산법을 어긴 상태였다. 다만 1999년에는 이런 금산법 위반 상태로부터 탈출했다. 삼성엔지니어링도 1997년 금산법 시행 당시에는 법 위반 상태였다. 삼성엔지니어링에 대해서는 1997년 말 현재 삼성생명이 6.20%, 삼성화재가 1.34%를 보유해 합쳐서 7.54%의 지분을 갖고 있었다. 그 뒤에 두 금융회사는 지분매각을 통해 금산법 위반 상태에서 벗어났다. 에스원과 삼성엔지니어링에 대한 삼성 계열 금융회사들의 금산법 위반 상태는 이재용과 계열 금융회사 사이의 통정매매에서 비롯됐다. 이재용이 싸게 확보한 이들 비상장 계열사의 주식을 상장 후 금융 계열사들이 받아준 것이다.

삼성생명은 만성적인 금산법 위반자다. 1997년 금산법이 시행되기 전부터 삼성전자 지분을 5% 넘게 보유하고 있었고, 그 상태는 아직도 변함없다. 삼성생명은 2015년 12월 말 현재까지도 삼성전자 지분 7.5%를 가지고 있다. 호텔신라 7.9%, 에스원 6.2%, 삼성중공업 3.4%의 지분도 보유 중이다.

또 2004년 2월 삼성카드가 부실화된 삼성캐피탈을 인수함에 따라 새로운 중대문제가 발생했다. 삼성캐피탈이 보유하고 있던 지분까지 합쳐 삼성에버랜드 지분 25.64%를 삼성카드가 소유하게 된 것이다. 삼성카드의 삼성에버랜드 지분 소유는 중앙일보 계열분리 과정에서 파생된 것이다. 1998년 12월 중앙일보가 삼성그룹으로부터 계열분리되면서 보유하고 있던 삼성에버랜드 지분 10%를 삼성카드에 매각하고 삼성캐피탈에도 7.05%를 넘겼다. 이어 1999년 4월에는 삼성에버랜드의 유상증자에 삼성카드와 삼성캐피탈이 참여하여 두 회사의 삼성에버랜드 지분이 각각 14%와 11.6%로 늘어났다. 그런데 삼성캐피탈을 삼성카드가 인수함으로써 삼성캐피탈이 갖고 있던 삼성에버랜드 지분이 고스란히 삼성카드로 넘어갔다. 경위야 어떻든 간에 정부의 승인 없이 금산법을 심각하게 위반한 것이다. 삼성은 계열분리와 구조조정을 위해 우발적으로 빚어진 결과라며 예외로 인정받거나 사후승인이라도 받아 그대로 유지하고자 했다. 삼성의 입장을 이해하지 못할 바는 아니지만, 그것이 정답이라고 할 수는 없다. 우선 애초에 삼성카드와 삼성캐피탈이 삼성에버랜드 주식을 5% 이상 취득한 것 자체가 법을 어긴 행위였다. 삼성에버랜드 주식이 그토록 중요하다면, 이건희 총수 일가가 자신들의 사재를 들여 직접 사들이는 것이 정상이다. 그런데 계열사, 특히 금융계열사가 그것을 인수하게 한 것은 당시에 엄연히 시행되고 있었던 금산법을 노골적으로 어긴 것이다. 백보 양보하여 중앙일보가 계열분리되는 과정에서 중앙일보가 갖고 있었던 삼성에버랜드 주식을 금융계열사가 떠맡게 된 것은 어느 정도 이해해줄 수 있을지 몰라도, 삼성에버랜드의 유상증자에까지 참여해 지분을 더 늘린 것은 도저히 용인될 수 없는 일이었다.

금융감독위원회는 2004년 7월 삼성카드가 금산법을 어긴 것이라고 결론지었다. 기아자동차 지분을 10.4% 보유 중이던 현대캐피탈에 대해서도 같은 판단을 내렸다. 그렇지만 매각명령 등 시정조치는 취하지 않고 고의로 법을 위반한 것이 아니라는 이유로 자체해소 계획을 제출하라는 요청만 내놓았다. 이로써 삼성카드는 삼성에버랜드 지분을 계속 보유할 수 있도록 일단 '허락' 받은 결과가 됐다. 아울러 삼성에버랜드→삼성생명→삼성카드→삼성에버랜드의 순환출자 구조 역시 그대로 유지될 수 있게 됐다.

이는 그 전해에 동부그룹에 대해 취해진 엄격한 조치와는 극명한 대조를 이루는 '관대한' 결정이었다. 금감위는 2003년 7월 4일 아남반도체 주식 9.68%를 취득하면서 승인을 받지 않은 동부화재와 동부생명에 문책기관경고와 시정명령을 내렸다. 즉 5%를 초과하는 지분을 매각하라고 요구한 것이다.

반면 삼성의 금산법 위반에 대해서는 재정경제부와 금융감독 당국이 미온적인 태도를 취했다. 삼성생명의 삼선전자 지분은 1997년 3월 금산법 시행 당시 보유하고 있었던 것이므로 '승인의제'된 것이라는 논리로 삼성을 감싸기까지 했다. 그러니 삼성에 초과지분 매각명령이나 의결권 제한 등의 제재를 가하는 데는 소극적이었다. 삼성에 대한 정부 당국의 미온적인 태도는 삼성공화국 논란을 야기하고 증폭시켰다. 정부가 삼성 앞에서는 난쟁이 같아 보였던 것이다. 그 논란은 2005년 절정에 다다랐다.

정부의 태도를 아주 이해할 수 없는 것은 아니었다. 정부가 보기에 우리나라의 대표기업 삼성전자의 경영권을 지켜주고 삼성전자가 이건희의 지휘 아래 계속 성장하도록 뒷받침해줄 필요가 있었을 것이다. 만약에 삼성전자가 어려움을 겪거나 외국 투기자본으로부터 경영권 공격을 받을 경우 우리나라 경제는 추락하고 말 것이라는 두려움이 컸을 것이다. 그리고 많은 국민들이 이 같은 정부의 두려움에 공감했다. 삼성 역시 외국 투기자본에 경영권을 탈취당할 위험성을 끊임없이 제기했다. 삼성에 대한 비판론자도 삼성전자를 이건희나 삼성의 품에서 떼어내라는 등의 주장을 감히 펴기는 어려웠다. 어쨌든 정부로서는 삼성전자의 경영권을 지켜줘야 한다는 '책임감' 같은 것을 느꼈을지 모른다. 2001년 김대중 정부가 단행한 공정거래법 개정도 이 같은 '책임감'이 반영된 것이라고 할 수 있다. 김대중 정부는 공정거래법 제11조를 고쳐 재벌 금융회사의 계열사 의결권을 30%까지 허용해 주었다. 공정거래법 제11조3항에는 임원의 선임 또는 해임, 계열회사의 다른 회사로의 합병, 영업의 전부 또는 주요부분의 다른 회사로의 양도 등 경영권 변동 사항에 대해 '예외적'으로 계열 금융보험회사의 의결권 행사가 '제한적'으로 허용돼 있다. 사실상 핵심 경영안건에 대해서는 계열 금융사의 의결권을 인정한 셈이다.

과거에는 재벌 금융회사가 보유한 계열사 주식에 대해서는 의결권이 인정되지 않았다. 그런데 김대중 정부는 외환위기를 극복하는 과정에서 국내 자본시장을 전면 개방했다. 이에 따라 국내 주요 대기업의 외국인 지분이 갈수록 높아졌다. 이 때문에 해외 투기자본의 적대적 인수합병(M&A) 위협과 경영간섭으로부터 국내 기업의 경영권을 지켜달라는 요구가 재계에서 일어났다. 그런 주장의 합리성 여부를 떠나 정부로서는 큰 부담을 느끼게 됐다. 외국자본의 자유로운 유입을 전면 허용한 정부로서는 만에 하나 있을지도 모를 외국 투기자본에 의한 국내 대기업 경영권 탈취의 가능성을 방어해야 할 책임도 있었다. 그러니 재계의 요구를 무조건 무시할 수만은 없었다. 오히려 재계의 논리를 어느 정도 수용하지 않을 수 없었다. 특히 삼성전자의 경영권을 외국자본의 공격 위협으로부터 지켜줘야 한다는 삼성의 논리를 외면하기 어려웠다.

이 같은 의결권 확대 조치로 가장 큰 덕을 본 재벌은 역시 삼성이었다. 당시 삼성은 은행을 제외한 여러 금융 계열사를 거느리고 있었고, 이들 금융 계열사가 비금융회사의 지분을 많이 보유하고 있었기 때문이다. 지금도 마찬가지이지만 당시에도 금융회사와 비금융회사 사이의 거미줄 같은 출자망이 삼성의 경영권을 지켜주고 있었다. 결국 공정거래법 개정은 삼성을 위한 입법이었다고 해도 과언이 아니다.

그런데 노무현 정부가 들어서면서 상황이 바뀌었다. 노무현 정부는 의결권 조항을 원상회복하겠다는 의욕을 보였다. 김진표 당시 경제부총리가 2003년 12월 30일 '시장개혁 3개년 로드맵'을 발표했다. 이듬해 1월에 제시한 '산업자본의 금융지배에 따른 부작용 방지 로드맵'에도 비은행 금융회사 대주주의 전횡을 막기 위한 조항 등이 들어가 있었다. 정부가 금융자본과 산업자본의 분리와 투명한 금융거래 질서 확립을 위해 의욕을 보인 것이다. 이에 대해 당시 야당인 한나라당이 삼성전자가 M&A당할 수 있다는 등의 논리를 내세워 완강하게 반대했고, 여당인 열린우리당도 소극적으로 움직였다. 이 때문에 로드맵 추진 의지는 약화됐다. 의결권 행사를 완전히 없애겠다던 애초의 '의욕'과 달리 의결권 한도를 지분 15%까지 단계적으로 낮추는 방안으로 후퇴했다. 공정거래위원회는 2004년 6월 재벌 금융회사의 계열사 의결권 제한을 위한 구체적인 계획을 발표했다. 의결권 한도를 30%에서 2006년부터 해마다 5%씩 낮춰 2008년에는 15%로 줄이겠다는 것이었다. 이를 위한 법 개정안이 2005년 통과됐다. 2007년 4월 기준으로 삼성전자에 대한 삼성그룹 내부지분율은 18.51%(2333만 8172주)였다. 이 가운데 15%를 넘는 3.51%(442만 2913주)가 새로운 공정거래법에 의해 2008년부터 의결권을 행사할 수 없게 된 것이다.

삼성은 이런 의결권 제한 조치에 극렬하게 저항했다. 삼성은 2005년 6월 28일 삼성생명, 삼성화재, 삼성물산 등 3개 계열사의 이름으로 헌법재판소에 위헌심판을 청구했다. 사실 우리나라에 재벌이 여럿 있지만 이 조항에 사활적인 이해관계를 가진 재벌은 삼성뿐이었다. 따라서 삼성이 가장 민감하게 반응한 것은 당연한 수순이었다. 그러나 삼성의 저항은 삼성 X파일 사건이 터지면서 무뎌졌다. 결국 2006년 2월 7일 이건희가 '국민에게 드리는 말씀'을 통해 8000억 원의 사회헌납을 발표함과 동시에 위헌심판 청구를 취하했다.

삼성은 그 직후 삼성에버랜드 주식 10만 6149주(4.25%)를 교육부에 기부하고 삼성고른기회장학재단(나중에 삼성꿈나무장학재단으로 개칭)을 설립했다. 교육부는 2007년 7월 기부받은 삼성에버랜드 주식을 매각하거나 활용하도록 한국학술진흥재단(현 한국연구재단)에 맡겼다. 이 주식은 다시 같은 해 12월 한국장학재단으로 넘겨졌다.

"삼성 요구 받아쓰기 법안"

금산법 개정 문제도 뜨거운 논란의 연속이었다. 2004년 11월 입법예고된 금산법 개정안은 제24조를 위반한 경우 해당 주식에 대해 처분명령을 내릴 수 있게 하는 시정조치권을 명문화했다. 그렇지만 2005년 7월 5일 국무회의에 상정된 정부 개정안의 부칙에는 사족이 붙어 있었다. 금산법 시행 당시 금융회사가 소유하고 있던 계열사 지분이 주식소유한도(5%)를 넘을 경우 그때의 소유지분만큼을 주식소유한도로 본다는 조항이었다. 이 법안이 그대로 시행되면 삼성생명은 보유 중이던 삼성전자 지분을 계속 보유할 수 있게 된다. 의결권도 제한받지 않는다. 더욱이 삼성생명이 소유할 수 있는 삼성전자 지분이 2005년 법 개정을 논의할 무렵에는 7.25% 였다가 1997년 법 시행 당시의 지분 8.55%로 늘어나게 된다. 또 1997년 금산법 시행 이후 법상 한도를 넘어 취득한 주식에 대해 매각명령 등 시정조치권을 발동하되 이미 소유하고 있는 지분에 대해서는 의결권만 제한하는 내용의 부칙도 문제가 됐다. 이 조항이 그대로 시행되면 삼성카드가 갖고 있는 삼성에버랜드 지분 25.6%는 그대로 합법화된다. 다만 5%를 넘어서는 20.6%의 의결권만 제한받게 된다. 이 법안에 대해 재경부는 과거의 법위반 상태를 제재하는 것은 소급입법이라고 주장했다. 그렇지만 삼성의 요구를 받아쓰기한 법안에 불과하다는 비판이 쏟아졌다.

그런데 이 법안은 정부안이라기보다는 사실상 재경부안이었다. 재경부는 사전에 공정거래위원회 등 관련 부처와 제대로 협의도 하지 않았고, 차관회의에 올려 사전논의를 하는 절차도 거치지 않았다. 결국 국회의 심의 과정에서 문제점을 전면 재검토한다는 단서를 붙여 국무회의를 간신히 통과했다. 그러나 그 뒤에 정부와 여당인 열린우리당 등 정치권의 논란과 공방이 거세졌고, 이 때문에 정부안 확정이 지연됐다.

그 무렵 중요한 사건들이 줄지어 일어났다. 국회 재정경제위원회 박영선 의원이 2005년 5월 금융감독원으로부터 받은 금산법 위반 10개 금융회사와 13개 피투자회사의 명단에 삼성생명의 삼성전자 지분 보유 사실이 들어 있지 않았다. 당연히 고의적 은폐라는 의혹이 불거졌다. 삼성생명의 삼성전자 지분 보유는 어제오늘의 일이 아닌데도 누락됐다는 것은 고의성을 의심받기에 충분했다. 이어 안기부 X파일 사건이 터졌다. 이 사건은 이미 삼성에 대해 들끓던 여론을 결정적으로 악화시켜 '삼성공화국' 논란을 더욱 가열시켰다. 또 2005년 10월 4일 삼성에버랜드 전환사채 사건에 대한 1심 재판에서 삼성에 유죄 선고가 내려졌다. 이 때문에 그해 국회 국정감사는 '삼성국감'이라고 불릴 만큼 삼성그룹 문제가 집중적으로 거론됐다. 삼성그룹 문제가 마치 블랙홀처럼 다른 모든 현안을 빨아들였다. 한 재벌의 문제 때문에 정부와 국회는 물론 사회 각계각층이 그토록 뜨거운 논쟁을 벌인 경우는 아마도 전무후무할 것이다. 이런 숱한 논란을 거치고 나서 2006년 2월 정부의 금산법 개정안이 발의됐다. 발의된 이후에도 논란은 그치지 않았다. 결국 큰 진통을 겪은 끝에 법안은 그해 12월에야 국회를 통과하고 2007년 1월 26일 공포됐다.

그런데 그 내용은 다소 우스꽝스러웠다. 1997년 금산법 제정 이전부터 보유하고 있던 초과지분에 대해 위법한 것으로 규정하기는 하지만 특별한 제재 없이 2년간의 유예기간을 거쳐 의결권을 제한한다는 것이었다. 이에 따라 삼성생명과 삼성화재의 삼성전자 지분 보유는 인정하되 5% 초과분에 대해서는 2년의 유예기간을 거쳐 의결권이 제한되기 시작했다. 다만 제한의 근거와 기준 등은 직접 규정하지 않고 공정거래법 제11조를 준용하는 것으로 규정됐다.

흑기사 자처한 KCC

삼성카드의 삼성에버랜드 지분도 중요한 문제였다. 금산분리 원칙에서 보면 용인될 수 없는 것이었지만, 삼성으로서는 이건희의 그룹지배 구조나 경영권 승계구도 등 모든 측면에서 예민한 사안이었다. 삼성에버랜드는 당시에 이미 삼성그룹 지배구조의 정점에 있었다. 따라서 삼성의 입장에서는 삼성에버랜드 주식을 계열사나 총수 일가가 쥐고 있어야 했다. 때문에 삼성카드가 갖고 있던 삼성에버랜드 지분을 가능하면 그대로 보유할 필요가 있었다. 그럼에도 개정 금산법에 따라 1997년 금산법 제정 이후 취득한 5% 초과 지분은 의결권이 곧바로 제한되고 5년 이내에 매각할 의무를 지게 됐다. 이에 따라 삼성카드가 가지고 있던 삼성에버랜드 5% 초과지분(20.64%)에 대해서는 의결권이 곧바로 제한됐다. 아울러 5년 안에 자발적으로 해소하도록 말미를 주되, 기한 내에 해소되지 않을 경우 매각명령이 발동되는 것으로 정리됐다.

시간은 흐르고 금산법에 규정된 5년의 유예기간 마감일이 다가오고 있었다. 이에 삼성카드는 2011년 11월 에버랜드 주식 25.64% 가운데 17%에 해당되는 42만 5천 주를 KCC에 매각했다. KCC가 총 7739억 원을 지불하면서 흑기사로 나선 것이었다. 그래도 여전히 3.46%가 남았다. 금융위원회는 2012년 5월 17일 삼성에버랜드 지분 8.64% 중 5% 소유한도 초과분을 8월 16일까지 처분하라고 삼성카드에 명령했다. 초과지분 해소 시한 5월 26일을 9일 앞두고 이 같은 명령을 내리면서 또다시 4개월 가까운 시간을 벌어주었다. 결국 삼성에버랜드는 초과분 9만 1053주(3.64%)를 자사주로 매입했다.

돌이켜보면 노무현 정부 시기에는 삼성과 관련된 많은 사건이 일어났고, 금산분리 문제도 그 가운데 하나였다. 만약 그때 삼성이 의결권 제한도 수용하지 않고 금산분리도 따를 수 없다고 버텼으면 어떻게 됐을까? 만약 안기부 X파일 사건 같은 돌발사건이 없었으면? 어쩌면 삼성은 끝까지 버텼을지도 모르겠다는 생각을 필자는 지금도 버리기 어렵다. 그 당시 노무현 정부가 '진보정권'이라는 평가를 받았지만 삼성에 대해서는 진보적이지 않았다. 공정하거나 냉정한 것도 아니었다. 재경부가 금산법 개정안에 삼성의 초과지분을 용인하는 부칙을 한때 삽입했던 예에서 볼 수 있듯이 오히려 감싸기도 했다. 극단적인 가정이기는 하지만 삼성이 오늘까지 의결권 제한을 수용하지 않고 버텼다면 금산법과 공정거래법에 규정된 의결권 제한 조항은 어떤 운명을 맞이했을까? 아마 아직까지도 정치권에서 논란이 계속되고 의결권 제한에 대한 삼성의 헌법소원도 받아들여져 위헌 또는 헌법불합치 결정이 내려졌을지도 모르는 일이다. 그러는 이유와 논리를 내세우려고 한다면 얼마든지 만들어낼 수 있는 것이니까.

삼성은행 논란

삼성에 금산분리 원칙을 적용하는 문제에 관한 논란은 '삼성은행' 논란으로 번졌다. 삼성이 은행업에 진출한다는 관측 또는 억측이 꼬리를 물고 일어났다. 특히 삼성그룹은 막대한 규모의 자산을 보유하고 있는 국내 최대의 생명보험사인 삼성생명을 거느리고 있으므로, 이를 보험지주회사로 발전시키고 나아가 은행업에 진출할 기회를 노릴 것이라는 의심이 커졌다. 이런 관측에 기폭제가 된 것은 YTN의 보도였다. YTN은 2007년 8월 30일 '금산분리 논란, 초점은 삼성은행'이라는 내용의 보도를 통해 삼성이 은행 진출 로드맵을 작성했다고 보도했다. 삼성이 삼성은행을 출범시키기 위해 금산분리 원칙을 공격하는 논리를 개발하고 로비작업을 펼칠 계획이라는 요지의 보도였다. 이어 해당 문건의 전문이 2007년 10월 17일 국회 재정경제위원회 국정감사에서 심상정 의원에 의해 공개됐다. 이 문건은 2005년 5월 삼성금융연구소에 의해 작성되고 삼성 금융사장단회의에서 채택된 것으로 알려졌다. 삼성이 머지않아 은행 진출을 추진할 것이라는 항간의 추측을 뒷받침하는 유력한 증거였다. 정부의 금융정책이 문건의 내용대로 돼가는 듯한 모습을 보였기에 문건의 진실성이 더욱 확실해 보였다.

묘하게도 문건이 작성됐다고 하는 그 무렵에 윤증현 금융감독위원장이 '개인적 소신'임을 앞세워 금산분리 원칙의 폐기를 주장했다. 개인적인 소신으로 그런 주장을 펼 수는 있겠지만, 금융감독위원장의 자리에 앉아 있으면서 그런 주장을 편 것은 참으로 놀라운 일이었다. 소신이 그렇다면 차라리 금융감독위원장 자리를 내놓은 뒤에 했어야 하는데, 현직에 있으면서 직책의 책임에 역행하는 주장을 폈기 때문이다.

재경부는 2007년 12월 27일 보험지주회사의 자회사 소유 규제를 완화하고 보험사에 지급결제 업무를 허용하는 것을 골자로 한 보험업법 개편 방안을 제시했다. 보험지주회사 산하에 금융자회사와 비금융자회사를 동시에 둘 수 있도록 허용하고, 금융자회사의 자산운용에 대한 규제도 대폭 완화한다는 것이었다. 이 법안대로라면 삼성그룹은 삼성에버랜드를 보험지주회사로 전환하고 삼성에버랜드→삼성생명→삼성전자→삼성카드로 이어지는 출자구조를 그대로 유지할 수 있게 된다. 삼성그룹의 지배체제도 더욱 공고해진다.

나아가 노무현 정부 말기에 이르면서 은행 소유 규제를 풀어버리려는 시도가 점차 확연해졌다. 특히 한나라당에서 대통령후보 자리를 놓고 경쟁을 벌이고 있었던 이명박은 잇따라 금산분리 원칙을 완화해야 한다는 주장을 내놓았다. 금산분리 원칙을 지나치게 엄격하게 강조한 결과 외국 자본의 국내은행 지배가 심화되고 국내자본이 역차별받게 됐다는 주장이었다. 당시 은행법에 의하면 동일인이 금융감독위원회의 승인 없이 의결권 있는 은행 주식을 10% 이상 소유하는 것이 금지돼 있었다. 또 비금융회사가 의결권 있는 은행 주식을 4% 이상 소유할 수 없도록 규정돼 있었다. 의결권을 포기할 경우에만 10%까지 소유하는 것이 허용됐다. 말하자면 이런 한도를 높이자는 것이 완화론자들의 주장이었다.

이 같은 움직임은 2008년 2월 25일 이명박 정부가 출범하면서 보다 구체화되기 시작했다. 2008년 3월 31일 금융위원회(위원장 전광우)는 이명박 대통령에게 업무보고를 할 때 금산분리 규제의 장기적 폐지, 비은행지주회사에 대한 규제 완화 등 '금융규제 혁파'를 추진하겠다고 보고했다. 그중에는 보험회사의 자회사 소유 규제 완화와 함께 비금융회사를 비은행금융지주회사의 자회사로 두는 것을 허용한다는 계획이 들어 있었다. 2007년 12월 27일 재경부가 밝힌 보험업법 개편 방안과 유사한 내용이었다.

은행과 산업의 분리는 3단계에 걸쳐 없애겠다는 것이 금융위의 계획이었다. 1단계로 사모투자전문회사(PEF)와 연기금 등의 은행 지분 보유에 대한 규제를 완화하고, 2단계로 4%로 돼 있는 산업자본의 은행 지분 보유 한도를 10%나 15%로 올리겠다는 것이었다. 그리고 마지막으로 산업자본의 은행 지분 보유한도 자체를 완전히 없앤다는 구상이었다. 참으로 대담하고 용감한 발상이었다.

이 같은 금산분리 완화가 계획대로 진행된다면 가장 큰 수혜자는 삼성이 될 가능성이 컸다. 다른 재벌들은 은행에 진출할 욕심을 가지고 있다고 보게 할 정도로 큰 금융회사를 가지고 있지 않았다. LG의 경우는 2003년 카드사태를 계기로 금융업에서 완전히 손을 뗀 상태였다. 그렇지만 삼성은 달랐다. 비은행지주회사, 이를테면 보험지주회사에 대한 규제 완화가 허용되면 삼성에버랜드나 삼성생명이 보험지주회사로 전환해서 삼성전자를 비롯한 비금융 계열사들을 자회사로 거느리는 데 제약이 없어지는 것이다.

이명박 정부는 2008년 10월 14일 은행법과 금융지주회사법 개정안을 입법예고했다. 은행법 개정안은 비금융주력자, 즉 산업자본이 은행에 대해 보유할 수 있는 의결권 행사 가능 지분의 한도를 4%에서 10%로 높이고, 산업자본의 출자지분이 30% 미만인 PEF는 산업자본으로 간주하지 않는 다는 것이 골자였다. 금융지주회사법 개정안은 금융지주회사를 은행지주, 보험지주, 금융투자지주로 나누고, 비은행 금융지주회사에 대해서는 금융 계열사뿐만 아니라 비금융계열사도 지배할 수 있도록 허용하는 내용이었 다. 다만 보험지주회사가 설립된 경우 보험자회사가 비금융 손자회사를 거 느리는 것은 허용하지 않도록 돼 있었다. 이 단서조항만 피해갈 수 있다면 삼성생명 보험지주회사가 설립될 경우 그 지주회사는 산하에 삼성생명 외 에 삼성전자를 비롯한 제조업 계열사들도 지배할 수 있게 되는 것이다.

먼저 은행법 개정안이 2009년 4월 30일 통과됐다. 이로써 은행 경영 권에 대한 산업자본의 접근이 훨씬 용이해졌다. 다만 막판 통과 과정에서 산업자본의 은행 지분 소유 상한선이 애초 안의 10%에서 9%로 낮아졌다.

이어 2009년 6월 9일 은행지주회사에 대한 산업자본의 소유 규제를 완화하는 것을 골자로 한 금융지주회사법 개정안이 국무회의에서 의결됐 다. 법안은 우여곡절 끝에 2009년 7월 22일 국회도 통과했다. 종합편성 채널 TV를 허용하는 미디어법안이 소란 속에 통과될 때 곁다리로 통과됐 다. 국민의 시선이 온통 종편 문제에 쏠려 있었기에 금융지주회사법 개정 안 처리는 특별한 주목을 받지 않았다.

겁 없는 법안

당시는 2008년 미국발 금융위기로 세계 각국이 앞 다퉈 금융업에 대한 규제를 강화할 때였다. 금융에 대한 규제를 과도하게 풀어놓은 조치가 초래한 참담한 결과를 뼈저리게 체험했기 때문이었다. 그런데 이명박 정부가 마련한 법안은 이 같은 세계적 흐름을 180도 역행하는 것이었다. 이처럼 세계적 조류를 역행하는 법안을 당시 정부가 어떤 생각으로 내놓았는지 건전한 상식으로는 참으로 이해하기 어려운 일이었다. 참으로 겁 없는 법안이었다.

정부가 그런 역행을 감행한 것은 과연 누구를 위한 것이었고, 무엇 때문이었을까? 경제개혁연대는 정부가 내놓은 법 개정안을 '삼성 맞춤형 설계도'라고 혹평했다. 금산분리 완화가 결국은 금융산업 경쟁력 제고를 명분으로 재벌의 자본을 금융산업에 끌어들이고 은행을 재벌의 사금고로 만들 가능성이 컸기 때문이었다. 당시의 경제상황이나 여러 재벌의 상태를 살펴보아도 이들 금산분리 완화 법안은 다분히 삼성을 의식해서 만들어졌고, 그것의 가장 큰 수혜자도 삼성이 될 것이라는 분석이 지배적이었다. 대형 재벌 가운데 삼성만큼 금융 분야에 계열사와 자산을 많이 가지고 있는 곳은 사실상 없었다. 삼성은 한미은행과 대구은행 지분을 보유하고 있었다. 그러므로 삼성이 은행업 진출 기회를 호시탐탐 노리고 있다는 관측이 유력했다. 필자도 만약 그러한 삼성이 없었다면 이명박 정부가 그토록 무리하게 은행법과 금융지주회사법의 개정을 강행하지는 않았을 것이라고 생각한다.

요컨대 2009년에 이명박 정부는 은행법과 금융지주회사법을 개정하는 것을 통해 삼성이 은행업에 진출하도록 주단을 깔아주었다고 해도 과언이 아니다. 그러나 이명박 정부는 그 '보람'을 맛보지는 못했다. 삼성은 끝내 그 주단을 밟지 못한 것이다. 삼성의 발목을 잡은 것은 2007년 김용철 변호사의 삼성 비자금 폭로였다. 김 변호사의 폭로에 이어 삼성특검 수사가 진행되자 이건희가 2008년 4월 22일 퇴진하면서 은행업에 진출하지 않겠다고 스스로 천명한 것이다. 이명박 정부가 좋은 조건을 만들어주긴 했지만 삼성그룹이 차마 이건희 회장의 말을 뒤집을 수는 없었다. 만약 김용철 변호사의 폭로와 삼성특검 수사가 없었다면 삼성이 지금쯤 정말로 은행업에 진출해 있었을지도 모른다.

2012년 대통령 선거 당시에는 도리어 경제민주화 요구가 거세졌다. 은행에 대한 산업자본의 지분 제한도 9%에서 4%로 다시 강화됐다. 따라서 당분간 삼성이 다시 은행업 진출을 시도할 가능성은 없다. 과거와는 상황이 달라져서 삼성이 은행업에 진출하는 것을 시장과 국민이 용인하지도 않을 것이다. 이 때문에 삼성의 은행업 진출에 대한 억측은 일단 잦아들었다.

창과 방패

삼성은 자유당 정권 시절인 1950년대에 한때 우리나라 은행의 '대부'가 된 적이 있다. 1956년 이승만 대통령의 지시로 국영 상태에 있던 은행의 민영화가 추진됐다. 그때 이병철 창업회장이 훗날 한일은행으로 바뀐 흥업은행의 주식 매각 입찰에 참여해 낙찰받았다. 이로써 삼성은 83%의 지분을 가진 흥업은행의 대주주가 됐다. 이어 삼성은 조흥은행 주식의 55%도 사들였다. 뿐만 아니라 흥업은행 신탁부가 가지고 있던 상업은행 주식 33%도 자동적으로 인수했다. 이로써 삼성은 대형 제조업체는 물론이고 대형 시중은행의 절반 이상을 지배하는 전대미문의 재벌이 됐다. 이병철은 자서전 《호암자전》에서 삼성이 은행 경영권을 차지한 것은 임의로 금융기관을 운영하려고 그런 것이 아니었다고 술회했다. 우리나라 금융기관의 근대화를 실현하기 위한 일념에서 그랬다는 것이다. 따라서 은행장을 비롯한 은행 경영진에게 일상적인 경영업무를 다 맡겼다고 이병철은 강조했다.

그러나 1961년 5.16 군사정변 후 삼성은 그동안 소유하고 있었던 은행주를 헌납하고 은행 경영에서 손을 떼게 됐다. 삼성은 1980년 신군부가 정권을 장악한 후에는 동양방송(TBC)을 빼앗겼다. 두 경우 모두 삼성은 몹시 아쉽고 아까웠을 것임은 충분히 짐작된다. 그렇기에 삼성은 은행과 방송에 대한 미련을 오래도록 거두지 못했을 듯하다. 기회만 있으면 다시 하고 싶은 마음이 간절했을 것이다. 그렇지만 빼앗긴 경위가 어떠하든 본업이 아닌 다음에야 깨끗이 잊는 것이 현명할 것이다.

더욱이 한 재벌이 은행과 제조업을 동시에 지배하는 것은 아무래도 불합리하다. 이론적으로나 경험적으로나 제조업과 금융기관은 서로 다르다. 이익을 추구하는 본성이야 동일하지만, 그 방식이 근본적으로 다르다. 도식적으로 표현한다면 제조업을 하려면 대체로 진취적, 적극적이어야 하지만, 금융은 안정을 중시하는 '보수적' 사업이다. 그 차이는 창과 방패만큼이나 크다. 금융과 산업은 서로 견제와 균형을 유지해야 하는데 하나의 재벌이 양쪽을 동시에 지배하는 것은 불합리할 뿐만 아니라 위험하기도 하다. 이는 지난날 우리 경제가 흘러온 역사를 돌이켜봐도 쉽게 알 수 있다.

만약 삼성에 은행업이 허용된다면 어떤 일이 벌어질까? 우리는 앞에서 삼성생명이 삼성자동차와 삼성카드를 비롯한 부실 계열사를 지원하고 이재용의 경영권 승계와 관련된 통정매매의 파트너가 되어 주는 등의 역할을 수행했음을 보았다. 2008년 삼성 비자금 특검의 수사과정에서도 우리 은행이 삼성 비자금과 관련된 차명계좌 개설 창구로 이용된 사실이 드러났다. 우리은행이 삼성그룹의 금융회사가 아닌데도 그런 일이 벌어졌던 것이다. 그러니 은행이 직접 삼성의 지배를 받는다면 오죽할까? 말 그대로 삼성의 사금고가 되고 말 것임은 불을 보듯 명확하다. 그리고 삼성자동차나 삼성카드의 경우처럼 부실기업을 연명시키는 돈줄 노릇이나 하게 되지 않을까?

완전히 포기했을까?

은행업은 이명박 정부의 '규제완화'로 삼성에 한 발짝 가까워졌다가 다시 멀어지고 말았다. 그렇지만 삼성이 은행업 진출을 정말로 완전히 포기했을까? 이 물음에 대해 여전히 "확실히 그렇다"고 대답하기는 어렵다. 여전히 삼성이 남모르는 사이에 기회를 노릴 것이라는 의심을 버릴 수 없다. 삼성증권이 2015년 1월 29일 내놓은 '인터넷 전문은행 도입에 따른 국내 금융의 미래'라는 보고서는 이런 관점에서 특히 기억해 둘 만하다. 삼성증권은 이 보고서에서 산업자본의 은행 지분을 4% 이하로 제한하고 있는 금산분리 규제를 인터넷 전문은행에 한해 풀어야 한다고 주장했다. 삼성증권은 보고서에서 일본의 전자회사 소니의 소니뱅크를 산업자본의 금융 진출과 관련해 성공모델로 제시하기도 했다. 이 같은 주장은 다분히 삼성그룹 또는 삼성전자를 염두에 둔 것이라는 관측이 있다. 물론 그 의도는 아직 분명하지 않으나, 지금까지 삼성의 움직임을 돌이켜볼 때 그런 가능성을 배제할 수 없다. 아직까지 인터넷은행에 대한 금산분리 규제는 풀리지 않았다. 그렇지만 앞으로도 이 규제가 계속 유지될 수 있을 것이라고는 누구도 장담할 수 없다.

금융지주회사인가 아닌가

2004년 4월 7일 삼성은 참여연대로부터 뼈아픈 일격을 당했다. 참여연대가 삼성에버랜드에 대해 '규제받지 않는 금융지주회사'라고 주장하고 나선 것이다. 공정거래법상 자산총액 1천억 원 이상 기업의 총자산에서 금융 계열사 주식 총액의 비중이 50%를 넘으면 '금융지주회사'로 규정된다. 또 금융지주회사법 제3조에 따르면 금융지주회사는 금융감독위원회로부터 인가를 받아야 한다.

이 규정에 의거하면 삼성에버랜드는 금융지주회사이지만 금융감독위원회로부터 인가를 받지 않았다는 것이 참여연대의 주장이었다. 실제로 2003년 말 기준으로 삼성에버랜드가 보유 중인 삼성생명 주식 386만 8800주의 평가액이 1조 7377억 원에 이르러 자산총액 3조 1749억 원의 55%를 차지했다. 이에 따라 삼성에버랜드는 금융지주회사에 해당됨에도 불구하고 금융감독위원회로부터 인가를 받지 않았다는 것이다. 그러므로 삼성에버랜드를 법에 따라 처벌하도록 금감위가 검찰에 고발해야 한다고 참여연대는 주장했다. 참으로 충격적인 내용이었다. 삼성과 금융감독 당국으로서는 기절초풍할 노릇이었다.

금융지주회사법에 따르면 금융지주회사는 인가받은 다음 지켜야 할 의무가 있다. 무엇보다 금융지주회사에 속해 있는 금융회사는 비금융회사 지분을 가져서는 안 된다. 따라서 삼성에버랜드가 금융지주회사라면 그 자회사인 삼성생명은 삼성전자를 비롯한 비금융 계열사 지분을 가지고 있으면 안 된다. 그런데 삼성생명은 삼성전자 지분을 7% 넘게 갖고 있으니, 이는 법을 어긴 것이다. 법 위반 상태를 해소하려면 삼성생명이 삼성전자 지분을 매각하거나 삼성에버랜드가 삼성생명 지분을 처분해야 한다. 또한 공정거래법을 적용하면 삼성에버랜드는 이미 지주회사가 돼 있는 상태였다. 지주회사가 금융회사를 자회사로 두고 있으면 또다른 비금융회사의 주식을 가지면 안 된다. 삼성에버랜드는 이미 삼성생명을 자회사로 두고 있으므로 다른 비금융 계열사의 주식은 모두 처분해야 한다는 것이다. 그렇게 하기 싫으면 삼성생명 주식을 팔아야 한다. 어느 모로 보나 삼성그룹으로서는 도저히 수용할 수 없고 상상할 수도 없는 일이었다. 삼성에버랜드로부터 삼성생명→삼성전자→삼성카드로 이어지는 계열 지배구조가 일거에 붕괴되기 때문이다. 이건희가 1990년대부터 공들여 쌓아온 탑이 와르르 무너지고 만다.

현실적으로도 쉽지 않은 일이다. 만약 삼성에버랜드가 삼성생명 주식을 매각할 경우 어떻게 될까? 삼성전자나 삼성카드가 그것을 매입하는 것은 불가능하다. 우리나라 공정거래법이 금지하고 있는 상호출자가 되기 때문이다. 상호출자 관계가 성립되지 않을 계열사 가운데는 그것을 매입할 여력이 있는 계열사가 거의 없다. 설령 그것이 가능하다 해도 그렇게 하면 삼성의 지배구조에 큰 혼란이 초래된다.

이렇듯 삼성에버랜드가 금융지주회사인가 아닌가 하는 문제는 엄청난 파괴력을 지닌 사안이었다. 삼성이 갖고 있는 지배구조의 문제점과 허점을 여실히 드러내 준 것이기도 했다. 이건희가 이재용에게 경영권을 승계하기 위해 인위적으로 만들어놓은 지배구조가 말하자면 바벨탑 같은 것임이 드러난 것이다. 삼성은 당혹스러울 수밖에 없었다. 삼성의 입장에서 생각할 때 삼성에버랜드가 갑자기 금융지주회사가 된 것은 순전히 계열사 주가 상승에서 초래된 우발적인 결과였다. 삼성생명이 보유하고 있는 삼성전자 주식(1060만여 주)의 가격이 오르고 그에 따라 삼성생명의 자산가치가 상승한 결과일 뿐이었다. 따라서 삼성에버랜드가 금융지주회사로 낙인찍히는 것은 '억울'한 일이 아닐 수 없었다.

그러나 참여연대가 보기에 이 문제는 삼성의 기형적인 지배구조 때문에 발생한 사안이다. 비상장 가족기업인 삼성에버랜드가 삼성생명이라는 거대 금융회사를 지배하면서 이를 고리로 삼성그룹 전체를 장악하고 승계하는 구조를 만들어놓은 결과였다. 삼성이 1996년 삼성에버랜드로 하여금 전환사채를 발행하게 해서 이재용을 삼성에버랜드의 최대주주로 만들어놓은 다음에 삼성에버랜드가 삼성생명 지분을 취득함으로써 삼성그룹 전체를 지배할 수 있게 됐다. 그 결과 계열사의 가치상승이 결국 삼성에버랜드의 자산증가를 유발했다는 것이다.

삼성의 설명대로 삼성에버랜드의 자산증가와 사실상의 금융지주회사로의 '승격'은 삼성이 진정으로 원한 것은 아니었다고 할 수도 있다. 그렇지만 동시에 참여연대의 지적대로 이재용 남매가 큰돈 들이지 않고 삼성그룹의 경영권을 승계할 수 있도록 짜놓은 승계구도의 부산물이라는 것도 사실이다. 특히 그 핵심적 기제로 만들어놓은 삼성에버랜드→삼성생명→

삼성전자로 이어지는 출자구조가 초래한 결과라고 해야 할 것이다. 어쨌든 삼성은 대응을 해야 했다. 원칙대로 하거나 빠져나갈 방법을 마련해야 했다. 금융감독 당국이나 검찰 등 그 어느 기관이 당장 나서지는 않겠지만 그래도 마냥 끌고 갈 수는 없었다.

참여연대는 2004년 4월 삼성에버랜드를 검찰에 고발하라고 금융감독위원회에 요청했다. 그렇지만 금감위가 이를 수용할 리가 없었다. 다만 공정거래위원회는 일단 법대로 움직였다. 2004년 4월 9일 공정거래위원회는 삼성에버랜드가 이미 2004년 1월 1일자로 금융지주회사 관련 법규 적용 대상이라는 공식입장을 밝혔다. 공정거래위원회가 산정해본 결과 2003년 말 현재 삼성에버랜드의 '지주비율', 즉 자산총액 가운데 금융자회사 주식 가액이 차지하는 비율이 54.8%로 계산됐다. 공정위원회의 이 같은 입장표명에 따라 삼성에버랜드는 일단 2004년 4월 29일 공정거래위원회에 지주회사 전환 신고를 마쳤다. 당장은 빠져나갈 구멍이 없었기 때문이다. 다만 공정위원회는 삼성에버랜드를 고발하지는 않았다. 공정위는 2004년 6월 30일 삼성에버랜드에 공정거래법상 금융지주회사임에도 비금융회사 주식을 소유하고 있어 공정거래법 제8조 2항을 위반하고 있다면서 e-삼성과 e-삼성인터내셔널, 시큐아이닷컴, 가치네트 등 15개 비금융회사의 주식을 2005년 6월 30일까지 처분하라고 명령했다.

삼성은 몹시 다급했다. 바로 이때 금융당국이 '수호천사' 구실을 해주었다. 2004년 4월 23일 금융감독위원회와 증권선물위원회의 합동간담회가 열렸다. 이 자리에서 금감위는 삼성에버랜드가 금융지주회사의 요건에 들었다는 사실을 일단 인정했다. 그렇지만 2004년 6월 말까지 구체적인 처리방안을 제출하라고 삼성에 요구하는 선에서 그쳤다. 아울러 삼성에버랜드의 이행 상황을 보면서 후속조치를 검토하기로 결정했다. 금융지주회사법 제70조에 규정된 검찰고발과 형사처벌도 실익이 없다는 이유에서 보류했다.

그런 가운데 2004년 6월 금융감독위원회가 생명보험회사의 투자유가증권 회계처리 기준을 바꿔 삼성생명이 보유한 투자유가증권 평가이익 가운데 계약자 몫이 3조 원가량 늘어났다. 그 결과 삼성생명의 주식 평가액이 하락했다. 덕분에 삼성에버랜드는 일단 금융지주회사 요건에서 탈출하는 데 성공했다. 삼성에버랜드가 보유한 삼성생명의 주식 가액이 에버랜드 자산총액의 절반 이하로 떨어졌기 때문이다. 그러나 이후 삼성생명의 실적이 좋아짐에 따라 삼성에버랜드가 다시 금융지주회사가 될 위기에 놓였다.

그러자 삼성이 묘안을 찾아냈다. 2004년 12월 삼성에버랜드가 보유 중인 삼성생명 지분 19.34% 가운데 6%를 제일은행에 5년 동안 신탁하고 일정기간 의결권을 행사하지 않기로 한 것이다. 대신 그 지분만큼의 수익증권만 갖고 있기로 했다. 삼성에버랜드의 자산총액 가운데 자회사인 삼성생명 자산의 비중을 50% 이하로 낮추어 금융지주회사 요건에서 벗어나려고 한 것이다. 삼성생명 주식을 파는 대신 장부상으로만 자산가액을 낮춰 외견상 수치로만 규제의 옷을 벗어버리겠다는 심사였다. 그러나 공정거래위원회가 신탁은 소유권 변동으로 볼 수 없다는 유권해석을 내렸다. 그러자 삼성에버랜드가 금융사로부터 단기차입금을 조달해 자산총액을 늘리는 방법으로 삼성생명의 자산 비중을 50% 이하로 낮추기도 했다.

이 같은 여러 가지 방법을 동원했지만 어느 것도 항구적인 안전장치는 아니었다. 따라서 삼성은 확실한 장치를 찾는 데 골몰했고, 마침내 성공했다. 피투자회사에 대한 지분율이 20% 미만이면 지분법 대신 원가법을 적용해도 무방하다는 기업회계기준 제15조가 그것이었다. 단 투자를 받는 회사의 사업이나 인사에 영향력을 행사하지 않을 경우에만 이 기준이 적용될 수 있다. 이에 따라 우선 이건희가 2005년 4월 삼성에버랜드의 등기이사직을 내놓았다. '영향력을 행사하지 않을 경우'라는 조건에 맞추기 위한 것이었다. 이건희는 앞서 2001년 5월에 삼성생명 이사직을 사임한 데이어 이때 삼성에버랜드 이사직도 내놓은 것이다.

그런 다음 삼성에버랜드는 2005년 5월 삼성생명 지분에 대한 평가방법을 지분법에서 원가법으로 바꿨다. 그렇게 해야 삼성생명의 실적호조로 인한 자산가치 증가로 삼성에버랜드가 다시 금융지주회사가 되는 것을 피할 수 있기 때문이었다. 이런 어려운 과정을 거쳐서 삼성에버랜드는 결국 금융지주회사 신세를 면할 수 있게 됐다. 나아가서 자회사 매각이라는 더 곤란한 사태를 방지했다. 요컨대 어떻게든 삼성에버랜드와 삼성생명을 기둥으로 한 삼성그룹의 지배구조와 이재용으로의 경영권 승계 구도를 지키려고 했고, 실제로 그렇게 된 것이다.

사태가 정리되자 정부도 삼성을 지켜주기 위한 보호막을 쳤다. 2006년 2월 13일 금융지주회사법 개정안을 마련하면서 그 부칙에 삼성에버랜드에 대한 처벌을 면제하는 조항을 넣었다. 원칙대로 하면 삼성에버랜드는 이 법의 제70조에 의거해 5년 이하의 징역이나 2억 원 이하의 벌금에 처해질 수 있었다. 그럼에도 당국은 검찰고발 등 필요한 조치를 전혀 취하지 않았다. 그러다가 법을 개정하면서 뒤늦게 면죄부를 준 것이다. 이 법은 2007년 8월부터 시행됐다.

삼성에버랜드가 삼성생명 지분에 대해 지분법이 아니라 원가법을 적용하겠다고 한 것은 다분히 작위적이고 눈 가리고 아웅 하는 격이었다. 참여연대는 삼성에버랜드의 원가법 적용이 적법한 것인지를 특별감리해 달라고 금융감독원에 요청했다. 그러나 금융감독원은 감리요청서를 공인회계사회에 넘겼다. 공인회계사회는 회계기준원에 질의서를 보냈다. 이 문제는 회계기준원을 거쳐 다시 금융감독원으로 돌아갔다. 금융감독원은 이런 식으로 시간만 끌면서 아무런 결론도 내지 않았다. 그야말로 전형적인 복지부동이요 핑퐁게임이었다. 한마디로 말하자면 책임회피였다. 그러자 김상조 교수(한성대 무역학과)는 금감원을 가리켜 '비겁한 바보'라고 힐난했다.

그런데 삼성을 정말로 편하게 해준 것은 역설적이게도 삼성특검이었다. 삼성특검 수사를 계기로 삼성생명에 대한 이건희의 차명지분 324만 4800주가 실명전환되고, 이로써 이건희가 최대주주에 올랐다. 종전에는 이건희의 보유주식이 삼성 계열사의 전현직 임원 이름으로 돼 있었기 때문에 19.34%의 지분을 가진 삼성에버랜드가 삼성생명의 최대주주 역할을 '대행'했다. 그러나 이건희가 보유주식의 실명전환을 통해 20.76%의 지분으로 삼성생명의 명실상부한 최대주주로 올라섰다. 덕분에 삼성에버랜드는 최대주주 대행이라는 '불편한 신분'에서 벗어나고 금융지주회사 논란으로부터도 비로소 '해방'됐다. 참으로 기이한 역설이라고 아니할 수 없다.

삼성에버랜드의 금융지주회사 해당 여부 문제가 완전히 해결된 마지막 계기는 2014년 이름을 제일모직으로 바꾼 후 2015년 삼성물산과 합친 것이다. 이에 따라 통합 삼성물산의 자산규모가 크게 늘어나면서 그중에서 삼성생명 주식가치가 차지하는 비율이 현저히 낮아졌다. 삼성물산의 자산총계가 2014년 9조 2460억 원에서 2015년 말 34조 원으로 급증한 반면 삼성생명을 비롯한 관계기업 주식의 평가방법은 원가법에 묶여 있으니 더 이상 걱정할 필요가 없게 됐다. 시가를 반영해서 평가해도 마찬가지다. 통합 삼성물산의 사업보고서에 따르면 삼성물산이 2015년 말 현재 보유하고 있는 삼성생명 주식을 시가로 평가한 가액은 4조 2256억 원으로 삼성물산 자산총계의 12%에 불과하다. 따라서 통합 삼성물산은 삼성생명 주식으로 인한 금융지주회사 논란의 '안전지대'로 완전히 빠져나가게 됐다.

경제와 기업의 문제를 모두 사법적 심사의 대상으로 삼는 게 바람직한 것은 물론 아니다. 다른 합리적인 방안이 있는지를 우선 찾아보는 일도 필요하다. 그런 점에서 삼성에버랜드가 '부지불식간에' 금융지주회사처럼 된 것을 두고 금융감독 당국이 검찰에 고발하기를 마다한 것도 이해하지 못할 바는 아니다. 그렇지만 우리나라 경제부처와 금융감독 당국은 삼성이 관련된 다른 현안에서도 대체로 소극적인 자세를 보였다. 삼성카드가 금산법의 금지에도 불구하고 삼성에버랜드 지분을 25.6%나 취득해도 가만히 앉아만 있었고, 심지어 뒤늦게 그것을 합법화해 주려고 했다. 삼성에버랜드에 대한 금융지주회사 논란에서도 금융감독 당국은 '삼성 봐주기'의 또 다른 방식을 보여주었다고 할 수 있다. 논란이 진행되는 과정에서 한국의 공권력은 삼성에 관한 한 공정한 법집행자가 아니었다. 오히려 삼성 비호세력에 가까웠다. 그 결과 삼성은 고마웠겠지만, 법의 권위와 신뢰는 무너지고 말았다. 한국 사회에 오늘날 법을 불신하는 풍조가 퍼진 데는 금융 공권력의 이런 무책임한 태도가 큰 몫을 한 것이 아닐까?

5장 | 돌아온 이건희와 승계 마무리

이건희의 복귀

"저는 오늘 삼성 회장직에서 물러나기로 했습니다. 아직 갈 길이 멀고 할 일도 많아 아쉬움이 크지만, 지난날의 허물은 모두 제가 떠안고 가겠습니다. 그동안 저로부터 비롯된 특검 문제로 국민 여러분께 많은 걱정을 끼쳐 드렸습니다. 진심으로 사과드리면서 이에 따른 법적, 도의적 책임을 다하겠습니다."

2008년 4월 22일 이건희는 전략기획실 해제 등 '경영쇄신안'을 발표하면서 퇴진하겠다고 공식 발표했다. 2007년 10~11월 김용철 변호사와 천주교 정의구현사제단의 폭로에 이어 수사를 맡은 조준웅 삼성비자금 특검에 의해 기소되자 책임을 지고 퇴진한 것이다. 특검의 수사를 받는 과정에서 이건희는 자택까지 압수수색당하는 수모를 겪어야 했다. 국회 국정감사에는 단 한 차례도 출석한 적이 없지만, 특검수사에서는 빠져나갈 방법이 없었다. 수사 결과에 따라 이건희는 기소됐고, 2008년 7월 16일 서울중앙지법에서 열린 1심 재판에서 배임과 조세포탈 등의 혐의로 징역 3

년에 집행유예 5년과 벌금 1100억 원을 선고받았다. 항소와 상고, 대법원의 파기, 파기환송심 등의 과정을 거쳐 유죄와 무죄를 오락가락한 끝에 1심 형량은 그대로 유지됐다.

그렇지만 2009년 12월 29일 이명박 정부는 이건희만을 단독으로 특별사면했다. 국제올림픽위원회(IOC) 위원이었던 이건희가 2018년 동계올림픽의 평창 유치를 위해 뛰어야 한다는 이유에서였다. 2010년 2월 8일 국제올림픽위원회도 이건희를 IOC 위원직에 복귀시키기로 결정했다.

이어 이건희는 2010년 3월 24일 삼성전자 회장으로 복귀했다. 그는 "지금이 정말 위기다. 머뭇거릴 때가 아니다"라면서 원래 자리로 돌아갔다. 이건희는 복귀한 후 그 전에 비해 확연히 달라진 움직임을 보이기 시작했다. 이재용을 비롯한 3남매에게 삼성그룹 경영권을 넘겨주기 위한 작업을 본격화했다. 그 전에 경영권 승계를 위한 정지작업을 벌였다면, 이제는 확실하게 승계구도를 굳히는 작업에 들어간 것이다.

복귀한 이건희에게 무엇보다 반가운 사실은 삼성생명의 상장을 눈앞에 두고 있었다는 것이다. 이건희는 삼성특검 재판이 진행 중이던 2008년 12월 31일 삼성생명 차명지분을 실명으로 전환해 두었다. 이에 따라 이건희의 지분은 4.54%에서 20.76%로 뛰어올랐다. 이건희가 비로소 공식적인 최대주주가 된 것이다. 반면 명의를 빌려주었던 사람들은 주주명단에서 사라졌다. 삼성에버랜드를 비롯해 삼성문화재단과 삼성생명공익재단, 삼성광주전자와 삼성전기 등 다른 계열사들의 지분은 그대로 유지됐다. 이건희는 실명전환을 통해 삼성에버랜드로부터 삼성생명의 최대주주라는 멍에를 벗겨주었다. 그 전에는 삼성에버랜드가 사실상 '금융지주회사'였다. 금융지주회사법상 금융지주회사 산하에 있는 금융회사는 비금융회사를 자회사로 거느릴 수가 없다. 따라서 법대로 하면 삼성생명은 보유하고 있는 삼성전자 지분을 팔아야 했다. 이건희가 삼성생명 주식을 실명전환하기 전까지는 그렇게 사실상 위법 상태였다. 다만 그 사이 정부가 법대로 이행하지 않았을 뿐이다.

그런데 이건희가 삼성생명 주식을 실명전환함으로써 이 문제가 일거에 해소됐다. 삼성에버랜드가 금융지주회사 신분에서 벗어났고, 이에 따라 삼성생명이 삼성전자 지분을 팔아야 할 이유가 없어졌다. 삼성에버랜드→삼성생명→삼성전자→삼성카드→삼성에버랜드로 이어지는 순환출자 구조도 굳건해졌다. 당시에는 순환출자에 대한 규제도 없었으므로 법적으로 아무 문제가 없었다. 게다가 이재용 남매가 에버랜드 대주주가 돼 있으니 지배구조는 '완벽'했다.

그러나 이재용이 제대로 경영수업을 받은 것이 2001년부터이니 10년밖에 안 되는 것이 문제였다. 이건희는 20년 넘게 이병철 창업회장으로부터 경영수업을 받았는데, 이재용은 이에 비하면 경영수업을 받은 기간이 훨씬 짧은 것이다. 그렇지만 더 이상 머뭇거릴 수도 없었다. 자신의 나이도 70에 가까워지고 있는데 경영권 승계를 계속 늦출 수는 없는 일이었다.

3남매 전면에 내세우기

이건희는 우선 자식들을 핵심 요직에 집어넣는 일부터 착수했다. 2010년 12월 인사에서 이재용과 이부진, 이서현 3남매가 나란히 경영의 전면에 나섰다. 삼성그룹의 3세경영 굳히기가 시작됐음을 내외에 선포하는 상징적인 인사였다.

이재용은 2007년 삼성전자 전무가 되어 최고고객총괄책임자(CCO)를 맡았다가 2010년 초 부사장으로 승진하면서 최고운영책임자(COO)라는 직함을 가졌다. 그런 다음 그해 12월 인사에서 사장으로 올라갔다. 이어 2012년 12월 인사에서 삼성전자 부회장으로 더 올라갔다. 2015년 5월에는 삼성생명공익재단과 삼성문화재단의 이사장으로 선임됨으로써 사실상 그룹의 얼굴이 됐다. 이부진은 삼성에버랜드와 호텔신라의 전무에서 대표이사 사장으로 2단계 뛰어올랐다. 전무로 승진한 지 2년 만이었다. 이부진은 삼성에버랜드 경영전략 담당 사장과 삼성물산 상사부문 고문도 겸직하게 됐다. 이서현도 제일모직과 제일기획의 전무가 된 지 1년여 만에 부사장으로 올랐다. 그녀의 남편인 김재열도 제일기획 전무에서 부사장으로 승진했다. 이서현은 이어 2013년 12월 삼성에버랜드 패션부문 경영기획담당 사장으로 승진했다. 이재용 3남매 가운데 마지막으로 사장 직함을 받아낸 것이다. 삼성에버랜드를 차지하면 삼성그룹 전체를 차지한다. 한 나라의 수도와 같은 위치다. 이재용은 그런 삼성에버랜드에 대해 지분 23.23%를 가진 최대주주이고, 이부진과 이서현은 지분은 다소 낮지만 같은 회사의 사장으로 자리를 잡은 것이다. 삼성에버랜드에 이재용, 이부진, 이서현 3남매가 나란히 둥지를 틀게 됐다. 이로써 1995년 이재용에 대한 61억 원 증여로 구축되기 시작한 후계구도가 18년 만에 비로소 완성된 것이다. 이서현은 2015년 12월 인사에서 제일기획 경영전략담당 사장 자리를 내놓고 통합 삼성물산 패션부문 사장을 맡게 됐다.

삼성은 2010년 11월 그룹을 총지휘하는 사령부를 되살렸다. 기존의 전략기획실이 2008년 7월 삼성특검 수사의 영향으로 해체된 지 2년 만에 '미래전략실'이라는 이름으로 되살아났다. 그 수장 자리는 김순택 삼성전자 부회장이 맡았다. 과거 전략기획실장이었던 이학수 삼성전자 고문은 삼성물산 건설부문 고문으로 물러났고, 김인주 삼성전자 상담역도 삼성카드 고문으로 빠졌다. 후계구도를 짜고 완성하는 데서 중요한 역할을 하면서 이건희 가문과 영욕을 함께 했던 두 전문경영인이 마침내 무대에서 사라지게 된 것이다.

이렇듯 이건희는 삼성그룹의 핵심적인 자리에 자신의 자녀들을 앉혀 놓았고, 이들을 뒷받침할 기구도 완성했다. 후계구도를 이렇게 완벽하게 짜 놓기도 참으로 어려운 일이다. 과거 왕조시대에도 비슷한 사례를 찾아보기 어려울 듯하다. 외견상 이건희가 더 이상 걱정할 일이 없게 됐다. 다만 형 이맹희와의 상속재산 소송이 이건희에게 마지막 시련으로 남아 있었다. 한때 형제 사이에 거친 말싸움이 오가기는 했지만 2014년 2월 서울고등법원의 판결로 이건희가 최종 승소했다.

마지막까지 행운아

12가지 고역을 치른 헤라클레스와도 같았다. 12가지 고역을 마친 헤라클레스가 자유로워졌듯이 이건희도 자유로워진 것 같았다. 헤라클레스가 한 일은 모두 인간세상의 평화를 저해하는 괴물을 퇴치하는 것이었지만, 이건희가 한 일은 그런 게 아니었다. 그렇지만 이건희가 헤라클레스보다는 행복했다. 헤라클레스는 천하 제1의 장사였지만, 그가 죽은 후 자식들은 불행해졌다. 특히 딸은 희생제물로 바쳐지기도 했다.

이건희의 경우 삼성그룹의 경영권이 자식들에게 온전히 승계됐다. 훗날에는 어떻게 될지 모르겠으나, 재벌가의 상속 과정에서 흔히 일어나는 형제자매 사이의 상속분쟁이나 경영권분쟁도 아직은 일어나지 않았다. 현재까지의 진행과정으로 미뤄볼 때 이재용을 정점으로 한 삼성그룹 경영구도는 이미 굳어진 듯하다. 이재용이 여동생 이부진, 이서현과 계열사 분할이나 상속을 둘러싼 갈등을 벌일 여지도 크지 않아 보인다. 아마도 이건희는 이런 문제까지 생각하고 후계구도를 설계했을 것이다. 그리고 그 설계대로 필요한 작업들이 진행돼 왔다. 그러니 그는 마지막까지 행운아였다고 할 수 있겠다.

새로운 일거리 만들어주기

이건희는 후계구도 완성과 함께 새로운 사업과 투자에도 큰 관심을 기울였다. 2010년 3월 경영에 복귀하면서 "앞으로 10년 안에 삼성의 모든 사업과 제품이 사라질 것"이라고 예언하기도 했다. 이건희는 삼성전자 반도체 부문 등이 사상 최대의 실적을 올리고 있지만 긴장을 늦추지 말아야 한다며 고삐를 죄었다. 세상이 빠르게 변하고 있으므로 판단과 결정도 빨라야 한다면서 임직원들의 분발을 재촉하기도 했다. 세상이 빠르게 변화하는 가운데 경영권을 승계하게 된 자식들을 위해 새로운 '먹거리'를 마련해 주는 것도 절실히 필요했다. 그런 작업도 이건희는 소홀히 하지 않았다.

이건희는 2010년 5월 10일 복귀한 후 처음으로 사장단회의를 열고 2020년까지 태양전지, 자동차전지, LED. 의료기기, 바이오 등 5대 신수종사업에 23조 3천억 원을 투자하기로 했다. 이어 5월 17일에는 반도체 11조 원, LCD 8조 원 등 모두 26조 원의 투자계획을 내놓았다. 삼성은 이들 신수종사업의 기반을 닦기 위해 이건희가 복귀하기 전부터 준비를 해왔다. 2010년 2월 25일에는 바이오제약 사업에 진출하기 위해 세계적인 바이오제약 서비스 업체인 퀸타일즈와 합작사업을 벌이기로 했다. 이를 위해 삼성은 2011년 4월 삼성전자 40%, 삼성에버랜드 40%, 삼성물산 10%, 퀸타일즈 10%의 지분으로 자본금 3천억 원 규모의 삼성바이오로직스를 설립했다. 퀸타일즈는 1982년에 설립된 제약-헬스케어 전문업체다. 삼성바이오로직스는 인천 송도 경제자유구역에 3만 리터급 동물세포 배양기를 갖춘 공장을 세우고 단백질 의약품을 2013년부터 위탁생산하기로 했다. 이건희는 "바이오제약은 삼성의 미래사업이고 인류의 건강을 증진시키는 사업이므로 사명감을 가지고 적극 추진하라"고 독려했다. 이로써 삼성은 바이오제약 사업에 첫발을 내디뎠다.

삼성은 헬스케어 사업에도 시동을 걸었다. 우선 2010년에 의료기기 분야의 선구기업이라 할 수 있는 메디슨과 엑스레이장비 업체인 레이 등을 삼성전자가 인수했다. 삼성은 삼성전자, 삼성전기, 삼성SDS 등 IT 분야 계열사와 삼성의료원을 거느리고 있으므로 이들 계열사의 역량을 모으면 된다고 판단했을 것이다. 삼성은 태양전지 사업에도 관심을 기울이기 시작했다. 삼성정밀화학이 미국 MEMC와 합작으로 2013년부터 폴리실리콘을 생산하기로 했다. 이 사업에는 삼성전자, 삼성코닝정밀소재, 삼성물산 등이 참여한다. 2020년까지 결정형 태양전지와 박막형 태양전지 등에 6조 원 이상을 투자한다는 계획이다. LED와 자동차용 전지 사업도 삼성이 새로이 역점을 두기로 한 분야다. 자동차용 전지 사업을 위해 삼성SDI는 독일 보슈와 합작으로 울산에 SB리모티브를 설립했다. 여기에는 2020년까지 5조 4천억 원가량을 투자한다는 계획이다.

이런 사업계획은 이건희의 말대로 세상의 변화에 부응하기 위해 수립되고 추진되는 것이라고 할 수 있다. 그렇지만 그 성과는 아직 평가하기 어렵다. 투자가 더 필요하고 구체적인 결실을 보기에는 아직 이르다. 따라서 성공할지 실패할지는 더 두고 봐야 한다. 아니 사실은 이건희의 뒤를 이어 경영대권을 맡은 이재용을 비롯한 삼성 경영진의 능력에 그 성패가 달려 있다고 해야 옳을 것이다.

그런가 하면 삼성은 세종시와 새만금에 대한 투자계획도 세운 바 있다. 이건희가 복귀하기 전인 2010년 1월 11일에 삼성그룹은 세종시에 대한 투자계획을 밝혔다. 세종시를 그린에너지와 헬스케어 등 차세대 사업의 전진기지로 삼아 삼성전자, 삼성LED, 삼성SDS, 삼성SDI, 삼성전기 등 5개 계열사가 총 2조 원가량을 투자한다는 것이 골자였다.

이에 대해 일종의 주고받기 거래라는 평가가 일부에서 나오기도 했다. 정부가 이건희에게 특별사면을 베풀어준 대가로 삼성이 정부에 약속한 사항의 이행이라는 것이었다. 그런 밀약이 실제로 있었는지는 확인되지 않았다. 이보다 더 설득력 있는 가설은 이명박 정부가 세종시로의 행정수도 이전 계획을 백지화하기 위해 마련한 수정계획에 삼성이 부응하는 몸짓을 취한 것이라는 추정이다. 당시 이명박 정부는 세종시로 행정도시를 옮기는 계획을 포기하고 대신 세종시에 기업 투자를 유치한다는 수정계획을 세웠다. 행정도시 이전 포기에 따른 지역주민의 반발을 무마하기 위한 '꿀과자'가 필요했던 것이다. 그 무렵 삼성뿐만 아니라 한화그룹과 롯데그룹 등도 세종시에 대한 투자계획을 내놓았다. 삼성의 경우에는 그 시기가 이건희의 특별사면 직후였기에 그런 성의표시를 해야 할 필요성이 더욱 컸을 수 있다. 그러나 세종시로의 행정도시 이전을 포기하는 내용의 '세종시 수정안'은 국회에서 부결됐고, 이에 따라 세종시에 대한 삼성을 비롯한 재벌들의 투자계획도 자연스럽게 의미를 상실하게 됐다.

새만금에 대한 삼성의 투자계획은 이건희가 경영에 복귀한 뒤에 수립됐다. 2021~40년에 총 7조 6천억 원을 투자해 새만금 신재생에너지 부지에 풍력발전, 태양전지, 연료전지 등을 아우르는 '그린에너지 종합산업단지'를 구축한다는 계획이었다. 삼성은 2011년에 전라북도, 국무총리실과 함께 '새만금 투자협약 양해각서(MOU)'까지 체결했다. 협약서에는 당시 임채민 국무조정실장과 김순택 삼성그룹 미래전략실장, 김완주 전북지사가 서명했다. 그러나 아직까지 구체적인 후속작업은 진행되지 않고 있다. 당시 투자계획을 마련하고 협약서에 서명한 사람들이 앉아 있던 자리는 대부분 그 주인이 바뀌었다. 이건희도 말이 없다. 그러므로 약속의 이행 여부는 몹시 불투명하다. 최근에는 삼성이 사실상 투자계획을 철회했다는 소식도 전해져 전북도민이 발끈하고 있다. 삼성이 경영권 이양기에 해결해야 할 문제가 쌓여있는 상황임을 감안한다면 새만금 투자계획의 이행 가능성은 아무래도 희박해지는 듯하다.

경영권 승계 과정의 '마법'

"저희 삼성서울병원이 메르스의 감염과 확산을 막지 못해 국민 여러분께 너무 큰 고통과 걱정을 끼쳐 드렸습니다. 머리 숙여 사죄합니다."

이재용은 2015년 6월 23일 중동호흡기증후군(메르스) 사태와 관련해 이렇게 직접 대국민 사과문을 공식 발표했다. 이재용이 공식석상에 나와 삼성그룹의 대표로 사과문을 낭독한 것은 이때가 처음이었다. 이재용이 그날 서울 서초동의 삼성전자 사옥 내 다목적 홀에서 열린 특별 기자회견에 직접 나온 것은 삼성서울병원이 메르스 유행의 진원지 노릇을 했기 때문이다.

아버지 이건희가 유고 상태였으니 이재용이 나설 수밖에 없었다. 이건희는 2014년 5월 10일 밤 자택에서 갑자기 일어난 심근경색으로 쓰러져 인근 순천향병원에서 심폐소생 시술까지 받은 후 5월 11일 새벽 삼성서울병원에 입원했다. 이건희는 신속한 응급조치 덕분에 생명은 건졌지만, 정상적인 신체기능과 인지기능을 대부분 상실해 병원에 누워있게 됐다.

삼성으로서는 그룹 경영을 이끌어온 수장을 잃은 것이다. 이후 삼성은 이건희의 유고를 전제로 경영진을 개편하고 경영전략을 수립해야 했다. 삼성은 '포스트 이건희 시대'를 위한 모색을 본격적으로 시작했고, 그 가시적인 조치로 이재용의 후계자 지위를 공식화해 나갔다. 첫 조치로 이재용이 2015년 5월 15일 삼성생명공익재단과 삼성문화재단의 이사장에 선임됐다. 두 재단의 이사장은 그동안 이건희가 맡고 있었다. 삼성생명공익재단의 경우는 이건희의 임기가 그해 5월 30일에 끝나게 돼 있었으므로 이재용을 후임 이사장으로 선임한 것이 자연스러운 일이라고 할 수도 있었다. 그러나 삼성문화재단의 이사장 임기는 2016년 8월 27일까지여서 여유가 있었지만 이재용이 후임 이사장으로 서둘러 올라선 것이다. 두 재단의 이사장을 이재용이 맡음으로써 그룹 총수의 지위가 사실상 이재용에게 넘어간 것이나 다름없게 됐다.

삼성생명공익재단은 삼성서울병원을 운영하는 재단이고, 삼성생명 지분을 2.18% 갖고 있다. 말하자면 이재용은 삼성서울병원 운영의 최고책임자가 되자마자 메르스 사태가 일어나 그에 대한 책임을 피할 수 없었다. 그렇기에 이재용은 삼성그룹의 얼굴로 공식석상에 나서는 첫 경험을 한 것이다. 첫 경험 치고는 상당히 언짢은 일이었다. 그렇지만 이를 통해 그룹의 경영대권을 사실상 승계했음을 내외에 선언하는 것도 나쁜 일은 아니었다. 자연스럽게 계기가 주어진 것이다. 그 뒤로 이재용은 호암상 시상식 등 삼성그룹의 주요 행사에서 사실상의 주빈 역할을 했다.

이재용의 그런 위상은 그가 보유하고 있는 삼성그룹 계열사 지분에 의해 뒷받침되고 있다. 두 재단의 이사장으로 선임될 무렵에 이재용은 제일모직 23.23%, 삼성SDS 11.25%, 삼성전자 0.57%, 삼성생명 0.06%, 삼성화재 0.09% 등의 지분을 갖고 있었다. 제일모직과 합쳐진 통합 삼성물산에 대해서는 이재용이 16.54%의 지분을 보유하고 있다가 2016년 2월 삼성SDI가 갖고 있던 이 회사 주식 130만 5천 주를 매입함으로써 지분율을 17.07%로 올렸다. 삼성엔지니어링의 자사주 1.54%도 302억 원에 취득했다. 이재용은 삼성엔지니어링이 1996년 상장되기 전에 인수한 이 회사 주식으로 260억 원가량의 차익을 남긴 바 있다. 그런데 이 회사가 자본잠식 상태에 빠지자 다시 그 돈을 내놓은 셈이다.

이재용이 삼성생명과 삼성화재 지분을 보유하고 있는 것도 의미가 있어 보인다. 이재용은 2014년 12월 삼성생명과 삼성화재 지분을 취득하기에 앞서 10월 30일 금융감독위원회의 승인을 받는 절차를 밟았다. 취득하려는 지분이 삼성생명 0.06%와 삼성화재 0.09%로 1% 미만이니 굳이 금융감독위원회의 승인을 받을 필요가 없었다. 하지만 '특수관계인'이라는 자격을 '공인'받기 위해 승인을 받은 것이다. 현행 보험업법에 따르면 일단 그런 공인을 받아 놓으면 향후 추가로 지분을 취득하더라도 승인을 또 받을 필요가 없다.

아버지 이건희가 지분 20.76%를 갖고 있는 삼성생명의 최대주주라는 점을 감안하면 이재용이 굳이 금융감독위원회로부터 지분취득 승인을 받은 이유가 이해된다. 아마도 장차 이건희의 지분을 대부분 물려받으려는 포석 같다. 이재용이 이건희의 삼성생명 지분을 인수할 경우 내야 하는 상속세는 2조~3조 원에 이를 것으로 예상되지만, 그것은 뭔가 다른 방식으로 해결하면 된다. 지배구조 유지에 큰 관련이 없는 다른 계열사 지분이나 부동산을 매각할 수도 있고, 분할납부 제도도 최대한 활용할 수도 있다. 이재용은 삼성그룹의 지배구조에서 중요한 위치에 있는 삼성생명의 지분을 여건이 허용하는 한 최대한으로 상속받으려고 할 것이다.

경영권 승계에서 또 하나의 핵심 관건은 삼성전자다. 이재용이 직접 보유 중인 삼성전자 지분은 0.57%에 불과하다. 이재용이 이사장을 맡고 있는 삼성문화재단이 보유 중인 삼성전자 지분도 0.03%에 지나지 않는다. 그러나 통합 삼성물산은 4.06%, 삼성생명은 7.21%의 삼성전자 지분을 보유하고 있다. 이재용은 통합 삼성물산의 최대주주이고, 삼성물산은 삼성생명의 주요주주다. 그러므로 이재용은 통합 삼성물산을 통해 삼성생명을 지배하고 나아가 삼성전자까지 지배한다. 이재용은 소수지분만 갖고 있으면서도 이 같은 출자구조의 뒷받침을 받아 삼성전자를 이미 장악하고 있는 셈이다. 삼성전자가 삼성그룹에서 차지하는 비중을 감안할 때 삼성전자를 지배하면 그룹 전체를 실질적으로 지배할 수 있다. 이재용이 삼성전자에 대한 지배권까지 확보했으니 이제 그룹의 명실상부한 '대표'가 되기에 부족함이 없다.

이재용은 이 같은 위상을 차지하기까지 수많은 곡절을 거쳐야 했다. 사실은 이재용 자신보다는 이건희와 가신그룹이 그 곡절을 다 겪었다고 봐야 옳을 것이다. 최대의 수혜자인 이재용은 아무 상처도 입지 않았다. 여기서 이재용이 이처럼 삼성그룹의 '총수' 지위를 사실상 확보하기까지 거쳐 온 과정을 다시 돌아볼 필요가 있겠다. 그 과정은 앞에서도 부분부분 서술했지만, 전체적으로 점검해본다는 의미에서 다소의 중복을 무릅쓰면서 재정리해본다.

이건희 증여로 '여정' 시작

이재용은 1991년 12월 삼성전자에 총무그룹 사원으로 입사했다. 입사 후 얼마 동안은 별일이 없었다. 그러다가 1994년 10월 10일부터 1996년 4월 23일까지 아버지 이건희가 이재용에게 61억 4천만 원을 증여했다. 이때부터 이재용에게 삼성그룹 경영권을 물려주기 위한 이건희의 긴 여정이 시작됐다. 이때 증여된 61억 원은 이재용에게 종잣돈이 됐다. 당시 이재용은 일본에 유학 중이었다. 이후 그는 이 61억 원에서 증여세 16억 원을 납부하고 남은 45억 원을 참으로 알뜰하고도 효율적으로 사용했다.

이재용은 그 돈으로 삼성의 비상장 계열사 주식을 사들인 다음 상장 후 매각하는 방식으로 재산을 늘려나갔다. 그 수법과 과정은 2007년 천주교 정의구현사제단이 공개한 문건과 2008년 삼성특검 수사 결과 등을 통해 상당부분 밝혀졌다.

삼성특검팀의 수사결과에 따르면 이재용은 1994년 10월 에스원 주식 12만 1880주를 삼성에버랜드 등으로부터 주당 1만 9천 원에 사들이고 삼성엔지니어링 주식 69만 4720주도 인수했다. 당시에는 두 회사 모두 비상장회사였다. 에스원은 1996년 1월 상장했고, 삼성엔지니어링은 그해 12월 상장했다. 에스원이 상장한 뒤에 이재용은 유상증자와 무상증자 과정에서 5만 9천여 주를 추가로 확보했다. 이재용은 두 회사의 주식을 매각하여 539억 원의 차익을 남겼다. 이재용이 매각한 에스원과 삼성엔지니어링 주식은 삼성생명과 삼성화재가 매입했다. 삼성생명과 삼성화재는 1997년 2월에 집중적으로 이들 두 회사의 지분을 더 사들였다. 1997년 3월 1일부터 개정 금산법이 시행되기 직전이었다.

1996년 3월 22일에는 제일기획이 전환사채를 발행했다. 이때 삼성전자, 제일모직, 삼성물산 등 계열사와 이종기, 강진구 등 삼성그룹의 임원 주주들이 인수를 포기했다. 이들이 실권한 전환사채 10만 3825주를 이재용은 주당 1만 원에 인수했다. 이재용은 이어 제일기획이 같은 해 4월 25일 유상증자를 실시할 때 참여해 추가로 19만 5550주를 주당 5000원에 인수했다. 모두 9억 7700만 원어치였다. 이로써 이재용은 20.75%의 지분을 가진 제일기획의 최대주주가 됐다. 1개월 전 전환사채 매각 시 실권한 계열사들이 유상증자에는 참여했다. 제일기획은 1998년 3월 3일 상장했다. 이재용은 그해 11월 보유하고 있던 제일기획 주식을 모두 팔아 146억 1천만 원을 손에 쥐었다. 인수가격은 20억여 원에 불과했는데, 매각해서 손에 넣은 돈은 그 7배를 넘었다. 이재용이 매각한 제일기획 주식은 삼성화재로 넘어갔다. 이에 따라 삼성화재의 제일기획 지분은 전혀 없다가 9.72%가 됐다.

제일기획은 1998년 10월 150억 원어치의 신주인수권부사채(BW)를 발행했고, 발행물량의 85%가량을 삼성물산이 인수했다. 1개월 후 이재용이 보유 중인 제일기획 주식을 모두 매각해 현금을 챙겼다. 이로 인해 제일기획에 대한 내부지분율에 공백이 생겼다. 그러자 삼성물산이 1999년 1월 30일 신주인수권부사채를 주식으로 전환해 그 공백을 메웠다. 삼성물산은 그때 이후 제일기획 지분을 12.64% 보유하고 있다. 이재용은 제일기획 지분을 처분해서 마련한 자금으로 1999년 2월 삼성SDS의 신주인권부사채를 인수했다. 일련의 과정이 잘 짜인 시나리오처럼 정확하고 빈틈이 없다.

삼성에버랜드는 1996년 10월 30일 계열사 주주를 상대로 전환사채(CB) 125만 4천 주를 발행했다. 주당 가격은 7700원이었다. 앞에서 자세히 서술한 바와 같이 이때 삼성물산과 제일모직 등 기존 주주들이 대부분 실권하고 그에 따른 실권주를 이재용 4남매가 인수했다. 이재용은 31.9%

의 지분을 가진 삼성에버랜드의 최대주주로 떠올랐다. 이부진과, 이서현, 이윤형은 각각 10.46%를 보유하게 됐다. 이들 4남매의 지분을 합치면 50%를 훨씬 넘었다. 이재용의 지분은 그 뒤 삼성에버랜드의 유상증자 등으로 인한 지분변동 과정을 거치면서 25.1%에 이어 23.23%로 다소 떨어졌다. 이부진, 이서현, 이윤형의 지분도 각각 8.37%로 낮아졌다. 아버지 이건희의 지분은 13.16%에서 4.65%로 떨어졌다가 3.72%로 더 낮아졌다. 이로써 4남매가 삼성에버랜드에 대한 견고한 지배력을 확보하고 나아가 삼성그룹 전체를 호령할 수 있는 성을 쌓았다.

삼성에버랜드의 전환사채 발행과 유사한 사례가 비슷한 시기에 또 있었다. 서울통신기술도 전환사채 발행을 통해 이재용에게 변칙적인 '특혜'를 안겨주었다. 서울통신기술은 1996년 11월 27일 20억 원 규모의 전환사채를 이재용과 또다른 1인에게 제3자배정 방식으로 발행했다. 전환사채는 12월 10일 모두 주식으로 전환됐다. 전환가격은 주당 5천 원이었다. 이로써 이재용은 50.67%의 지분을 가진 서울통신기술의 최대주주가 됐다. 전환사채를 인수하는 데는 불과 15억 2천만 원만 들어갔다. 이재용은 이 회사 주주로서 2010년까지 불과 4년 사이에 인수가격의 4배가 넘는 68억여 원의 배당금을 챙겼다.[56] 너무나도 노골적으로 이재용에게 불로소득과 함께 지배권을 동시에 헌상한 것이다. 서울통신기술이 이재용에게 넘긴 전환사채의 전환가격은 그 무렵 거래가격에 비해 현저하게 낮았다. 1996년 12월 삼성전자가 기존 주주들로부터 인수한 가격은 1만 9천 원이었다. 참여연대는 2005년 10월 31일 이 사건을 검찰에 고발했지만 기각됐다. 2008년 삼성특검팀에서 재수사하기는 했지만, 불기소 처분을 내렸다. 순자산가치 평가법에 따라 주당 전환가격의 적정선을

1만 2578원으로 보고 계산해보니 이재용의 이득금액이 특정경제범죄가 중처벌법상 배임죄 요건인 50억 원에 미달한다는 것이 그러한 처분의 이 유였다. 일반 형법상의 배임죄는 공소시효 7년이 이미 끝나 적용될 수 없었다.

1996년 12월에는 삼성SDS가 400만 주의 유상증자를 실시했고, 계열 사가 인수를 포기한 177만 3천 주가 이재용 남매에게 배정됐다. 이에 따라 삼성SDS에 대해 지분이 전혀 없던 이재용이 6.5%의 지분을 소유하게 됐고, 이부진과 이서현, 이윤형도 각각 2.2%의 지분을 보유하는 주주로 이름을 올리게 됐다. 이때 이재용은 44억여 원을 투입했고, 그의 누이들은 각각 14억 원을 넣었다.

이렇듯 1996년은 이재용이 삼성그룹 경영권 승계를 위한 기반을 다진 한해였다. 이재용은 이 해에 여동생들과 함께 삼성의 여러 계열사에 주주로 등장하거나 계열사 주식매매를 통해 크게 한몫 챙겨둔 것이다.

이어 1999년 2월 삼성SDS가 신주인수권부사채(BW) 230억 원어치를 주당 전환가격 7150원에 발행했다. 이때 이재용은 47억 원어치를 샀고, 이부진과 이서현, 이윤형은 각각 34억 원어치를 샀다. 이학수 삼성구조조정본부장은 54억 원어치, 김인주는 27억 원어치를 인수했다. 그 결과 이 재용의 지분이 2002년 주식전환을 거쳐 9.1%로 올라갔고, 이부진과 이서현, 이윤형의 지분도 나란히 4.6%씩으로 올라갔다. 이로써 이들 남매는 당시까지 최대주주였던 삼성전자를 제치고 최대주주로 올라섰다. 삼성SDS는 2000년 3월 삼성SDS와 삼성네트웍스로 분할됐다가 2009년 다시합병됐다. 이때 이재용의 삼성SDS 지분은 11.25%로 늘어났다. 이부진과 이서현은 각각 3.9%씩 갖고 있다.

그치지 않는 편법승계 논란

이재용이 삼성에버랜드와 삼성SDS를 비롯한 계열사들의 주식을 취득하는 과정에서 편법승계 논란이 끊임없이 제기됐다. 이재용은 그런 논란에 아랑곳하지 않고 무사히 삼성의 경영권을 확실하게 장악할 수 있는 지분을 확보했다. 법학교수들과 참여연대를 비롯한 시민단체들이 관련자들을 고발하는 등 법적으로 끊임없이 문제제기를 했지만, 이재용이 나아가는 길을 막지는 못했다.

이건희 일가는 삼성에버랜드와 삼성SDS의 상장을 통해 막대한 차익을 얻었지만, 사회에 내놓은 것은 별로 없다. 국세청으로부터 부과받은 440억 원가량의 세금을 내고 삼성특검 재판 결과에 따라 배임 손실액 230억 원을 이건희가 삼성SDS에 돌려준 것이 전부다. 따라서 앞으로 사회적 기여를 대폭 늘려야 한다는 요구가 꾸준히 제기될 것으로 보인다.

이보다 주목은 덜 받았지만 역시 편법증여 논란을 야기했던 사건들이 또 있다. 이를테면 삼성전자의 전환사채 발행 사건이 있다. 1997년 3월 24일 삼성전자는 600억 원어치의 사모 전환사채를 발행했다. 이 가운데 150억 원어치는 삼성물산에 인수됐고, 450억 원어치는 이재용에게 배정됐다. 주당 5만 원에 주식으로 전환할 수 있는 권리가 붙어 있는 사채였다. 이재용이 인수한 전환사채는 주식으로 전환하면 0.78%의 지분을 보유하게 되는 물량이었다.

그런데 주식전환 가격이 너무나 낮다는 지적이 제기됐다. 1997년 6월 발행된 삼성전자 해외전환사채의 전환가격은 11만 6763억 원이었지만, 이재용에게 넘겨진 전환사채의 전환가격은 그 절반에도 미치지 못했다. 주주총회 특별결의 절차도 거치지 않았다. 전환사채를 발행한 당일에 이

사회도 열리지 않았는데 마치 열린 것처럼 이사회 결의가 조작됐다고 참여연대는 주장했다. 참여연대 경제민주화위원회는 1997년 6월 24일 삼성전자의 전환사채 발행에 대한 무효소송을 제기했다. 주주총회 결의 없이 전환사채를 발행했고 사전상속 의도가 강한 것이기에 무효라는 요지의 소송이었다. 그러나 법원은 소송을 기각하고 삼성전자의 손을 들어줬다. 재판은 1심과 2심을 거쳐 대법원까지 올라갔으나 결과는 모두 마찬가지였다. 대법원은 2004년 6월 29일 참여연대의 주장을 최종적으로 물리쳤다. 이재용에 대한 사전상속 의도가 강하고 전환사채가 비교적 싼 가격에 발행된 것은 인정되지만 이미 발행된 것을 무효로 하기는 어렵다는 등의 이유가 제시됐다.

그해 5월 13일 서울고등법원에서는 한화종금의 전환사채 발행에 대해 "주주의 신주인수권을 침해한 위법성이 있다"면서 발행무효 판결이 내려진 바 있다. 참여연대는 이 판결에서 자신감을 얻기도 했다. 그러나 삼성과 한화의 로비능력 차이 때문인지, 삼성의 벽은 끝내 넘지 못했다. 이 사건에 대한 대법원의 판결은 일반인의 상식과는 거리가 먼 것이었다. 그렇지만 대법원의 권위로 최종판결을 내렸으니 이를 뒤집을 방법은 없었다. 대법원의 판결이 나오자 장하성 교수는 한 기고문을 통해 대법원 판결을 비판했다.

"법원의 판결이 설령 불리한 것이라 할지라도 법질서의 유지를 위해서는 소송당사자들은 이를 받아들여야 한다. 그러나 법원의 판결이 다수 국민들의 상식을 넘어서서 경제정의를 무시한 것이라면 국민은 어찌해야 하는가."

플라톤의 명저 〈크리톤〉에 나오는 소크라테스의 말을 떠올리게 한다. 플라톤의 작품에서 소크라테스는 탈옥하라는 친구 크리톤의 권고를 거절했다. 억울하거나 못마땅한 점이 있더라도 국가 공권력이 결정하거나 판결한 것이라면 따라야 한다는 이유에서였다. 그리고 끝내 사형을 감수한다. 억울하더라도 국가의 법질서를 위해서는 부당한 판결도 수용할 수밖에 없다는 비감이 똑같이 묻어난다.

재판 과정에서 뜻밖의 돌발변수가 나타나기도 했다. 수원지방법원에서 장하성 교수가 이재용과 증권거래소를 상대로 낸 주식전환 및 양도 금지 가처분신청을 "전환사채 발행은 지배권 승계가 주목적인 것으로 보인다"면서 수용했다. 그렇지만 이재용은 법원이 9월 30일 가처분 인용 결정을 내리기 하루 전인 9월 29일 서둘러 전환권을 행사했다. 수원지법의 가처분 결정은 2차례의 심리를 거쳐 9월 26일 내려질 예정이었다. 하지만 가처분 결정 기일이 연기되더니 삼성전자는 그 틈을 놓치지 않고 삼성물산과 이재용에게 주식을 발행해 주었다. 기정사실로 굳혀놓기 위한 것이었다. 법을 갖고 놀았던 것이다.

삼성전자는 10월 2일 전환된 주식의 상장을 증권거래소에 신청했다. 그 사실을 알게 된 참여연대는 10월 7일 다시 이재용과 삼성물산이 전환한 문제의 주식의 증권거래소 상장과 처분을 금지하는 가처분 신청을 냈다. 이에 수원지방법원이 그해 12월 가처분 신청을 받아들여 본안소송의 최종판결이 나올 때까지 상장과 거래를 금지했다. 이에 따라 이재용과 삼성물산이 전환한 주식은 2004년 대법원 최종판결이 내려진 후에야 증권거래소에 상장됐다. 그렇지만 상장지연은 이재용과 삼성에 큰 의미가 있는 것이 아니었다. 이재용에게는 그룹 주요계열사인 삼성전자의 지분을 싼값에 보유하게 됐으니 거래소 상장 여부야 괘념할 필요도 없는 것이다.

참여연대는 1998년 4월에는 삼성전자 전환사채 발행을 결의한 이사회가 열린 사실이 없었음에도 열린 것처럼 이사회 회의록이 꾸며졌다며 검찰에 고발했지만, 검찰은 묵묵부답이었다. 사실 1997년 외환위기가 닥치기 이전의 기업경영은 '불투명'하기 짝이 없었다. 기업의 경영뿐만 아니라 정부와 금융기관의 운영도 마찬가지였다. 경영실적이나 재무구조는 물론 이사회 개최 등 모든 사항이 베일에 가려졌고, 서류도 형식적으로 꾸며지는 것은 물론이요 이사들의 도장도 함부로 만들어 사용되기 일쑤였다. 이사회가 열리지 않았으면서도 막도장을 찍어서 서류를 처리하던 관행이 남아 있는 시대였다. 필자도 1980년대에 기자가 되기 전에 기업에서 근무할 때 그렇게 만들어진 서류를 은행 등에 제출했던 경험이 여러 번 있다. 이사의 도장도 자금부에 보관돼 있던 것으로 찍었다. 이런 관행은 1990년대에도 여전했던 것 같다. 삼성 비자금을 폭로한 김용철 변호사도 나중에 〈한겨레〉와의 인터뷰에서 삼성에버랜드의 경우를 들어 "이사들의 도장도 이사들이 직접 판 것이 아니고 총무 파트에서 판 막도장"이라고 말한 바 있다.[57]

참여연대가 삼성전자 이사회 회의록이 허위로 꾸며졌다고 고발한 것은 타당했다. 또 그런 관행이 정당한 것도 아니다. 관행이라고 해서 책임이 없어지는 것은 더욱 아니다. 그렇지만 당시는 그렇게 대충 꾸며진 서류가 통하던 시대였다. 더욱이 당시 법조계는 검찰과 법원을 막론하고 삼성의 강력한 우군이나 다름없었다. 참여연대가 제기한 그런 문제에 귀를 기울일 검찰은 아니었던 것이다.

이와 관련해 김용철 변호사가 2007년 삼성 비자금을 폭로할 무렵 눈이 번쩍 뜨이는 주장을 내놓았다. 자신이 이학수 구조조정본부장으로부터 판사에게 30억 원을 갖다 주라는 지시를 받았지만 거절했다는 것이었다. 그러자 경제개혁연대는 삼성 측의 불법부당한 로비 시도에 관한 의혹이 제기된 만큼 엄정하게 수사하라고 검찰에 촉구했다. 그러나 그런 요구가 받아들여질 리 없었다. 결국 이 역시 메아리 없는 외침이 되고 말았다.

삼성이 이재용을 '후원'한 사건은 또 있다. 앞에서 서술한 대로 1999년 초에 삼성생명과 한빛은행(지금의 우리은행)이 한빛투신운용 및 한일투신운용 주식과 삼성투신운용 주식을 맞바꾸기로 합의한 뒤에 한빛은행으로 하여금 삼성투신운용 주식을 이재용, 이부진, 이서현에게 매도하도록 할 사건을 말한다. 그 덕분에 이재용 4남매는 저가로 삼성투신운용 주식 60만 주를 취득했다. 경제개혁연대가 금감원 문서를 입수해 밝힌 자료에 따르면 이들 남매는 한미은행이 보유하고 있던 59만 주와 대구은행이 갖고 있던 30만 주를 주당 5천 원대에 인수하는 등 모두 209만 4천 주를 더 확보했다. 이런 방식으로 이들은 삼성투신운용의 지분 30%를 확보했다. 이재용 15%, 이부진 10%, 이서현 5%였다. 그 당시에는 살아 있었지만 2005년 11월 미국 뉴욕에서 자살한 셋째 딸 이윤형의 지분까지 더하면 34.9%였다.

삼성투신운용은 그 해에 삼성생명투자신탁운용에 합병됐다, 삼성생명투자신탁운용은 2000년 3월 300억 원의 유상증자를 통해 자본금을 932억 원으로 늘렸다. 2010년에는 삼성자산운용으로 이름을 바꿨다. 이재용의 지분은 회사의 유상증자 등으로 말미암아 7.70%로 낮아졌고, 이부진과 이서현의 지분도 각각 5.13%와 2.57%로 떨어졌다. 삼성생명은 2014

년 5월 이들 3남매의 지분을 모두 인수해 100% 자회사로 만들었다. 경제개혁연대의 조사결과 이재용이 삼성투신운용 지분 취득에 들인 자금은 모두 67억 원에 불과했다.[58] 그런데 이재용이 그 지분을 삼성생명에 매각한 가액은 320억 원이 넘었으니 양도소득세를 내고도 200억 원 이상의 차익이 발생했다. 이미 배당만으로도 투자액보다 큰 수익을 남긴 데 이어 다시 대박을 터뜨린 것이다.

참여연대는 2004년 4월 20일 이수빈 회장, 배정충 사장, 황영기 전임 전무 등 6명의 삼성생명 전현직 임원을 특정경제범죄가중처벌법 등에 관한 법률 위반(배임) 혐의로 검찰에 고발했다. 한빛투신운용 및 한일투신운용 주식과 삼성투신운용 주식의 교환거래에 따른 손실과 삼성자동차 부당지원에 대해 처벌을 해달라는 요지의 고발이었다. 그렇지만 검찰은 참여연대가 고발한 지 거의 1년이 지난 2005년 4월 13일 '증거불충분'이라며 무혐의 처리했다. 참여연대는 물러서지 않고 항고, 재항고했지만 번번이 퇴짜를 맞았다. 이 사건은 얼마동안 시야에서 사라졌다가 2008년 되살아났다. 경제개혁연대가 삼성투신 주식 교환거래에 한빛은행 외에 한미은행, 대구은행도 연루됐다면서 이수빈, 배정충, 황영기 등 삼성생명 전현직 임원 외에 이들 3개 은행의 은행장을 추가해 2008년 1월 다시 고발했다. 이익을 본 당사자인 이재용도 고발 대상에 들어갔다. 경제개혁연대는 1999년 작성된 금융감독원의 '삼성계열 연계검사 결과 보고' 문건을 입수했다면서 이처럼 고발 대상을 확대했다. 그러나 검찰은 그해 6월 불기소 처분을 내렸다. 참여연대가 그 다음 달에 서울고검에 항고까지 했지만, 역시 아무 성과가 없었다.

법과 원칙 지켜지는 나라에서는 불가능한 거래

이재용이 삼성 계열사들에 대한 지배권을 확보하는 과정의 거래는 대부분 이재용이 유학 중이던 시기에 이뤄졌다. 그 모든 거래에 삼성그룹 구조조정본부가 관여했다는 의혹이 끊임없이 제기됐고, 그런 의혹은 삼성특검을 통해 대부분 사실로 밝혀졌다. 이재용이 삼성 계열사 지분을 차지하고 경영권을 이어받는 과정은 그야말로 '마법'과도 같았다. 마법을 쓰는 과정은 이건희와 삼성그룹 구조조정본부의 뒷받침을 받았다. 그 결과 이재용은 엄청난 규모로 재산을 불렸고, 삼성그룹에 대한 지배권을 이건희로부터 이어받기 위한 '물적 기반'도 갖췄다.

〈한겨레〉의 2105년 2월 1일자 기사에 따르면 이재용은 12개 삼성 계열사에 모두 1363억 원을 투입해 2014년 말 기준으로 8조 9164억 원으로 불렸다. 65배로 증가한 것이다. 이부진은 97억 원의 자금을 투입해 2조 5768억 원으로 증식했고, 이서현은 73억 원의 자금을 투입해 2조 5634억 원으로 증식했다. 각각 266배와 351배로 늘어난 것이다.

그렇지만 필자가 보기에는 〈한겨레〉의 추정도 사실은 관대한 것으로 여겨진다. 이재용이 투입했다는 1363억 원 자체가 상당부분 비상장 계열사 주식에 투자했다가 상장 후 삼성생명 등 계열 금융사와의 통정매매 방식으로 불린 것이다. 원천적으로 이재용 자신의 자금은 이건희가 증여한 61억 원 가운데 증여세를 내고 남은 45억 원뿐이라고 해야 정확할 듯하다. 이 자금을 근거로 계산한다면 이재용의 재산 증가폭은 1980배가 넘는다. 그러니 이재용의 재산 불리기와 경영권 승계 과정을 설명하는 데 '마법'이라는 단어 외에 달리 적당한 낱말을 찾기 어렵다.

그것을 '마법'이라고 부를 수밖에 없는 또 다른 이유는 재산 불리기와 경영권 승계 과정이 대체로 건전한 법상식을 거스르면서 진행됐다는 데 있다. 법을 어기거나 회피하기 일쑤였다. 법과 원칙이 잘 지켜지는 사회에서는 감히 시도하기 어려운 방식으로 재산을 불리고 경영권을 승계해온 것이다. 그래서 그가 경영권 승계를 사실상 완료한 지금까지도 여전히 국민과 시장참여자들로부터 정당성을 인정받지 못하고 있다.

진시황이 중국을 통일할 무렵 그에게 승복하지 않는 지식인이 많았다. 승냥이에게 잡아먹혔다는 분함 때문이었을 것이다. "진나라의 백성이 되느니 차라리 죽는 게 낫다"는 정서가 당시 중국에 널리 퍼져 있었다.[59] 카이사르가 루비콘 강을 건너 로마공화국의 통치권을 차지한 뒤에 브루투스, 카토, 키케로 등 로마의 많은 식자들이 마음속으로 그에게 거역하고 있었다. 겉으로는 받아들이는 체하면서도 마음으로는 승복하지 않았던 것이다.

이재용의 경영권 승계 과정을 지켜본 국민들의 마음에 바로 그러한 이미지가 심어지지 않았을까? 그 이미지는 오래도록 사라지기 어려울 것 같다. 이재용이 불법적으로 얻은 이익을 환수하기 위한 법을 만들자는 움직임도 이런 배경에서 나온 것이다. 이제 그런 법을 제정해 소급적용하기란 아무래도 쉽지 않다. 그렇지만 이재용 자신이 경영권 변법승계 이미지를 불식시킬 필요가 없는 것은 아니다. 이재용은 그런 이미지를 어떻게 지워나갈까?

사업구조 재편

일찍부터 아버지 이건희로부터 물심양면의 지원을 받아온 이재용이 그룹 경영권을 이어받는 작업은 2013년부터 본격화돼 숨 가쁘게 진행됐다. 그룹 순환출자와 지배구조의 꼭대기에 있는 삼성에버랜드를 중심으로 그룹 재편이 진행됐다.

첫발은 삼성물산이 내디뎠다. 2013년 7월 삼성물산이 삼성엔지니어링 지분을 매수하기 시작했다. 삼성SDI가 보유하고 있었던 삼성엔지니어링 지분 204만 주를 1131억 원에 우선 매입한 것이다. 그 자체는 규모도 비교적 작고 별다른 의미도 없어 보였지만, 사실은 삼성물산과 삼성그룹의 이후 움직임을 예고하는 신호탄이었다.

이어 삼성SDS가 2013년 9월 7일 에스원의 자회사 시큐아이 지분 52.2%를 인수한 반면 교육콘텐츠 사업부문을 자회사 크레듀에 넘겼다. 시큐아이는 이재용이 2001년 세웠다가 부실화되어 다른 계열사에 인수된 인터넷회사 4개 가운데 하나다. 삼성SDS는 같은 해 9월 27일 삼성SNS를 흡수합병한다고 공시했다. 삼성SNS는 당시 이재용의 지분이

45.69%로 높아 2014년부터 일감 몰아주기 규제 대상에 들어가게 돼 있었다. 이를 회피하기 위해 삼성SDS가 삼성SNS를 흡수합병하게 된 것이다. 이에 따라 이재용의 삼성SDS 지분이 8.81%에서 11.25%로 높아진 반면 이부진과 이서현의 지분은 나란히 4.18%에서 3.90%로 낮아졌다. 삼성SDS의 총수 일가 3남매의 지분은 17.17%에서 19.05%로 높아졌다. 그렇지만 일감 몰아주기 규제를 받는 수준은 아니다. 총수 일가의 지분이 상장회사의 경우 30%, 비상장회사는 20%를 넘지 않으면 일감 몰아주기 규제를 받지 않기 때문이다. 흡수합병을 통해 삼성SNS와 삼성SDS가 나란히 일감 몰아주기 규제의 그물 밖으로 안전하게 빠져나간 것이다. 절묘한 한수였다.

2013년 9월 23일 삼성에버랜드는 제일모직 패션사업 부문을 인수하기로 결정했다. 인수가격은 1조 500억 원이었다. 반면 그해 11월에는 삼성에버랜드의 건물관리 사업이 에스원으로 넘어갔다. 삼성에버랜드의 급식 및 식자재 사업은 삼성웰스토리로 분리됐다. 삼성웰스토리는 1982년 삼성연수원 급식을 위해 처음 시작되어 전국 700여 개 사업장에 대한 급식사업을 진행해 왔다. 주로 삼성그룹 계열사의 사업장이었다. 삼성웰스토리가 분리됨에 따라 삼성에버랜드의 외식사업 부문에서 일하던 직원 2400여 명의 소속이 바뀌었다. 삼성웰스토리도 사실은 내부거래 의존도가 높은 반면 패션은 내부거래 의존도가 높지 않았다. 따라서 삼성에버랜드가 삼성웰스토리를 분리하고 패션사업을 흡수한 것도 일감 몰아주기 규제를 피하기 위한 것이라는 인상이 짙었다.

그런데 삼성에버랜드가 2014년 6월 주식시장에 상장하겠다는 계획을 발표했다. 분사된 삼성웰스토리의 직원들은 반발했다. 분리될 당시 5년

안에는 상장이 없을 것이라는 이야기를 들었는데 갑자기 상장한다고 하니 우리사주를 배정받지 못하는 자신들은 상장에 따른 이익을 누리지 못하게 됐다는 것이 이유였다. 삼성에버랜드가 제일모직으로 이름을 바꿔 상장한 다음 이재용을 비롯한 총수 일가는 막강한 주식부호로 올라섰는데, 직원들은 불과 6개월 차이로 그 이익을 누리지 못하게 됐으니 억울하다고 느낄 만도 했다. 이를 단순히 불운의 탓으로 돌릴 수 없는 것도 사실이다. 그때까지 그들은 삼성에버랜드의 직원으로 책임을 다했으니 상장차익을 누릴 자격이 있다고 주장하는 것은 결코 떼를 쓰는 것이 아니었다. 그들에게도 권리가 있다는 점을 부인할 수 없다. 사원들의 입장을 이해하는 회사라면 충분히 배려를 할 수도 있는 일이었다. 삼성웰스토리로 전직한 직원 600여 명은 2015년 2월 서울중앙지법에 손해배상 청구소송을 제기했지만, 2016년 4월 패소했다. 에스원으로 옮긴 직원 200여 명도 2014년에 비슷한 소송을 냈지만, 2016년 4월 패소 판결문을 받았다. 역시 삼성을 상대로 소송을 벌여서 이기기는 힘들다. 삼성의 과거 이력을 돌아보면 삼성과 소송을 벌여 이길 가능성은 낙타가 바늘구멍 통과하기만큼이나 어려웠는데, 이번에도 마찬가지였다.

속도를 내는 경영권 승계 작업

삼성의 행보는 2014년 들어 더욱 가속화됐다. 2014년 3월 31일 삼성 SDI가 옛 제일모직 소재사업 부문을 흡수합병한다고 발표했다. 이로써 옛 제일모직은 사실상 사라지게 됐다. 1954년에 설립돼 제일제당과 함께 삼성그룹의 제조업 뿌리가 된 제일모직은 패션, 케미컬, 전자재료 등의 사업을 벌여오다가 배터리 사업에 집중하고 있는 삼성SDI와 한 몸이 된 것이다. 삼성SDI는 소재사업 가운데 케미컬 부문을 분리해서 2016년에 롯데그룹의 롯데케미칼에 넘겼다. 이틀 뒤에는 삼성종합화학과 삼성석유화학의 합병계획이 발표됐다.

2014년 5월 8일에는 삼성SDS가 증시에 상장하겠다고 발표했다. 글로벌 기업으로 도약하기 위한 것이라는 설명이 뒤따랐다. 그러나 그렇게 생각하는 사람은 별로 없었다. 결국은 경영권 승계를 위한 포석이라는 것이 대체적인 인식이었다. 이재용이 상속세를 낼 자금을 마련하기 위한 상장이라는 분석이 무성했다. 이재용이 보유한 주식을 쉽게 현금화할 수 있게 해주려는 상장이라는 얘기였다. 그러나 이재용의 보유주식은 870만 주를 넘기 때문에 이를 모두 시장에 내다팔아 현금화한다는 것이 쉬운 일은 아니다. 시장에 충격을 주기 때문이다. 따라서 이런 분석에 회의적인 시각도 있다. 그런데 이재용은 2016년 2월 2일 삼성SDS 지분 2.05%에 해당되는 158만 7757주를 매각했다. 삼성엔지니어링의 유상증자에 참여할 자금을 마련하기 위해서였다. 이 매각을 통해 이재용은 3000억 원을 마련했다. 이로 미뤄볼 때 삼성SDS의 상장이 유사시 이재용의 현금 마련을 쉽게 하려는 상장이라는 관측이 맞는지도 모르겠다. 앞으로 이재용이 남은 삼성SDS 지분을 어떻게 활용하는지를 지켜볼 필요가 있겠다.

이렇듯 삼성그룹의 잇단 행보에 세간의 관심이 집중되는 가운데 뜻밖의 큰 사건이 일어났다. 이건희 회장이 2014년 5월 10일 급성심근경색으로 쓰러진 것이다. 이건희는 쓰러진 직후 자택 인근의 순천향병원에서 응급조치를 받은 다음 삼성서울병원으로 옮겨졌다. 그 뒤로 이건희는 다시 의식을 회복하지 못했다. 이건희가 사망했다는 보도까지 나왔지만, 그건 사실이 아니었다. 이건희는 사망하지는 않았지만 사실상 식물인간이 되어

기약 없이 병원에 누워 있어야 했다. 더 이상 정상적인 인지기능을 가진 인간으로서 기업경영에 나설 수는 없게 됐다.

삼성그룹은 그 뒤로 이건희 없이 살아가는 방안을 찾아야 했다. 이건희가 갑자기 쓰러지는 바람에 이재용의 경영권 승계 일정이 대폭 앞당겨졌다. 다행히 이건희는 이미 이재용에게 경영권을 승계하기 위한 기틀을 대부분 다져 놓았다. 이재용의 경영권 승계를 공식화하고 실질적인 지배장치를 확립하고 보강하는 과정만 남은 것이다. 그렇지만 후술하는 바와 같이 그 과정 역시 매끄럽지 않았고, 수많은 논란을 빚었다.

이건희가 입원한 뒤 삼성에서 가장 먼저 나온 소식은 지배구조상 핵심적인 위치에 있는 삼성에버랜드를 상장한다는 계획이었다. 삼성에버랜드는 2014년 6월 3일 상장 계획을 발표한 데 이어 7월 4일 사명을 제일모직으로 변경했다. 삼성그룹의 이 같은 움직임에 대해 여러 가지 해석이 나돌았다. 이재용 3남매가 상속세를 내기 위해 필요한 자금을 마련하려는 것이라는 풀이도 있었다. 이재용 3남매가 보유하고 있는 주식의 일부를 상장 후 매각해 이건희로부터 삼성생명 주식 등 재산을 물려받으면서 상속세를 내는 데 필요한 돈을 마련할 것이라는 전망이었다. 그렇지만 삼성에버랜드의 상장과 관련해서는 삼성이 지주회사로 전환하기 위한 준비작업이라는 관측이 더 힘을 얻었다. 이 같은 관측은 후술하는 바와 같이 삼성물산과 제일모직의 합병에 의해서 더욱 설득력을 얻었다.

여러 가지 관측과 시나리오가 봇물처럼 쏟아져 나오는 가운데 삼성의 계획대로 상장 작업은 예정대로 진행됐다. 2014년 11월 14일 삼성SDS가 상장한 데 이어 12월 18일 제일모직도 증시에 데뷔했다. 이들 두 회사의 상장에 따라 이재용, 이부진, 이서현에게 막대한 시세차익이 발생하면서 정당성 논란이 제기됐다. 삼성SDS 지분을 갖기 위해 이재용이 투입한 자금은 103억 원, 이부진과 이서현이 투입한 자금은 34억 원이었다. 그런데 상장 첫날 주가가 공모가의 1.72배인 32만 7500원으로 마감돼 이들 3남매의 지분 가치는 4조 8280억 원을 헤아리게 됐다. 그중 이재용의 지분 가치는 2조 8507억 원으로 투자액의 280배 가까이에 이르렀고, 이부진과 이서현의 지분 가치도 9887억 원으로 투자액의 290배 남짓에 달했다. 이학수 삼성그룹 전 부회장과 김인주 삼성선물 사장도 삼성SDS의 상장을 통해 막대한 시세차익을 남겼다. 이학수는 307만 주(3.97%), 김인주는 132만 주(1.71%)를 각각 가지고 있었다. 상장 후 이들의 지분 가치는 각각 1조 68억 원과 4330억 원으로 늘어나 373배와 361배가 됐다.[60]

제일모직 주가는 상장 첫날 11만 3천 원에 마감됐다. 제일모직은 상장에 앞서 액면가를 주당 100원으로 쪼갰다. 5000원짜리 주식으로 환산하면 주가는 무려 565만 원에 이른다. 계산해보면 이재용, 이부진, 이서현에게 무려 5조 9천억 원가량의 평가이익이 돌아간 셈이다.

이들 3남매가 보유한 제일모직 주식은 삼성에버랜드로부터 배정받은 전환사채(CB)에서 비롯된 것이다. 이들이 삼성에버랜드 전환사채를 인수하기 위해 들인 자금은 불과 81억 원이었다. 그러니 원금의 700배가 넘는 상장차익을 챙긴 것이다.

삼성SDS와 제일모직의 상장을 통해 이들 3남매는 모두 10조 원 이상의 상장차익을 거두었다. 이에 따라 이재용이 국내 주식부자 2위에 올랐고, 이부진과 이서현도 나란히 7위를 꿰어 찼다. 3남매가 나란히 10위 안에 진입한 것이다. 또 이건희와 그의 처 홍라희의 보유주식까지 합친 이건희 일가족의 지분 가치는 24조 원 이상을 헤아리게 됐다. 국내에서는 타의 추정을 불허하는 주식부자 가족이 된 것이다.

그러자 이들의 시세차익이 부당이득이라는 비판이 각계에서 쏟아졌다. 경제정의실천시민연합은 논평에서 "삼성그룹 3남매가 기업인으로서 노력 없이 편법승계와 일감 몰아주기 등으로 얻게 된 불로소득과 다름없고 사회적 정당성을 인정받기도 어렵다"고 비판했다. 2015년 2월 16일에는 박영선 의원이 '특정재산범죄수익 등의 환수 및 피해구제에 관한 법률안'을 발의했다. 이들 총수 일가와 이학수, 김인주가 얻은 차익을 부당한 이익으로 간주하고 환수하자는 법안이었다. '이학수법'이라고 일컬어지게 된 이 법안은 제19대 국회에서 입법되지 못했다. 박영선 의원은 법안을 발의한 후 토론회를 여는 등 나름대로 여론조성 작업을 벌였지만, 여의치 않았다. 야당이 소수당이었던 데다 법안이 소급입법이라는 지적도 있었다. 오랫동안 삼성의 지배구조 문제를 비판해온 김상조 교수도 반대 의견을 밝혔다. 김 교수는 한 신문 기고문을 통해 "확정판결이 난 삼성SDS 사건을 다시 형사적으로 다루는 것은 이중처벌 및 소급입법 문제 때문에 불가능하다"는 견해를 밝혔다. 이학수법은 이런 난점을 피하기 위해 '민사적 몰수' 개념을 도입했지만, 이를 위한 소송제기 여부를 법무부 장관의 자의적 판단에 맡기는 것이기 때문에 어색하다는 것이 김 교수의 주장이었다.[61] 김 교수의 주장이 아니더라도 이학수법은 지난날의 경험에 비춰볼 때 실현되기가 쉽지 않은 것이 사실이다. 이런 법이 사회적 공감을 얻고 국회도 통과할 수 있을 정도로 우리 사회가 선진화돼 있다면 장기간에 걸쳐 여러 차례 되풀이된 삼성의 무리한 경영권 승계 공작 자체가 이미 불가능했을 것이다. 훗날에는 몰라도 지금 시점에서는 통과되기 어려운 법안이다. 그저 일단 문제제기를 하고 삼성에 무언의 압력을 가하는 것으로 만족하는 수밖에 없는 것이 현실이다. '무언(無言)의 언(言)', 즉 말 없이 하는 말이 큰 힘을 갖는 것처럼 '무법(無法)의 법(法)'이 발휘하는 힘을 일단 믿어야 할 듯하다. 법안은 결국 제19대국회 종료와 함께 폐기됐다.

2014년 9월 1일에는 삼성중공업과 삼성엔지니어링을 합병하겠다는 계획이 발표됐다. 두 회사의 합병은 양사 주주총회의 승인도 받았다. 그러나 합병에 반대하는 소액주주들의 주식매수 청구가 예상보다 많아짐에 따라 합병이 무산됐다. 부실한 삼성엔지니어링을 삼성중공업에 합병하려는 계획에 불안감을 느낀 주주들이 반대의 뜻을 행동으로 보여준 결과다. 그동안 모든 것을 뜻대로 해오던 삼성으로서는 뜻밖의 좌절이었다. 그렇지만 이 같은 해프닝에도 불구하고 경영권 승계를 위한 삼성의 움직임은 그 뒤에도 계속됐다.

지배구조 개편

이건희가 복귀한 후 삼성그룹의 지분구조 조정 작업도 시작됐다. 복잡한 구조를 조금은 단순화하는 작업이었다. 이건희가 특별검사의 수사를 받는 등 '수모'를 겪으면서까지 이재용 등 3남매에게 경영권을 승계하려고 했지만 미진했던 작업을 마무리해야 했다. 마지막 퍼즐을 맞추는 작업이었다. 그 중심에는 삼성생명과 삼성물산이 있었다.

2013년 12월 13일 삼성물산과 삼성전기가 삼성카드 지분 2.5%와 3.8%를 각각 삼성생명에 매각했다. 삼성중공업이 갖고 있던 삼성카드 지분도 삼성생명이 인수했다. 이에 따라 삼성생명의 삼성카드 지분은 34.41%로 늘어났다. 삼성생명은 삼성전자(37.45%), 삼성문화재단(3.06%)과 함께 삼성카드의 주요주주가 됐다. 삼성생명은 2016년 1월 28일 삼성전자가 보유하고 있었던 삼성카드 주식 4339만 3170주(37.45%)마저 1조 5500억 원에 전량 매입했다. 이에 따라 삼성생명의 삼성카드 지분은 71.68%로 늘어났다.

삼성생명은 2014년 4월 22일 삼성카드가 보유하고 있었던 삼성화재

보통주 29만 8377주(0.63%)도 711억 6300만 원에 인수했다. 이에 따라 삼성생명의 삼성화재 지분은 11.01%로 올라갔다.

같은 날 삼성전기와 삼성정밀화학, 삼성SDS 등이 갖고 있던 삼성생명 지분을 일제히 매각했다. 삼성생명→삼성전자→제조업 계열사→삼성생명 으로 연결되는 순환출자 구조가 단절된 것이다. 그 결과 삼성생명은 삼성 에버랜드의 단독지배를 받게 됐다. 출자구조가 단순화되면서 이재용을 중심으로 한 지배구조가 보다 분명해졌다.

삼성생명은 삼성선물 지분 102만 주(41%)를 삼성증권에 넘겼다. 삼성 증권은 삼성화재가 보유하고 있던 삼성선물 지분 10만 주도 인수했다. 이에 따라 삼성증권은 삼성선물 지분 100%를 보유하게 됐다.

아울러 삼성생명은 삼성자산운용 지분 100%를 확보했다. 삼성생명은 2014년 5월 이후 삼성증권, 삼성중공업, 삼성화재 등 계열사는 물론이고 이재용의 지분 7.7%를 비롯해 이부진, 이서현 등 3남매가 갖고 있던 지분 까지 모두 인수했다. 삼성생명은 이들 계열사와 총수 일가 남매로부터 인수한 주식으로 96.27%의 삼성자산운용 지분을 확보한 다음 소액주주가 갖고 있던 나머지 지분마저 사들였다. 이 과정에서 '강제매수제도'를 활용 했다. 강제매수제도란 2012년 개정된 상법에 따라 주식 총수의 95% 이상을 확보한 지배주주가 소액주주에게 보유주식을 매도하라고 청구하는 제도다. 이 제도에 대해 소액주주를 강제로 축출하는 제도라는 비판이 끊임없이 제기되고 있다. 삼성생명은 이 제도를 이용해 나머지 지분을 매입해 100%를 채웠다. 이런 경우 소액주주의 지분은 워낙 적어서 경영권에 영향을 주기 어렵다. 그런데도 삼성생명은 굳이 강제매수제도를 동원해 억지로 사들인 것이다. 논란 많은 제도를 '시의적절'하게 써먹은 셈이다.

매수한 가격은 주당 2만 2369원이었다.[62] 이에 대해 일부 주주가 너무 낮은 가격이라며 가격 재산정을 요구하는 소송을 제기했지만, 법원에서 기각됐다. 삼성은 역시 법정에서는 사실상 '무적'이었다.

한편 삼성카드는 2014년 6월 옛 제일모직 지분 4.7%를 삼성전자에 넘겼고, 삼성생명은 삼성물산 지분 4.7%를 삼성화재에 매각했다. 삼성생명은 삼성화재 주식을 추가로 매입해 지분을 14.98%로 더 높였다.

이어 삼성카드가 2014년 10월 새 제일모직(옛 삼성에버랜드. 이하 제일모직) 주식 잔량 624만여 주(4.99%)를 모두 처분했다. 종전에는 제일모직→삼성생명→삼성전자→삼성카드→제일모직으로 이어지는 순환출자 구조가 형성돼 있었는데, 삼성카드→옛 제일모직 연결선이 끊어졌다. 삼성카드는 종전에는 제일모직 지분을 25.6% 갖고 있었지만 '금융회사는 비금융회사 지분을 5% 이상 소유해서는 안 된다'는 금산법 규정에 따라 4.99%로 줄였다가 이마저 모두 처분한 것이다. 이에 따라 금융계열사의 지분구조가 한결 간단해졌다. 또 금융계열사와 비금융계열사가 복잡하게 얽혀있던 지분구조도 조금은 단순해졌다.

이런 작업들은 대체로 이건희가 쓰러지기 전에 진행된 것들로서 전주곡에 불과했다. 제일모직(옛 삼성에버랜드)과 삼성SDS의 상장도 사실은 전주곡의 일부였다. 보다 더 크고 중요한 변화가 기다리고 있었다. 그것은 삼성물산과 제일모직의 합병이었다.

삼성은 2015년 5월 26일 제일모직과 삼성물산을 합병하겠다고 공표했다. 삼성은 이에 대해 의식주와 여가 및 바이오산업의 세계적 선도기업으로 성장하기 위한 것이라고 설명했다. 두 회사의 합병에 따라 연간 매출액이 34조 원에서 2020년 60조 원으로 늘어날 것이라는 설명도 곁들였다. 합병은 1 대 0.35의 비율로 제일모직이 삼성물산을 흡수하는 형식이었다.

이 합병비율이 공정하고 정직한 것일까? 합병비율이 의도적으로 제일모직에 유리한 방향으로 정해진 것은 아닐까? 이런 의문과 비판이 뭉게뭉게 커지고 확산됐다. 삼성물산의 매출이 훨씬 많고 자회사 가운데 삼성전자 같은 우량자산도 적지 않은데 합병비율이 제일모직에 유리하게 책정됐다는 것이었다. 합병시기도 삼성물산의 주가가 아주 저조한 반면 제일모직의 주가는 비교적 양호할 때를 선택했거나, 양사의 주가를 의도적으로 관리해 왔다는 주장도 제기됐다. 특히 이재용의 삼성그룹 경영지배권 승계를 뒷받침하기 위한 포석이라는 비판이 거세게 일었다. 초점은 바로 여기에 있었다. 삼성물산과 제일모직의 합병은 자연스러워 보이지 않았다. 삼성물산의 사업과 제일모직의 사업은 하나로 통합하기에는 너무나 이질적이었다. 얼음과 숯을 섞는 것 같아 보였다. 두 회사를 합치면 시너지를 낼 수 있을 것이라는 설명은 마치 삼각형과 사각형을 겹치면 원이 된다는 주장과 비슷하게 들렸다.

당시 제일모직의 지분구조는 이재용이 23.23%를 가진 최대주주였고, 이부진과 이서현이 각각 7.75%, 이건희가 3.45%를 보유하고 있었다. 이들의 지분을 포함해 우호지분은 총 53.1%였다. 이에 비해 삼성물산은 우호지분이 삼성SDI 7.39%, 삼성화재 4.79%, 이건희 1.41% 등 모두 합쳐 13.99%에 불과했다. 그렇지만 삼성물산은 삼성전자, 삼성SDS. 제일기획, 삼성엔지니어링 등 주요 계열사의 주요주주로서 중요한 위치를 차지하고 있었다. 그런데 이건희 일가의 지배력이 다소 약해 보였다. 삼성물산을 제일모직과 합칠 경우 이건희 일가의 지배력은 안정성을 확보할 수 있었다. 당시 시가총액도 제일모직은 26조 원을 넘는 데 비해 삼성물산은 12조 원이 채 안 됐다. 덩치에 비해 시가총액이 작으므로 흡수합병하기에 큰 어려움이 없어 보였다. 삼성의 계획대로만 된다면 삼성물산을 지렛대로 하여 삼성전자를 비롯한 삼성그룹 계열사 전체에 대한 이건희 일가의 지배력을 이재용에게 안전하게 물려줄 수 있을 것이라는 계산이 나오는 것이다. 바로 이 점을 노렸다는 것이 비판론의 요지였다.

삼성물산과 제일모직의 합병은 이미 오래 전부터 예견돼온 일이었다. 경제개혁연대가 일찍이 2009년 12월 발표한 보고서 '삼성그룹의 소유구조 개편 시나리오 검토'에서 지주회사를 설립하지 않고 소유구조를 개편하는 방법의 하나로 삼성물산과 삼성에버랜드의 합병 가능성을 제기한 바 있다. 대우증권에서도 2014년 6월 삼성물산과 삼성에버랜드의 합병 가능성을 예견한 바 있다.[63] 삼성에버랜드가 이름을 바꾼 것이 제일모직이므로, 경제개혁연대와 대우증권의 예측대로 된 셈이다. 경제개혁연대는 삼성물산과 삼성에버랜드가 합병할 경우 가장 큰 효과는 삼성물산에 대한 지배주주들의 소유 지분율이 높아진다는 점을 들었다. 삼성물산에 대한 지분율이 높아지면 삼성그룹 전체를 지배하는 데도 더욱 효과적이라는 예상이었다. 2015년 1월에도 합병 가능성에 대한 관측이 강력히 대두됐다. 제일모직이 2014년 12월에 무난히 상장됐으니 그 다음에는 제일모직과 삼성물산이 합병할 것이라는 전망이었다. 특히 합병비율이 삼성물산에 불리하게 산정될 것이라는 추측까지 나오면서 삼성물산의 주가가 약세를 보였다. 삼성물산 주가의 약세는 합병계획이 발표된 5월 26일 직전까지 계속됐다.

이런 전망이 제기될 때 필자는 '설마' 하고 생각했다. '삼성이 그렇게까지 할까' 하고 고개를 갸우뚱거렸다. 그러나 삼성의 합병계획은 시장 전문가들의 예측대로 된 셈이다. 그러자 합병이 이재용의 지배권을 강화하기 위한 무리한 합병이라는 비판이 국내외에서 쏟아졌다. 합병비율이 제일모직에 유리하게 결정되도록 삼성물산의 기업가치와 주가를 의도적으로 낮게 관리했다는 주장이 갈수록 확산됐다. 특히 미국계 헤지펀드인 엘리엇 매니지먼트가 행동에 나섰다. 엘리엇은 경영참여를 목적으로 삼성물산 주식 7.12%를 갖고 있다고 공시하면서 합병에 반대한다는 의사를 공공연하게 드러냈다. 엘리엇은 종전에 4.95%의 지분을 갖고 있었는데, 추가로 2.17%의 지분을 사들여 지분을 늘린 것이다. 엘리엇의 주장은 한마디로 합병비율이 불공정해서 삼성물산 주주들의 이익을 해치고 제일모직만 살찌게 한다는 것이었다. 엘리엇은 7조 8500억 원 상당의 삼성물산 자산이 제일모직으로 넘어가고 그만큼 삼성물산 주주들이 손해를 본다는 계산결과도 제시했다. 엘리엇은 법원에 합병 중지 가처분신청까지 내면서 강력하게 맞섰다. 이에 따라 합병의 정당성과 합병비율의 타당성 여부를 둘러싼 논란이 더욱 커졌다. 사실 그 무렵 국내에는 합병에 논리적으로 비판할 전문가는 있어도 주주들의 힘을 모아 맞설 수 있는 주체가 없었다. 그럴 때 엘리엇이 등장함으로써 반대론 진영이 원군을 얻게 됐다. 엘리엇의 이 같은 움직임은 특히 모두 34%가량의 지분을 갖고 있는 외국인들을 자극할 가능성이 커보였다. 이 때문에 삼성은 몹시 긴장했다. 주주총회에서 합병안 통과 여부가 불확실해졌다. 비상이 걸린 삼성은 합병안 관철을 위해 모든 수단을 동원했다. 우선 삼성물산이 갖고 있던 자사주 899만 557주를 '백기사' KCC에 주당 7만 5000원의 가격으로 넘겼다. 모두 6742억 원어치였다. 이로써 죽어 있던 5.76%의 의결권이 되살아났다. 또

11.21%의 지분을 갖고 있던 국민연금을 '설득'해서 합병에 찬성한다는 입장을 이끌어냈다. 이로써 삼성은 대세를 잡고 한숨을 돌릴 수 있게 됐다. 결국 7월 17일 열린 주총에서 합병안이 무난하게 통과됐다. 또 마지막 관문이라고 할 수 있는 주식매수청구권 행사도 무난히 방어했다. 삼성물산의 주식매수청구권 행사 가격이 주당 5만 7234원이었는데, 청구 마감 전날 주가가 5만 7천 원으로 끝났다. 그 무슨 보이지 않는 신의 도움을 받았는지 참으로 절묘한 가격으로 마감된 것이었다. 그러니 소액주주들도 주식매수청구권 행사에 흥미를 잃었다. 삼성은 삼성중공업과 삼성엔지니어링의 합병이 소액주주들의 주식매수청구권 행사로 인해 좌절됐던 전철을 다시 밟지 않았다.

국민연금의 합병 찬성 결정에 대해 많은 논란이 있었다. 국민연금이 결정을 내리기 전에 의결권 행사에 관한 국내외 민간 자문기관들은 대체로 합병에 반대하라는 의견을 제시했다. 국민연금 역시 적정 합병비율을 1 대 0.46으로 자체 산정했음에도 결과적으로는 삼성의 합병안에 찬성했다. 국회 국정감사에서는 김영환, 김기식을 비롯한 여러 의원들이 국민연금의 석연치 않은 태도를 집중 추궁했다. 국민연금이 2015년 6월 초 SK와 SK C&C의 합병안에 대해서는 반대 의사를 표명했음에도 삼성물산과 제일모직의 합병안에 대해서는 찬성한 것은 이중잣대라는 지적도 무성하게 제기됐다. 또 국민연금의 홍완선 기금운용본부장이 주총이 열리기 전에 이재용을 만난 사실이 드러났다. 특히 홍 본부장이 직접 삼성을 찾아가서 이재용을 만난 것으로 드러나 논란이 더욱 커졌다. 국민연금은 합병안에 대한 찬반 의사결정을 통상 민간 자문기구인 의결권행사전문위원회에 맡겨왔지만, 이 사안에 대해서는 기금운용본부가 투자위원회를 먼저 열어 찬성 입장을 결정해버린 사실도 밝혀졌다. 김영환을 비롯한 야당 의원들은 국민연금의 결정이 삼성에 대한 특혜라고 비판했다.

이렇듯 우여곡절 끝에 삼성물산과 제일모직의 합병이 마무리된 후 통합 삼성물산이 2015년 9월 1일 출범했다. 삼성물산과 제일모직이 합병된 뒤에도 삼성전기, 삼성SDI, 삼성화재가 통합 삼성물산 지분을 여전히 갖고 있었다. 특히 삼성SDI에서 통합 삼성물산으로 이어지는 순환출자 고리는 더욱 강화됐다. 이런 출자구조에 대해 미국 헤지펀드 엘리엇이 삼성물산과 제일모직의 합병 과정에서 문제제기한 바 있지만, 삼성은 무시했다. 이에 따라 공정거래위원회는 삼성SDI가 보유하고 있던 통합 삼성물산 주식 500만 주(지분율 2.6%)를 매각하라고 2016년 1월 명령했다. 삼성은 이 명령을 수용하고 그 가운데 130만 주를 이재용에게 매각했다. 이에 따라 이재용의 통합 삼성물산 지분은 16.54%에서 17.07%로 더 상승했다. 이 과정에서 삼성생명공익재단도 삼성물산 주식 200만 주를 매입했다. 삼성생명공익재단이 삼성물산 주식을 사들인 것은 재단의 이름에도 들어 있는 '공익'에 어긋나는 일이라는 비판도 제기됐다. 하지만 그런 비판을 귀담아 들을 삼성은 아니었다.

통합 삼성물산의 지분은 이부진과 이서현도 각각 5.5%를 갖고 있다. 이로써 이재용 3남매는 통합 삼성물산의 지분 28%를 소유하게 됐다. 이건희의 지분 2.86%까지 합치면 이건희 일가의 지분율이 30.4%에 이른다. 게다가 삼성SDI가 아직도 4.77%를 갖고 있는 데다 우호세력인 KCC도 9.1%의 지분을 갖고 있기 때문에 삼성으로서는 든든하다. 한마디로 자산규모 42조 원을 넘는 거대기업이 이건희와 그 자녀들의 손아귀에 완벽하게 들어간 것이다.

삼성은 통합이 완료된 후 2015년 10월 말에 주주권익 보호를 위한 거버넌스위원회를 삼성물산에 설치했다고 발표했다. 사외이사 3명과 외부 인사 3명이 참여하는 거버넌스위원회는 중립적이고 독립적인 입장에서 주주권익 보호와 주주가치 제고를 위한 의견을 이사회에 개진할 것이라고 삼성물산은 밝혔다. 아울러 주주와의 소통을 강화하겠다고 말했다. 그렇지만 그 방향과 진정성은 아직 알 수가 없다.

국민과 시장의 신뢰 상실

삼성의 입장에서 통합 삼성물산 출범의 가장 큰 의의는 삼성그룹의 핵심 기업인 삼성전자와 삼성그룹 전체에 대한 이재용의 지배권을 충분히 확보해 주었다는 것이다. 통합 삼성물산은 핵심 계열사인 삼성전자의 지분을 4.1% 갖고 있을 뿐이다. 그렇지만 삼성생명의 지분을 19.34% 보유한 대주주이고, 삼성생명은 삼성전자의 지분을 7.6% 갖고 있다. 삼성물산은 또 삼성SDS 지분을 17.1% 보유하고 있고, 삼성엔지니어링 지분도 7.8%까지 늘려놓았다. 이에 따라 통합 삼성물산은 제일모직을 대신해 삼성그룹 지배구조의 핵심적인 위치에 서게 됐다.

삼성물산과 제일모직의 합병은 이재용을 위한 삼성그룹 지배구조 개편 과정의 하이라이트였다고 할 수 있다. 삼성에버랜드에 이재용 남매의 지분을 심어 놓은 것이 기초를 다진 것이라고 한다면, 삼성물산과 제일모직의 합병은 그 기초 위에 바벨탑을 세운 것이다.

과거 삼성에버랜드 사건은 우리나라가 전반적으로 투명하지 못한 시대에 일어난 것이다. 기업의 정보와 경영이 전반적으로 밀실에서만 거래되고 교류되던 시대였다. 말하자면 기업경영과 경제운용에 관한 한 '무명(無

明)'의 시대였다. 하다못해 우리나라의 외환보유액조차 정확히 알려지지 않던 때였다. 게다가 삼성에버랜드는 비상장회사였다. 이건희 총수 일가의 가족회사나 다름없었다.

이와 달리 삼성물산과 제일모직이 합병된 2015년은 그런 시대가 아니었다. 우리 사회 곳곳에서 보다 투명한 정보공개와 합리적인 경영이 필요하다는 합의가 어느 정도 이뤄진 상태였다. 이런 시대적 흐름을 거스르고 추진된 것이 삼성물산과 제일모직의 합병이었다. 그것은 결국 이재용의 지배체제를 다지기 위해서 강행됐다고 해도 과언이 아닐 듯하다. 삼성전자에 대한 지배권 확보가 이재용에게 중요한 일이라면 이재용 자신이나 이건희 일가의 사재를 들여 지분을 사들이면 되는 일이지만, 이재용과 삼성은 그런 정도를 걸어가기를 마다했다. 그리고 그 과정을 국민연금을 비롯한 일부 기관투자가와 전문가들이 방조했다. 그러므로 삼성물산과 제일모직의 합병은 삼성에버랜드 사건보다 더 사특한 것이라고 필자는 생각한다. 모르고 저지르는 오류보다 알면서도 자행하는 과오의 책임이 더 무거운 것처럼.

실용적인 관점에서도 통합 삼성물산을 기다리는 복병과 장애물이 즐비하다. 무엇보다 삼성물산의 실적과 주가가 하향곡선을 그리고 있다. 주가는 2015년 통합법인 출범 당시 17만 원이었는데, 2016년 들어서는 꾸준히 낮아져 20% 이상 하락했다. 이는 무엇보다도 통합 삼성물산이 2015년 4분기에 영업손실을 낸 데 이어 2016년 1분기에 적자폭이 커지는 등 실적 부진에 허덕이고 있기 때문이다. 합병 과정의 정당성에 대한 의문도 잦아들지 않고 있다. 심하게 말하면 삼성물산과 제일모직의 합병은 오로지 삼성전자에 대한 지분 4.1%를 이재용에게 더 얹어주기 위한 것일 따름이라는 지적도 나온다. 서울고등법원은 2016년 6월 1일 옛 삼성물산 지분 2.11%를 보유했던 일성신약과 소액주주들이 '삼성물산의 주식매수 가격이 너무 낮다'며 낸 가격변경 신청 사건에 대한 2심에서 매수가격을 올리라고 판결했다. 삼성물산이 주식매수 청구 가격으로 설정했던 주당 5만 7234원에서 6만 6602원으로 매수가격을 올리라는 판결이었다. 아직 대법원 판결이 남아 있기 때문에 결과를 속단하기는 어렵다. 삼성은 대법원에서는 특히 강한 면모를 보여왔기 때문이다.

그렇지만 통합 삼성물산이 법원과 시장으로부터 '협공'을 당하고 있는 듯한 양상인 것은 분명하다. 시민단체를 중심으로 합병비율을 재산정해야 한다는 주장도 고개를 들고 있다. 삼성이 주장하던 '시너지효과'는 온데간데없고 상처와 논란만 남은 셈이다. 경우에 따라서는 합병 과정의 문제점이 재조명되면서 이재용을 떠받치는 데 초점을 맞춘 삼성그룹 지배구조 개편 작업이 차질을 빚을 가능성도 배제할 수 없다. 이 같은 역풍을 타개하기 위해 삼성이 어떤 수를 들고 나올지 아직은 안개 속이다. 한 가지 방안으로 삼성SDS의 물류대행 사업을 빼내오는 방안이 검토되는 것으로 보도됐지만, 소액주주들의 반발이 거세기 때문에 이 역시 쉽지 않을 전망이다. 그렇다고 통합 삼성물산을 그대로 방치할 경우 계속적인 주가하락으로 이재용의 위상과 지배력이 약화될 가능성을 배제할 수 없다. 이재용은 진퇴유곡에 빠져 있다고 해야 할지도 모르겠다.

이재용의 입장에서는 상황이 예상 밖으로 어려워진 셈이다. 일이 이렇게 꼬인 것은 자업자득이라고 해야 할 것이다. 삼성물산과 제일모직의 합병이 무리라는 비판을 물리치고 굳이 그것을 강행했기 때문이다. 그 결과로 무엇보다 국민과 시장의 신뢰를 잃어버린 것이다. 이재용의 문제해결

능력이 시험대에 오른 셈이다. 아직까지는 경영의 아마추어라고 해야 할 이재용에게는 너무 무거운 짐인지도 모르겠다.

이 같은 상황에서는 삼성이 완전한 지주회사 체제로 전환하는 것도 쉽지 않을 듯하다. 지주회사 전환 이전에 해결돼야 할 문제가 많기 때문이다. 무엇보다 복잡한 순환출자 구조를 해소하는 일이 선행돼야 한다. 삼성전자는 삼성전기와 삼성SDI 등 주요 비금융 계열사들을 거느리고 있고, 삼성전기와 삼성SDI는 통합 삼성물산 지분을 갖고 있다. 또 삼성생명은 삼성화재의 최대주주이고, 삼성화재는 통합 삼성물산 지분을 보유하고 있다. 이런 식으로 삼성그룹은 금융회사와 비금융회사가 복잡하게 얽힌 순환출자망을 형성하고 있다. 이러한 순환출자 구조가 새로 형성된 것은 아니기에 당장 해소해야 하는 것은 아니다. 다만 삼성이 지주회사 체제로 전환하려면 이런 순환출자 구조를 해소해야 한다. 이를 위해서는 많은 자금이 소요된다. 그러니 삼성이 당장 지주회사 체제로 전환하려고 서두르지는 않을 듯하다. 당분간은 삼성물산을 사실상의 지주회사 위치에 두고 그 산하에 삼성전자를 중심으로 한 제조업 계열과 삼성생명을 중심으로 한 금융업 계열로 나누어 공존하게 할 것 같다.

문어발식 확장 시대의 유산

삼성그룹의 복잡한 순환출자 구조는 문어발식 확장 시대의 유산이다. 새로운 사업을 벌일 때 기존 사업을 포기하거나 정리하지 않고 늘리기만 하다 보니 빚어진 결과다. 재벌 총수가 작은 지분으로 수백조 원에 이르는 기업집단을 지배할 수 있게 하는 요술 같은 구조다. 계열사들이 돌아가면서 출자하는 것을 통해 애초 출자금의 몇 배에 이르는 가공자본을 만들어낸다. 이것은 나라의 경제구조를 재벌 위주로 만드는 핵심적인 기제라고 할 수 있다. 이건희는 총 348조 원(2016년 4월 현재)에 이르는 삼성그룹의 자산을 단 0.6%의 지분으로 지배해 왔다. 공정거래위원회가 2016년 7월 7일 발표한 자료에 따르면 이건희 일가의 지분을 모두 더해도 1.1%에 지나지 않는다.

이 같은 재벌구조는 몇몇 재벌에 의한 성장신화에서 비롯된 것이다. 소수의 재벌들이 한정된 재원으로 온갖 업종에 진출하기 위해 여러 가지 방식으로 자본과 자산을 부풀릴 필요가 있었다. 이를 위해 과거에는 상호출자까지 용인됐다. 상호출자는 이제 허용되지 않지만, 순환출자는 여전히 살아 있다. 신규 순환출자는 금지돼 있지만 기존의 순환출자는 엄존하고 있다. 이런 상호출자나 순환출자를 통해 재벌은 실제 능력 이상으로 팽창할 수 있었다. 그리고 이를 뒷받침하기 위해 일감 몰아주기와 채무보증 등의 수법이 동원됐다. 우리나라 재벌의 이러한 기형적인 구조를 가장 전형적으로 상징하는 곳이 바로 삼성이라고 할 수 있다.

순환출자로 커진 재벌의 경우 막대한 규모의 내부유보를 쌓는 반면에 배당에는 인색하다. 총수의 지배력을 유지하기 위해서는 소액주주에 대한 배려보다는 안정된 순환출자 구조가 더 중요하기 때문이다. 기업분석 업체인 CEO스코어가 2015년 1월 내놓은 2013년의 30대 그룹 배당성향에 관한 자료에 따르면 삼성그룹을 비롯해 순환출자가 심한 그룹의 배당성향은 평균 13%에 불과해 지주회사 체제를 갖춘 그룹의 60%에 비해 현저하게 낮다. 삼성그룹도 배당성향이 13.4%에 불과하다. 2009년 21.0%에 비해 더 낮아졌다.

삼성그룹에 대해 복잡한 출자구조를 정리하라는 정부와 사회의 요구는 앞으로 더 커질 것이다. 삼성도 이 같은 사회적 요구를 한없이 거스를 수는 없다. 때문에 삼성은 앞으로 이런 요구를 고려하면서 이재용 중심의 지배구조를 지키고 이어가기 위한 방안을 마련하는 데 골몰할 것으로 보인다.

화학 대신 바이오인가

사업구조 개편이란 일종의 구조조정 과정이다. 보통 구조조정이라고 하면 기업의 환부를 도려내고 수익성 있는 사업만 살려내서 튼튼한 기업으로 거듭나게 하는 과정이다. 다시 말해서 경쟁력을 되찾거나 강화하기 위한 과정이다. 그렇다면 이건희의 경영 복귀 이후 진행돼 온 삼성의 사업구조 개편은 이런 견지에서 볼 때 과연 의미 있는 변화였을까? 사실 이재용은 아버지 이건희가 쓰러진 후 자신의 삼성을 만들어가야 했고, 실제로 여러 가지 조치를 단행했다. 그런데 구조조정과 경쟁력 강화를 위해서 과연 무엇을 했던가? 얼른 떠오르는 것이 없다.

오히려 삼성중공업의 삼성엔지니어링 합병 추진처럼 경쟁력 강화에 역행할 가능성이 큰 조치가 시도되다가 실패로 끝났다. 삼성물산과 제일모직의 합병도 경쟁력 강화라는 차원에서는 납득하기 어렵다. 오히려 이재용의 지배력을 굳히고 강화하기 위한 무리한 합병이라는 지적이 더 설득력이 있는 것 같다. 경쟁력 강화의 관점에서 그나마 유의해 살펴볼 만한 것은 화학산업과 방위산업 분야의 계열사를 정리한 것을 꼽을 수 있겠다.

삼성의 석유화학 사업 정리는 삼성종합화학과 삼성석유화학을 합병하는 조치로부터 시작됐다. 삼성종합화학은 삼성토탈의 지분 50%를 가지고 있었다. 그렇지만 삼성의 주력으로부터는 멀어져 있었다. 삼성그룹의 계열사라고 하기도 어려운 상황이었다. 스스로 어떤 사업이든 새로이 벌이는 것도 불가능해 보였다. 삼성 총수 일가의 지분도 별로 없었다. 삼성석유화학이 삼성종합화학에 흡수합병되기 전에는 이부진이 삼성석유화학의 지분 33.18%를 가지고 있었다. 그것은 2007년에 영국 브리티시퍼트롤리엄(BP)으로부터 인수한 것이었다. 이부진이 이 지분을 인수할 당시에 다른 계열사들은 모두 나서지 않았다. 그래서 삼성이 석유화학 사업을 이부진에게 넘겨주려는 것이라는 해석이 유력했다. 삼성종합화학이 삼성석유화학을 합병하면서 이부진의 지분이 4.95%로 축소됐다. 그래도 석유화학은 이부진 몫이라는 시각이 유력하게 나돌았다. 삼성전자를 비롯한 전자 계열사와 삼성생명 등 금융 계열사는 이재용이 차지하고, 이부진은 석유화학과 호텔신라 등 유통 및 서비스 쪽 계열사를 맡을 것이라는 관측이었다.

하지만 이런 관측은 빗나갔다. 삼성이 석유화학과 방산 계열사를 한화그룹에 넘긴 것이다. 삼성은 2014년 11월 26일 삼성테크윈, 삼성탈레스, 삼성종합화학, 삼성토탈을 한화그룹에 매각하기로 했다고 발표했다. 삼성테크윈을 자회사 삼성탈레스와 함께 (주)한화에 넘기고, 삼성종합화학을 자회사 삼성토탈과 함께 한화케미컬 및 한화에너지에 매각하겠다는 것이었다. 매각가격은 삼성테크윈 8400억 원, 삼성종합화학 1조 600억 원이었다. 합쳐서 1조 9천억 원에 이르는 '빅딜'이었다. 1997년 외환위기 당시에 정부의 주도로 빅딜이 추진된 이후 가장 큰 규모의 인수합병이었다.

더욱이 이번 거래는 정부가 주도한 것이 아니라 순전히 재벌 스스로가 단행한 것이기에 더욱 주목을 받았다.

1977년 설립된 삼성테크윈은 경공격기 FA-50용 엔진과 KUH(한국형 헬기) 사업용 T700을 제작해 왔다. 삼성테크윈의 자회사인 삼성탈레스는 애초 삼성전자와 프랑스 기업 탈레스가 함께 세운 회사로서, 열열상감시 장비와 탐지추적장치 등 방산물자를 생산해 왔다. 삼성테크윈이 2010년 삼성전자로부터 이 회사 지분 50%를 인수했다. 삼성테크윈은 한국우주산업(KAI) 지분 10%도 보유하고 있었다.

삼성종합화학과 삼성토탈은 기존 직원들의 반발 등으로 진통을 겪다가 2015년 4월 30일 한화종합화학과 한화토탈로 재출발했다. 삼성테크윈과 그 자회사 삼성텔레스는 2015년 6월 29일 한화로 인수돼 각각 한화테크윈과 한화탈레스로 바뀌었다. 이로써 삼성은 방위산업에서 30여 년 만에 완전히 손을 뗐다. 삼성종합화학이 한화로 넘어간 뒤에도 삼성 측이 이 회사의 지분을 일부 보유하고 있다. 이부진의 지분도 아직 남아 있다. 그렇지만 경영권은 삼성에서 완전히 떨어져 나갔다.

삼성은 이어 화학 계열사를 추가로 정리했다. 2015년 8월 삼성SDI와 삼성정밀화학이 서로 사업부문 및 지분을 주고받았다. 삼성정밀화학이 전지소재 사업을 삼성SDI에 넘기고 대신 삼성SDI가 보유하고 있던 삼성BP화학 지분 전량을 인도받았다. 이와 함께 삼성정밀화학은 수원에 있는 전자소재연구단지 내 건물 등 자산을 삼성전자에 매각하기도 했다.

마침내 삼성은 2015년 10월 30일 삼성SDI의 케미컬 사업 부문과 삼성정밀화학, 삼성BP화학 등 화학사업 부문을 모두 롯데케미칼에 매각하기로 했다. 삼성그룹에 남아 있던 3개의 화학 계열사가 모두 정리되는 제

2의 빅딜이다. 삼성SDI는 케미컬 사업부문을 분할해 신설법인을 설립한 뒤 해당 지분 전량을 2조 8500억 원에 롯데케미칼에 매각하기로 결정했다. 다만 삼성SDI는 매각하는 케미컬 사업부문 지분 90%는 즉시 매각하고 나머지 10%는 3년 후에 넘기기로 했다. 삼성SDI는 또 보유 중인 삼성정밀화학 지분 14.65% 전량을 2189억 원에 롯데케미칼에 넘기기로 했다. 삼성전자와 삼성물산, 삼성전기, 호텔신라 등 삼성그룹 내 4개 계열사도 보유 중인 삼성정밀화학 지분 16.48% 전량을 2460억 원에 롯데 측에 매각하게 됐다. 삼성정밀화학은 삼성BP화학 지분 49%를 보유하고 있었다. 삼성 계열사들이 갖고 있는 삼성정밀화학 지분 매각도 2016년 상반기에 종결됐다.

화학을 버린 까닭

이재용이 왜 화학 계열사를 정리하게 됐을까? 여러 가지를 생각해볼 수 있겠다. 삼성은 2014년까지 제일모직 케미컬 부문, 삼성토탈, 삼성종합화학, 삼성정밀화학, 삼성BP화학, 삼성석유화학 등 6곳에서 화학사업을 벌였다. 이들 계열사의 경영상태는 좋지 않았다. 삼성종합화학의 경우 2014년 1조 731억 원의 매출에 235억 원의 당기손실을 냈다. 삼성정밀화학도 매출액이 2012년부터 2014년까지 해마다 감소를 거듭했고, 2013년과 2014년에는 각각 180억 원과 168억 원의 영업적자를 냈다. 2011~13년 대규모 설비투자를 벌인 결과 부채규모가 2012년 4550억 원에서 2013년 7711억 원으로 급증했다. 이 때문에 2015년 4월 신용평가회사로부터 신용등급을 강등당하기도 했다. 한마디로 삼성그룹의 석유화학 사업은 부실한 데다 실익이 없는 사업이었다. 한화와의 빅딜을 통해 이들 부실한 화학 계열사들을 모두 걷어냈으니 삼성으로서는 홀가분해진 것이다.

삼성의 화학 사업은 이건희가 경영을 맡은 이후 확대됐다. 이건희는 '사업다각화'에 열을 올렸기에 화학뿐만 아니라 자동차, 유통, 의료, 문화 등 손대지 않은 분야가 거의 없었다. 그 결과 쓴맛도 많이 보았다. 그런데 이재용이 부실한 가지 몇 개를 쳐낸 셈이다.

특히 삼성종합화학이나 삼성BP화학은 이병철 창업회장이 별세한 뒤에 이건희가 시작한 사업이다. 삼성종합화학은 1988년 5월, 삼성BP화학은 1989년 7월에 각각 세워졌다. 삼성정밀화학도 이건희가 회장에 취임한 뒤인 1994년 7월 한국비료 민영화 입찰에 응찰해 따낸 것이었다. 삼성종합화학은 앞서 서술한 바와 같이 이건희가 삼성그룹 경영권을 인수한 후 처음으로 대규모로 투자한 회사였다. 삼성종합화학은 경영부실로 말미암아 외환위기 직후인 1998년 김대중 정부 시절에 빅딜 대상으로 지목됐다. 빅딜의 방식이 현대석유화학과의 통합이었지만, 실현되지 않았다. 이에 따라 삼성종합화학은 홀로 살길을 찾다가 2003년 프랑스의 토탈그룹을 끌어들여 50 대 50의 비율로 합작회사를 세우는 방식으로 사실상 경영권을 넘겼다. 삼성은 이를 통해 부실의 늪에서 간신히 탈출할 수 있었는데, 그 50%를 한화에 넘긴 것이다.

이건희가 삼성그룹의 경영권을 승계할 때에는 재벌의 경영에 대한 국내외의 감시가 엉성했지만, 오늘날은 감시가 훨씬 엄격해졌다. 물론 지금도 감시가 엄밀하게 작동하는 것은 아니다. 하지만 그래도 이제는 모든 것을 재벌 총수의 뜻대로 하기는 어려운 시대가 됐다. 이런 상황에서 이재용이 시원치 않은 화학 계열사를 계속 끌고 가기는 어려웠을 것이다. 화학산

업은 이재용에게 별다른 인연이 없고 그가 잘 모르는 분야이기도 하다. 이
재용뿐만 아니라 이부진과 이서현에게도 화학은 낯선 산업이다. 말하자면
이들 3남매에게는 '계륵'과 같은 것이다. 그러므로 내치는 데 미련을 가질
필요도 없다. 이재용은 대신 바이오산업에 집중하는 모습을 보이고 있다.
말하자면 석유화학 대신 바이오인 셈이다.

바이오산업을 향한 첫걸음

삼성은 바이오산업에 진출하기 위해 2012년에 삼성바이오로직스와 삼성
바이오에피스를 설립했다. 바이오는 이건희가 복귀할 무렵 본격화된 신수
종사업 중 하나였다. 삼성바이오로직스는 항체 바이오 의약품을 생산하는
회사이고, 삼성바이오에피스는 바이오 의약품을 개발하는 업체다. 삼성
바이오로직스는 2011년 5월 27일 인천 송도국제도시에서 공장 기공식을
열었다. 여기에 2020년까지 모두 2조 1천억 원을 투입한다는 것이 삼성
바이오로직스의 계획이다.

　삼성은 2015년 7월 1일 바이오 계열사들의 기업설명회(IR)를 처음으
로 개최했다. 삼성물산과 제일모직의 합병에 대한 논란이 불을 뿜는 가운
데 합병의 정당성을 알리기 위한 방안의 하나였다. 이날 증권회사와 기관
투자가 관계자 90여 명과 기자들이 송도 바이오캠퍼스로 초청됐다. 김태
한 삼성바이오로직스 사장과 고한승 삼성바이오에피스 사장이 직접 사업
추진 경과와 향후 전망 및 사업방향에 대해 설명했다. 김태한 사장의 설명
에 따르면 삼성바이오로직스는 생산능력을 2020년까지 세계 최대 규모
인 48만 리터(ℓ)로 늘릴 계획이다. 계획대로 진행된다면 삼성바이오로직
스의 송도 공장은 미국의 바이오 제약회사인 제넨텍의 바카빌 공장(34만

4000리터)을 제치고 단일 바이오 의약품 생산공장으로는 세계 최대 규모가 된다. 4번째 바이오 의약품 생산 공장까지 풀가동되는 2025년에는 매출 4조 원, 이익 2조 원을 달성할 계획이라고 한다.

삼성바이오로직스의 지분은 제일모직이 46.3%, 삼성물산이 4.9%를 소유하고 있었는데, 두 회사의 합병으로 통합 삼성물산이 50%를 넘게 소유하게 됐다. 삼성은 2015년까지 3조 원 가까이 이 사업에 투자했다. 제1공장에 2조 1천억 원이 투입됐고, 제2공장에는 8500억 원이 들어갔다. 제3공장까지 짓는 데는 모두 4조 원 가까이 투입될 전망이다. 생산능력 3만 리터 규모의 제1공장을 2014년 인천 송도 경제자유구역에서 준공해 가동하기 시작한 데 이어 연간 15만 리터의 생산능력을 가진 제2공장이 2016년 1분기부터 가동에 들어갔다. 2015년 12월 21일 기공식을 가진 제3공장은 2018년에 가동된다. 그렇지만 삼성바이오로직스의 공장은 위탁생산을 하는 시설일 뿐이다. 스위스 로슈와 미국 BMS 등 세계적인 제약회사의 의약품을 위탁생산한다. 바이오 의약품을 스스로 개발하지는 않는다.

삼성바이오로직스의 2015년 매출액은 912억 원으로 2014년 대비 13% 줄어든 반면 영업손실액은 2036억 원으로 70% 증가했다.[64] 2020년 매출 1조 원, 영업이익 4000억 원을 목표로 하고 있는데, 현재의 추세로 볼 때 이 같은 목표를 달성할 수 있을지 의문이다. 설령 매출 목표를 달성한다고 해도 어느 정도의 이익을 낼 것인지가 미지수다. 생산을 아무리 늘려봐야 위탁생산인데, 이것만으로는 이익을 내는 데 한계가 있을 것 같다. 그래도 2016년에 상장을 하기로 하고 5개 공동주관사까지 선정했다. 그렇지만 상장이 중요한 것이 아니다. 얼마나 수익성이 있고 국가경제에 이바지할 수 있는지가 중요하다. 위탁생산 공장으로는 국가경제에 대한 연관효과도 제한적일 것으로 보인다. 삼성바이오로직스가 한다는 위탁생산은 사실 하청생산이라고 불러야 옳지 않을까 한다. 새로운 신약을 만들어내기보다는 특허가 만료된 기존 의약품을 높은 수율과 저렴한 가격으로 생산해서 이익을 내야 하는 처지다.

바이오 의약품 개발제조업체인 삼성바이오에피스는 삼성바이오로직스의 자회사다. 삼성바이오에피스는 2016년 들어 몇가지 품목의 유럽 진출을 추진하기 시작했다. 이것이 성사된다 해도 수익성이 어느 정도 되는지는 아직 확실하지 않다. 삼성바이오에피스는 미국 나스닥에 상장할 계획이라고 한다. 과연 그렇게 될지는 더 두고 봐야 한다.

사실 세계 유수의 제약회사나 국내의 한미약품 등 다른 바이오 제약기업들과 달리 삼성은 의약품 개발능력이 거의 없다. 단지 특허가 만료된 의약품을 생산하는 바이오시밀러 사업에 공을 들이고 있다. 자칫 복제약이나 만드는 회사로 전락할지도 모른다. 게다가 초기 투자비용이 막대하다. 김태한 사장은 "투자비와 공사기간이 경쟁사의 절반에 불과하다"며 생산비용이 다른 업체들에 비해 훨씬 적다는 점을 강조했다. 일감만 충분히 확보하면 충분히 수익성을 확보할 수 있다는 설명이다. 그렇다면 앞으로 일감을 확보하는 것이 큰 과제이지만, 일감을 확보한다고 해서 수익성이 보장되는 것은 아니다. 2017년 제3공장이 완공되면 2조 원의 매출에 1조 원의 영업이익을 올릴 것으로 기대한다지만, 이는 어디까지나 기대일 뿐이다. 흑자를 내기까지는 삼성이 예상하는 것보다 훨씬 오랜 시일이 걸릴 수도 있다. 미래는 흔히 기대를 배반하는 법이다.

보다 근본적으로 바라보면 삼성은 이건희가 신경영을 부르짖으면서 배격하려 했던 '물량주의'로 되돌아가고 있다는 인상마저 준다. 앞으로의 진행과정을 더 봐야 하겠지만 현재까지의 흐름으로 보아서는 그런 의구심을 떨쳐내기가 어렵다.

일반적인 시각으로 볼 때 바이오산업은 유망산업으로 일컬어지고, 향후 한국의 중요한 산업으로 발전할 것이라는 기대도 적지 않다. 최근 한미약품을 비롯한 몇몇 제약회사가 새로운 의약품과 기술을 개발해 성장을 거듭하고 증권시장에서도 제약회사의 주가흐름이 양호한 편이다. 삼성도 이 같은 추세에 편승해서 바이오사업을 강화하려는 것 같다. 이 분야에서 제2의 반도체 신화를 만들어보겠다고 공언한다. 그렇지만 삼성의 기업체질이 바이오사업과 조화를 이루면서 그것을 발전시켜 나갈 수 있을지는 확실하지 않다.

삼성이 화학 계열사를 대폭 정리한 것은 구조조정의 원칙에 입각해서 볼 때 일단 긍정적이다. 그렇지만 그 대신 무엇으로 경쟁력을 높여나갈 것인지는 아직 미지수다. 되풀이 지적하지만, 최근 강화되고 있는 바이오사업에서 삼성이 선전할 수 있을지도 여전히 미심쩍은 것이 사실이다. 지금 삼성이 바이오사업을 강화하면서 내세우는 논리는 1980년대 말에 삼성이 종합화학을 설립하고 대산단지에 공장을 건설할 때 내세웠던 논리를 떠올리게 한다. 우선 투자규모가 거액이라는 것이 유사하다. 삼성바이오로직스에는 이미 10차례 이상의 유상증자를 통해 계열사 자금이 1조 원 넘게 투입됐다.[65] 경영이 정상화되기까지 앞으로도 거액의 자금이 소요될 전망이다. 삼성이 앞으로 그런 소요자금을 어떻게 조달할 것인지도 관심거리다. 1980년대에 반도체 사업에 진출할 때처럼 계열사들의 지원을 받는 것은 이제 기대하기 어렵다. 그 대안으로 유가증권시장에 상장하는 것이 유력하다. 삼성바이오로직스는 상장계획을 이미 발표해 두었다. 시가총액이 10조 원에 이를 것이라는 전망도 일부 있지만, 그것은 뚜껑을 열어보아야 알 수 있다. 지나치게 낙관적인 전망이라는 느낌을 지울 수 없다.

여러 가지 측면에서 삼성의 바이오사업은 삼성종합화학을 비롯한 석유화학 사업의 경우와 유사하다. 따라서 이를 두고 삼성의 '21세기판 석유화학' 사업이라고 하는 것이 옳을지도 모르겠다. 과연 바이오산업은 화학산업 대신 삼성의 새로운 먹거리가 될 수 있을까? 그것은 여전히 물음표로 남아 있다.

주요 계열사 경영실적 악화

삼성은 이건희가 복귀한 이후, 특히 이건희가 쓰러진 이후에 여러 가지 변화를 시도해 왔다. 그런 가운데 경영여건이나 경영실적은 별로 나아진 것이 없다. 사실 경영실적은 더 나빠졌다. 대표기업인 삼성전자는 매출액이 2013년 228조 6927억 원에서 2015년 200조 6535억 원으로 감소했다. 매출액이 200조 원 아래로 미끄러지는 것을 간신히 모면해서 4년 연속 200조 원을 넘겼다는 데서 위안을 찾아야 했다. 순이익은 30조 4747억 원에서 19조 601억 원으로 더 가파르게 줄어들었다, 2016년 들어 영업이익이 다소 회복 조짐을 보이고 있으나, 그런 추세가 오래 이어질지 확신하기 어렵다.

삼성SDI의 경우 매출액은 2013년 5조 165억 원에서 2015년 7조 5693억 원으로 급증했지만 수익성은 악화됐다. 2013년에는 1479억 원의 당기순이익을 냈지만, 2015년에는 257억 원으로 당기순이익이 급격히 줄어들었다. 2015년에는 사실 영업손실을 기록했으나, 다른 요인에 의해 간신히 당기순이익을 낸 것으로 만들어놓았다. 이 같은 실적부진은 2016년 들어서도 계속됐다. 이 때문에 2016년 들어 10% 이상의 직원을 감축하기로 하는 등 구조조정에 돌입했다. 케미컬 사업을 롯데에 양도한 후 사업영역이 축소됨에 따라 수익창출 능력이 약해질 수도 있다는 우려도 제기된다.

삼성중공업과 삼성엔지니어링도 그야말로 위기상황이다. 삼성중공업은 다른 조선업체들과 마찬가지로 해양플랜트 부문의 거액 적자로 수렁에 빠졌다. 2015년에는 2014년에 비해 매출 자체가 3조 원 이상 줄어들었다. 삼성엔지니어링은 2015년에 1조 4500억 원의 영업손실을 내고 자본잠식 상태에 빠졌다. 이 때문에 삼성엔지니어링의 주식이 한때 거래정지되기도 했다. 삼성바이오로직스 공장을 비롯한 삼성그룹 내부의 건설물량으로 일단 최악의 위기를 벗어나기는 했다. 그러나 자생력이 있는지는 여전히 알 길이 없다.

스스로 돌아볼 때

이렇듯 삼성을 둘러싼 경영환경이 악화되고 주요 계열사들의 경영실적이 더욱 부진해질 조짐을 보이고 있다. 재벌닷컴의 분석에 따르면 2015년 기준으로 삼성의 금융 관련 계열사를 제외한 44개 계열사 가운데 17개사가 영업손실을 봤거나 이자를 갚지 못할 정도의 이익만 냈다. 2016년 들어서도 삼성전자만 회복세를 보일 뿐 삼성SDI, 삼성전기, 삼성중공업, 삼성물산 등 많은 계열사들이 고전을 면치 못하고 있다. 이에 따라 2016년 1분기에만 희망퇴직 등의 형태로 주요 계열사에서 3천 명 가까운 인력이 감축됐다.[66] 이는 일차적으로 세계경제의 장기적 침체와 중국의 성장 둔화, 국제유가의 약세와 국내경제의 저성장 추세 등 여러 요인이 작용한 탓이기는 하다. 그렇지만 이런 외부요인 탓으로 돌리기만 한다고 달라질 것은 없다. 삼성이 스스로를 돌아보면서 문제점을 정확하게 진단하고 필요한 처방을 정확하게 내리는 것이 중요하다. 그런데 이건희가 쓰러진 이후 취해진 삼성의 여러 가지 조치와 변화들이 이런 현실의 변화를 얼마나 이해하고 반영한 것인지 의문이 든다. 한마디로 당면한 난관을 헤쳐 나가고 수익성과 경쟁력을 향상시키는 데 과연 유익한 일을 했는지를 묻고 싶다, 오히려 이재용의 그룹 재배력 강화에만 열을 올린 것은 아닌지 스스로 돌아보아야 한다.

이재용의 삼성이 새롭게 추진하는 또 하나의 사업은 자동차 전장사업이다. 삼성은 2015년 말 임원인사를 하면서 전장사업부를 신설했다. 이어 2016년 전장사업 부문에서 일할 소프트웨어 인력을 모집하는 공고도 냈다. 자동차 전장사업 부문은 최근 산업의 흐름에 부합되는 것이기는 하다. 최근 전기자동차가 점차 늘어나고 자율운행자동차도 개발되기 시작했다. 전기자동차는 내연기관 엔진 대신 전기에너지로 달리는 것이므로, 전자부품이 핵심부품이 될 가능성이 크다. 자동차에서 차지하는 전자부품의 비중도 크게 높아지고 있다. 따라서 전자산업 노하우를 풍부하게 축적한 삼성에 어울리는 사업이라고 할 수 있다. 또 아직 초기단계에 있는 전기자동차와 자율운행 자동차가 앞으로 발전하면서 전장부품에 대한 수요도 꾸준히 증가할 것으로 예상된다. 더욱이 완성차 사업에 비해서는 자금이나 인력 확보도 덜할 것이다. 스마트폰은 이미 성숙단계에 들어서 더 이상 크게 성장하기 어렵다. 이에 비해 전장사업은 훨씬 더 수명이 길 듯하다. 그러니 삼성으로서는 의욕을 가져볼 값어치가 충분하다.

　이는 사실 이건희가 예측한 바와도 일맥상통한다. 이건희는 1993년에 신경영을 부르짖으면서 2010년쯤 되면 자동차 부품의 60% 또는 70%를 전기전자 제품이 차지할 가능성이 있다고 내다봤다. 최근 출현하는 전기자동차는 결국 이건희가 예측한 대로 되어가는 것이라고 할 수도 있다. 이건희는 그런 전망을 앞세워 무리하게 자동차 사업에 뛰어들었다가 참담한 실패를 맛보았다. 이제는 그런 실패를 교훈 삼아 삼성의 역할과 분야를 잘 선택하고 조절하면 발전 가능성이 없는 것은 아니다. 그렇지만 삼성이 앞으로 어떤 전략과 방안으로 전장사업을 이끌어갈 것인지는 아직 미지수다.

6장 | 이건희의 삼성, 그 빛과 그림자

이건희의 경영성과

"삼성전자에서 나오는 제품 11가지가 1위인데, 1위는 정말 어렵습니다. 그런 회사 또 만들려면 10년 또는 20년으로는 부족합니다."

조준웅 삼성비자금 특별검사에 의해 기소된 이건희는 2008년 6월 12일 서울중앙지법에서 열린 첫 재판에 출석해 이렇게 말했다. 이건희가 말하고 싶어 한 대로 삼성은 그의 지휘 아래 양적으로나 질적으로나 눈부시게 성장했다. 그가 말한 세계 1위 제품 외에 세계 1위는 아니어도 그에 버금가는 위치에 오른 제품도 많다. 그리고 그것은 하루아침에 된 것이 결코 아니다. 그런 회사를 만들려면 긴 시간이 걸리는 것도 분명한 사실이다. 세계 1위를 달리는 삼성 제품은 주로 삼성전자의 것이다. 아마도 이건희의 재임 중 가장 두드러진 업적이 바로 삼성전자의 비약적 성장이라고 할 수 있다. 삼성의 이 같은 성장은 물론 지속적인 노력의 결과다. 또한 그 노력의 성과를 갉아먹는 요인이 제거된 덕분이다. 사실 삼성은 1990년대 말 외환위기 이후에야 비약적인 성장을 거뒀다고 할 수 있다. 외환위기 이

전에도 반도체 등 몇몇 사업분야에서 두드러진 업적을 내긴 했지만, 그것은 지속가능성이 약했다. 1995년 한 해에 사상 최고의 반도체 호황을 누렸을 뿐이고, 그 직후에는 삼성의 실적이 곤두박질쳤다. 도리어 '신경영' 구호의 뒤안길에서 삼성은 길을 잃고 말았다.

그러다가 구조조정의 태풍 속으로 휘말려 들어갔다. 그렇게 된 데는 여러 가지 국내외 요인이 있었지만, 삼성 자신에도 요인이 있었다. 아니 스스로에게 더 큰 문제가 있었다고 해야 옳을 것이다. 그런데 1997년 외환위기를 거치면서 그런 요인이 대거 정리됐다. 적자사업을 정리하고 재무구조를 건실하게 하는 등 대대적인 구조조정을 단행한 것이다. 모든 계열사가 무수익자산을 대폭 정리하고 원가절감과 생산성 향상에 힘썼다.

가장 결정적인 전환점은 삼성이 오랫동안 노려오던 기아자동차 인수를 포기하고 자동차사업에서 손을 완전히 뗀 것이었다. 삼성을 괴롭히던 근원적 악재가 이로써 해소됐다. 구조조정은 국내 사업장뿐만 아니라 해외 사업장에서도 추진됐다. 그 결과 삼성의 체질이 과거에 비해 강해지고 경쟁력이 점차 향상됐다. 특히 삼성전자의 역량이 대폭 강화됐다. 삼성전자는 구조조정을 통해 부채비율을 1997년 296%에서 2000년 66%로 크게 낮췄다. 1999년에는 삼성전자의 모든 해외 사업장이 흑자를 기록했다. 당기순이익도 2000년에 6조 원을 달성한 데 이어 2002년에는 7조 원을 넘었다. 구조조정의 성과가 차츰 가시화하기 시작한 것이다.

구제금융의 한파 속에서도 삼성전자는 1998년에 디지털TV를 세계 최초로 출시했고, 1999년에는 세계 최초로 256D램의 양산에 들어갔다. 특히 1999년에 삼성은 '디지털 삼성'을 내외에 선포했다. 21세기 디지털 기업으로의 변신을 선언한 것이다. 기존의 반도체 사업을 강화함은 물론이고 정보통신과 디지털가전 등 첨단 고부가가치 제품의 경쟁력을 더욱 강화해 나가겠다는 것이었다. 삼성전자의 이 같은 변신과 성장은 국내 다른 경쟁업체에도 자극을 주면서 함께 비약적인 발전을 하게 됐고, 이는 전체적으로 국가경쟁력 향상에 큰 기여를 했다. IMF 구제금융 직후 온 나라가 절망감에 사로잡혀 있을 때 새로운 IT 바람을 불러일으키는 데 삼성이 한몫했다.

삼성전자는 반도체를 비롯해 많은 품목을 세계 1위에 올려놓았고, 연구개발 능력도 비약적으로 강화했다. 반도체 분야, 특히 메모리 반도체 분야에서는 삼성이 부동의 1위를 지키고 있다. 삼성의 세계시장 점유율은 D램의 경우 1997~99년에 19% 안팎에 머물러 있었다. 그렇지만 삼성의 신속한 제품개발과 지속적인 증설투자로 20%대로 올라서더니 2008년에는 30%선도 돌파했다. 2012년에는 40%대로 올라섰고, 2015년 4분기에는 58.2%까지 상승했다. 그 뒤를 이은 하이닉스까지 더하면 한국 기업이 84.3%를 차지했다. 연평균 점유율로는 2013년 36.%, 2014년 39.6%로 높아지다가 2014년에 45.3%로 급격히 높아졌다. 삼성이 고성능 제품 개발에 한발 앞서나간 덕분이다. 삼성이 개발을 끝낸 새로운 첨단제품을 다른 경쟁업체들은 아직 개발하지 못한 상황에서 수요자들의 주문이 삼성으로 몰리는 일이 이어졌다. 삼성전자는 2016년 3월부터 세계 처음으로 10나노급 D램을 양산하기 시작해 다른 업체와의 기술격차를 더 벌렸다. 난공불락이라고 일컬어지던 20나노 벽을 삼성이 처음으로 돌파한 것이다. 삼성전자는 2009년에 40나노급을 양산하고 2011년에 20나노급의 대량생산에 들어간 데 이어 또다시 반도체 미세공정의 한계를 남보다 먼저 뛰어넘은 것이다. 이건희는 이미 2000년대 초반에 10나노급 개발을 위한 팀을 만들라고 지시했으니, 그 결실을 10여 년 만에 본 셈이다. 이 같은 성과는 실적으로 이어졌다. 삼성전자의 반도체 부문 매출액은 2012년 34조 9천억 원에서 2013년 37조 4천억 원, 2014년 39조 7천억 원, 2015년 47조 6천억 원 등으로 증가를 거듭했다. 영업이익도 2012년 4조 3천억 원, 2013년 6조 9천억 원, 2014년 8조 8천억 원, 2015년 12조 8천억 원을 달성했다. D램에 관한 한 삼성전자는 지금 국내외 다른 기업들의 추종을 쉽사리 허용하지 않는 위치에 올라 있다.

TFT-LCD 부문에서는 삼성이 세계시장 점유율을 1997년 13.4%에서 1998년 18.6%로 끌어올리면서 세계 1위에 오른 데 이어 1999년 20.5%, 2000년 21%, 2009년 24.5% 등으로 점유율을 더욱 높여갔다. 특히 중소형 패널 시장에서는 삼성 제품이 점유율 1위를 차지하고 있다. TFT-LCD는 거액의 설비투자를 요하는 장치산업으로서 진입장벽이 높기 때문에 삼성이 전 세계 시장의 4분의 1 정도를 차지하는 현재의 위상에 당분간 큰 변화가 없을 전망이다. 초고해상도(UHD) TV 패널의 경우에는 삼성이 20~30%의 점유율을 유지하면서 LG디스플레이와 함께 세계시장의 60%를 차지하고 있다.

차세대 저장장치라고 일컬어지는 SSD에서도 삼성은 독보적인 위치를 차지하고 있다. 2015년에 매출 기준으로는 39.7%, 출하량 기준으로는 40.0%의 시장점유율을 기록하며 1위에 올랐다.

TV에서도 눈부신 성적을 거뒀다. 1990년대에 개발한 '명품 TV'와 '완전평면 TV'를 통해 삼성전자의 명성은 높아지기 시작했다. 1999년에는 세계 처음으로 디지털TV를 양산하기 시작했다. 그렇지만 아직은 세계 일류라고 말하기는 어려웠다. 이에 삼성은 이건희의 뜻에 따라 2005

년 7월 TV 일류화 프로젝트팀을 구성하고 새로운 개념의 TV를 개발하는 데 역량을 집중했다. 그 결과는 이듬해에 나왔다. 2006년에는 LCD TV '보르도'를 출시해 세계의 이목을 집중시켰다. 보르도TV는 적포도주가 약간 남아 있는 포도주잔을 형상화해 고급 제품을 찾는 전 세계 고객들로부터 찬사를 받았다.[67] 삼성은 그해 보르도TV에 대한 호평에 힘입어 세계 LCD TV 시장의 13.5%를 차지하면서 세계 1위에 등극했다. 뿐만 아니라 평판 TV와 전체 TV 시장에서도 1위를 차지해 '트리플 크라운(Triple Crown)'을 쓰게 됐다. 삼성전자는 2006년 이후 10년 동안 세계 TV시장에서 판매 1위 자리를 내놓지 않았고, 트리플 크라운의 영예도 잃지 않았다. 삼성전자는 2015년에도 세계 TV시장에서 매출 기준 27.5%, 수량 기준 21.0%의 점유율로 1위에 올라 10년 연속 세계 1위 자리를 지켰다.

휴대전화 사업에서도 삼성은 언제나 앞서나갔다. 1996년에 세계 최초로 CDMA 방식의 휴대전화를 상용화하는 데 성공했고, 2001년에는 5000만 대 생산을 돌파했다. 당시 '애니콜' 브랜드로 CDMA 방식의 휴대전화를 시판하면서 세계 정상권에 있는 모토롤라를 국내시장에서 밀어냈다. 아시아시장에서도 수위로 올라섰다. 전 세계적으로 유례가 드문 일이었다. 뿐만 아니라 유럽과 미국에서 적용되고 있는 GSM 방식의 휴대전화도 생산하게 됐다. 모든 방식의 제품을 생산되는 소수 업체 가운데 하나가 된 것이다. 삼성은 여기에 만족하지 않았다. 2003년 11월 '세계 초일류 휴대폰 기업'이 되자고 결의하고서는 노키아에 이어 세계 2위로 도약했다. 삼성은 특히 카메라의 성능이 좋은 휴대전화를 연이어 내놓으며 관심을 끌었다. 2006년에는 1천만 화소 카메라가 달린 휴대전화를 선보이기에 이르렀다. 삼성은 아날로그 휴대전화 시장에서 존재감을 더욱 강화해 나갔지만, 그 직후 스마트폰이 개발됨으로써 그 의미를 상실했다. 그렇지만 아날로그 휴대폰 시장에서 도약을 경험한 것이 스마트폰 시장에서 경쟁력을 갖추는 데 유효적절하게 도움이 됐다.

삼성전자의 스마트폰은 애플의 아이폰보다 출발이 다소 늦어 초기에는 고전했다. 2007년 첫선을 보인 애플의 아이폰이 2009년 11월 한국시장에 상륙했는데, 삼성의 갤럭시S가 출시된 것은 이듬해 5월이었다. 그렇지만 삼성은 실망하지 않고 착실하게 따라잡은 결과 애플을 추월할 수 있었다. 삼성은 스마트폰 시장에서 2011년 3분기에 애플을 따돌리고 세계 1위에 등극한 데 이어 2012년에는 연간판매 기준으로 25.2%의 점유율을 기록하며 세계 1위를 달렸다. 그 후 점유율이 다소 하락하기는 했지만 2015년에도 21.1%의 점유율로 삼성이 선두 자리를 지켰다. 아날로그 휴대전화에서 언제나 1위를 달리던 핀란드의 노키아가 스마트폰의 등장과 함께 세계무대에서 사라져 버린 반면에 삼성은 성공적으로 시장변화에 적응한 것이다. 최근 중국에서는 샤오미와 화웨이 등 현지 저가업체들의 추격으로 다소 고전하고 있지만, 북미나 인도에서는 여전히 선두권을 벗어나지 않고 있다.

자신감 확산

삼성전자는 이 밖에 컴퓨터 모니터, 전자레인지, VCR, 프린터 등 다른 제품들에서도 세계시장 점유율 1위 또는 그에 버금가는 위치에 올랐다. 한 분야에서 큰 성과를 냄에 따라 자신감이 생기고, 그 자신감이 다른 분야로 확산됐다.

삼성전자는 반도체, 통신, 가전, 컴퓨터, 디스플레이, 의료기기 등 전자산업의 거의 모든 분야에서 사업을 전개하고 있다. 핵심부품도 상당 부분 자체 생산한다. 이들 여러 부문이 공존하고 경쟁하는 한편으로 상호 시너지를 높이고 있다. 때로는 보완작용도 한다. 1~2개 품목이 부진할 때 다른 품목이 선전함으로써 삼성전자 전체의 위상을 지켜낸다. 삼성은 주요 제품에 대해 대체로 고급화 전략을 견지해 왔다. 저기능의 저가제품보다는 고기능의 고가제품으로 승부해 왔다. 이를 통해 '저가, 저품질, 모방'이라는 과거의 이미지를 상당부분 불식시키고 고급 제품 공급자로 인정받게 됐다.

이런 전략은 꾸준한 연구개발 투자와 함께 엄격한 품질관리 노력에 의해 뒷받침돼 왔다. 삼성전자는 3차원의 연구개발 조직을 운영해 왔다. 1~2년 내에 시장에 내놓을 제품을 연구하는 사업부별 개발팀, 3~5년 후에 활용될 중장기 기술을 개발하는 사업부문별 연구소, 미래 성장엔진 마련에 필요한 핵심기술을 미리 개발하는 종합기술원이 그것이다. 해외에서도 미국, 영국, 러시아, 이스라엘, 인도, 일본, 중국 등지에 연구개발 조직을 두고 있다. 삼성전자의 연구개발비 지출은 1990년대에는 연간 1조 원에도 미달했으나, 2000년대 들어와 수조 원대로 급증했다. 2011년에 처음으로 10조 원을 넘어섰고, 2015년에는 매출액의 6.5%에 해당하는 14조 8488억 원에 이르렀다. 매출액 대비 연구개발투자비의 비율은 2000년대 들어 크게 높아져 2007년과 20008년에는 9.5% 안팎까지 상승했다. 2010년대 들어와서는 그 비율이 7%대 안팎으로 다소 낮아졌지만, 여전히 높은 수준을 유지하고 있다. 유럽연합(EU) 집행위원회의 집계 결과 2014년 삼성전자의 연구개발투자 규모는 독일 폴크스바겐에 이어 세계 2

위를 차지했다.[68] 연구개발 투자가 활발해짐에 따라 삼성전자의 매출과 이익은 급증하고 세계적 위상도 크게 향상됐다. 이익의 규모가 한국의 기업으로서는 그동안 들어보지 못한 수준이다. 매출이 2012년부터 4년 연속 200조 원을 넘어섰고, 이익도 해마다 20조~30조 원 수준을 거둬들인다. 주식의 시가총액도 1988년에는 고작 1조 원 수준이었지만 1999년에는 40조 원을 넘어섰고, 최근에는 200조 원에 육박하게 됐다. 후쿠다 다미오 전 삼성전자 디자인 고문이 말했듯이 "실로 엄청난 기세"였다.

삼성전자는 미국의 세계적인 브랜드 컨설팅 전문업체 인터브랜드의 브랜드 가치평가 결과에서도 비약적으로 성장했다. 2001년에는 고작 64억 달러에 불과했지만 2011년에는 234억 2천만 달러로 급증했고, 2015년에는 452억 9700만 달러로 더욱 상승했다. 순위도 2005년 20위에서 2011년 17위, 2012년 9위로 수직상승했다. 2014년에는 7위까지 올랐고 2015년에도 그 자리를 지켰다. 영국의 브랜드 평가기관 브랜드파이낸스가 2016년 2월에 발간한 보고서에서는 삼성전자의 브랜드 가치가 831억 8500만 달러로 평가되면서 애플과 구글에 이어 세계 3위를 차지했다.[69]

오늘날 삼성전자는 하드웨어에 관한 한 세계 최고의 경쟁력을 갖췄다는 평가를 받고 있다. 이를테면 삼성의 스마트폰 제품인 갤럭시S7은 2016년 3월에 발표된 미국 소비자 전문잡지 〈컨슈머리포트〉의 평가 결과 애플의 아이폰6S를 제치고 1위에 올랐다. 주로 카메라, 배터리, 방수 방진 기능 등에서 우수한 성능을 인정받았기 때문이다, 반도체의 경우 새로운 제품이나 새로운 공정기술을 경쟁업체보다 언제나 먼저 개발해 우위를 지켜왔다. TV에서도 끊임없이 새로운 기술을 개발하고 적용해 경쟁력을 유지해 왔다. 2016년 페이스북이 삼성과 가상현실 사업을 제휴하기로 한 것도 이 같은 하드웨어 경쟁력 덕분이다.

하드웨어의 경쟁력 우위를 뒷받침하는 것은 끊임없는 기술개발 활동이다. 삼성전자는 2015년 미국 특허를 5072건 획득해 10년 연속 IBM의 뒤를 이어 2위를 차지했다. 특허는 스마트폰, 스마트TV, 반도체에 집중돼 있다.[70] 삼성전자는 또 360건의 국제표준 특허를 보유하고 있어 핀란드 노키아, 프랑스 톰슨라이센싱에 이어 3위를 차지하고 있다.[71]

삼성SDI는 2010년 리튬이온 2차전지 분야에서 세계시장 점유율 1위에 오른 후 여전히 그 자리를 지키고 있다. 1970년 설립된 삼성SDI는 초창기에는 흑백 브라운관을 주로 생산하다가 디스플레이 전문업체로 성장했다. 이어 2000년에 배터리 사업에 진출해 2010년에 세계시장 1위에 올라 변신에 성공했다. 그렇지만 삼성SDI는 최근 여러 가지 이유로 적자가 발생하는 등 어려움을 겪고 있어 앞날을 지켜볼 필요가 있다.

'따라쟁이' 비판

이런 성과들은 이건희라는 강력한 오너 경영자를 중심으로 속도감 있게 의사결정을 하는 체제가 큰 힘을 발휘한 결과라는 것이 전문가들의 평가다. 흔히 말하는 '스피드 경영'이다. 단순히 '속도'만 가지고는 안 될 터이니 질적 경영도 부단히 추구해온 결과라고 할 수 있다. 삼성의 지배구조에 대해 비판을 거듭해 온 경제개혁연대 등 시민단체의 전문가들도 삼성이 이룩한 경영성과를 인정한다. 그러면서 삼성이 한국사회의 일원으로 지배구조 선진화에 동참할 것을 요구해 왔다. 그렇게 해야만 삼성이 국민의 사랑을 받으며 앞으로도 더욱 발전할 수 있다는 지적이다. 그럼에도 이건희는 이 같은 비판에 아랑곳하지 않고 '소신껏' 삼성을 이끌어왔다. 그리고 과거 3류 전자회사였던 삼성전자를 오늘날 1류의 전자기업으로 끌어올렸다. 양적인 성장뿐만 아니라 품질과 서비스도 과거와는 다른 기업으로 탈바꿈시킨 것이다.

그럼에도 삼성을 두고 '혁신적인 기업'이라고 말하기는 어렵다. 그렇게 보는 시각은 별로 없다. 핵심적인 특허에서는 여전히 열세를 면치 못하고 있다고 볼 수 있다. 국내외에서 삼성전자를 가리켜 '따라쟁이'라고 비아냥거리는 주장도 여전히 나온다. 더욱이 휴대전화를 비롯한 각종 전자제품에서 최근 소프트웨어의 중요성이 커지고 있는 가운데 삼성의 소프트 경쟁력에 의문이 제기되고 있다. 사실 이건희가 제대로 하지 못한 것이 있다면 그것은 소프트웨어일 것이다. 이건희 자신이 일찍부터 소프트웨어의 중요성을 인식하고 있었음에도 그렇다.

> "하드적인 경쟁력만 갖고는 세계무대에서 경쟁우위에 서기 어려워졌다. 그렇다면 하드 경쟁력을 보완할 것은 무엇인가. 바로 소프트(soft) 경쟁력이다. 소프트 경쟁력은 눈에 보이지 않는다. 브랜드가 그렇고, 이미지가 그렇다."
> ─《이건희 에세이-생각 좀 하며 세상을 보자》 중 '소프트 경쟁력의 매력'

이건희는 1997년에 소프트웨어 경쟁력 강화를 지시했고, 이에 따라 삼성전자는 소프트웨어센터를 설치했다. 그렇지만 얼마나 큰 성과를 거뒀는지는 모르겠다. 여전히 삼성의 소프트웨어 능력에 대해서 의심하는 시각이 우세하다. 가장 큰 이유는 삼성이 제조업 중심의 대기업이라는 점일 것이다. 대기업과 소프트웨어는 쉽게 어울리기 어려운 조합이다. 대기업에는 조직이 중요하지만, 소프트웨어를 발전시키는 것은 조직보다는 창의성이다. 좋은 소프트웨어는 대체로 중소기업이나 창의성을 바탕으로 한 1인기업 혹은 프리랜서에게서 나온다. 대기업에서는 나오기가 쉽지 않다. 물론 대기업이라도 그 조직과 문화가 소프트웨어에 우호적으로 형성돼 있다면 이야기가 다를 수도 있다. 그러나 삼성이라는 대기업은 '관리의 삼성'이라는 말처럼 상명하복의 조직문화가 더 강했다. 그런 조직문화에서 창의적인 소프트웨어가 창출되기는 어려운 일이다. 더욱이 삼성은 하드웨어 측면에서도 국내외 선진 대기업을 따라잡는 것이 시급했다. 삼성은 그런 틀에 박힌 조직문화를 최근에야 바꿔보려고 시도하고 있다. 그래도 하드웨어의 경쟁력 확보에는 일단 성공했으니, 이건희가 할 일은 다한 셈이다.

창의적인 소프트웨어에 약한 것은 삼성만이 그런 것도 아니고, 삼성만의 책임이라고 말할 수도 없다. 우리나라의 교육기반이 허약한 것도 한몫했다. 주입식 암기교육과 사지선다형 시험에 익숙해진 교육시스템에서는 창의적인 교육이 아무래도 어렵다. 대학까지 졸업해도 기본교양이 허약할 뿐만 아니라 애매한 수준의 전공교육을 받는 것이 전부다. 더욱이 최근까지도 정부와 재계는 국민들이 하루라도 더 쉬는 것을 아까워했다. 이 때문에 공휴일마저 축소했다. 국민들을 단 하루라도 더 사업장 컨베이어벨트 앞에 붙잡아두고 싶어 했다. 실업급여 지급조건도 무척 까다로워서 국민들이 한 순간이라도 편히 쉬는 것을 허용하지 않는다. 창의적인 소프트웨어는 마음의 여유를 갖고 쉬기도 하는 가운데 창출된다. 국민들이 쉬고 노는 꼴을 용인해주지 않는데 어찌 창의적인 소프트웨어가 나올 수 있을까? 그것은 우물에 가서 숭늉 찾는 격이다. 이렇듯 지금까지 우리나라에서는 창의적인 인재와 창의적인 소프트웨어가 나오기가 지극히 어려웠다.

그러니 삼성 홀로 창의적이기는 더더욱 어려울 수밖에 없었다. 이건희는 2006년에 '창조경영'을 부르짖기도 했지만, 그것이 말처럼 쉬운 일은 결코 아닌 것이다.

후쿠다 다미오 전 삼성전자 디자인 고문은 "신경영은 잊으라"고 주문했다. 후쿠다 고문은 2015년 6월 11일 삼성그룹 사내 미디어 '미디어삼성'에 실린 인터뷰를 통해 삼성에 지금 필요한 단어는 '리셋(reset)'이라면서 이 같은 주문을 내놓았다. 후쿠다 고문이 말하고자 한 것도 하드웨어 중심의 사고를 창의적인 소프트웨어 중심의 사고로 바꿔야 한다는 의미가 아닌가 한다. 실제로 이제 삼성에는 그것이 가장 큰 과제다.

이제 시대는 바뀌어 중대한 패러다임 전환을 요구하고 있다. 하드웨어 중심에서 소프트웨어 중심으로 바뀌어야 하는 것이다. 그러니 하드웨어 중심의 신경영은 그 역사적 책임을 다했다고 할 수 있겠다. 이제는 어떻게든 바뀌어야 할 듯하다. 물론 우리나라에 있어서 제조업을 계속 발전시키는 것은 여전히 중요하다. 그렇지만 이제는 새로운 목표와 새로운 수단, 새로운 정신이 접목된 제조업이 필요하다. 그런데 현재의 삼성은 그런 변화를 실천해나갈 자세가 과연 돼 있는가?

수명 다한 '신경영'

이건희는 기업의 이미지 자체가 경영에 큰 역할을 한다는 것을 잘 알고 있었다. 이제는 단순히 제품만 잘 만든다고 잘 팔리는 시대가 아니라는 것이다. 쉽게 말해서 지배구조의 문제점이나 요즘 흔히 거론되는 '오너 리스크'가 불거지면 기업 이미지가 나빠져서 매출에도 악영향을 끼친다. 매출뿐만 아니라 투자자의 신뢰가 무너져 재무구조가 흔들릴 수도 있다.

애국심에 호소하는 등의 방법으로 아쉬운 대로 기업의 이미지와 매출을 유지할 수는 있을지 모르겠다. 그러나 다른 유력한 경쟁자가 나타나는 등 새로운 계기가 주어질 경우 그렇게 연명하는 기업은 순식간에 추락할 수도 있다.

> "21세기는 문화의 시대이자 지적재산이 기업경쟁력을 결정짓는 시대가 된 것이다. 기업은 단순히 제품만 파는 단계에서 나아가 자기 기업의 철학과 문화를 팔지 않으면 안 되는 시대가 오고 있다. 벌써 고객들은 가격이나 기능만을 보고 제품을 구입하는 것이 아니라, 그 제품이 가진 이미지, 그 제품을 파는 회사의 이미지를 사고자 한다."
> —《이건희 에세이-생각 좀 하며 세상을 보자》 중 '무형자산의 가치'

그렇다면 이건희 자신이 이끌어온 삼성은 어떠했을까? 과연 기업 이미지라는 측면에서 내세울 수 있는 철학과 문화가 있었을까? 우리 국민들은 삼성이 하는 짓은 밉지만 마지못해 삼성 제품을 사준 것이 아니었을까? 삼성은 과연 우리나라 소비자와 국민들로부터 신뢰와 사랑을 받았던가?

2016년 3월 미국의 컨설팅 업체인 평판연구소(Reputation Institute)가 설문조사를 통해 미국에서 존경받는 기업 100개를 선정했을 때 삼성전자는 인텔이나 소니, 제너럴일렉트릭(GE), 구글, 애플 등 경쟁기업을 제치고 3위로 뽑혔다. 삼성은 이 조사에서 사회적 가치 실천 평가에서 1위에 올랐다.[72] 이건희가 강조하는 '기업 이미지' 측면에서 고무적인 일이다. 그런데 다소 놀라운 결과다. 그래서 의문이 생긴다. 삼성은 모국인 한국에서도 그렇게 우호적인 평판을 받을 수 있을까? 삼성 경영진이 앞으로 스스로 평가하고 대답해야 할 문제다.

이건희의 신경영 기치 아래 삼성이 많은 것을 이뤄온 것은 사실이다. 그러나 1990년대에는 삼성이 신경영 구호의 이면에서 방향감각을 상실했다. 당시로서는 사실상 이건희의 신경영은 실패했다고 필자는 생각한다. 그런데 마침 발생한 IMF 구제금융 사태가 삼성으로 하여금 원래 가야 할 길로 돌아가게 해주었다. 길을 잃고 헤매던 단테에게 시인 베르길리우스가 나타나 길을 안내했듯이.

다행히 그 뒤로는 삼성이 도약을 이루는 데 성공했다. 그런데 사실 그 도약도 어디까지나 하드웨어 측면에서 달성한 도약이요 성공이다. 그러니 이건희의 신경영은 실패에서는 벗어났으나 절반 또는 4분의 1의 성공에 그쳤을 뿐이다. 그나마 이제는 그 수명도 다했다. 이제부터는 이재용을 비롯한 삼성의 후계 경영자들이 새로운 패러다임을 제시하고 실천해야 한다. 그런데 과연 그런 기대를 걸어도 될까?

뜨거웠던 삼성공화국 논란

2005년 5월 2일. 고려대학교에서 이건희에게 명예 철학박사 학위를 수여하기로 한 날이었다. 그런데 이날 수여식은 학생들의 반발로 제대로 열리지 못했고, 이건희는 그냥 되돌아갔다. 이 사건은 당시 우리나라 저변에 퍼져 가고 있던 '삼성공화국' 논란의 심각성을 극명하게 부각시켰다.

삼성은 그 직후인 6월 그룹 사장단 회의에서 대책을 논의한 끝에 '국민기업 정착 방안'이라는 제목의 보도자료를 내놓고 "1%의 반대세력도 포용하겠다"는 '관대한' 입장을 내놓았다. 그렇지만 학생들이 무엇 때문에 그런 행동을 했고, 반대세력은 무엇을 반대하는 것인지를 삼성 경영진은 그때 알고나 있었을까?

삼성은 이미 1990년대 말까지 이재용 남매에게 경영권을 넘겨주는 데 필요한 구체적인 조치를 사실상 다 마쳤다. 2000년대 들어서는 그로 인한 법적, 정치적 부작용을 틀어막기만 하면 되는 상황이었다. 그 과정에서 많은 무리가 저질러졌고, 삼성공화국 논란이 번져갔다. 당시는 노무현 대통령이 집권하던 시기였다. '참여정부'를 표방한 노무현 정부는 김대중 정부에 이어 이 나라 민주세력의 염원을 실현하는 정부라는 평가를 받았다. 그런데 한 꺼풀 벗겨보면 대한민국을 실질적으로 지배하는 것은 국민도, 정부도 아니고 삼성이라는 비판이 끊임없이 제기됐다. 삼성이 문어발식 확장과 무리한 3세승계 작업을 진행하면서 대한민국의 법질서를 흔든다는 인식이 갈수록 짙어졌다. 이를 통해 삼성이 경제성장의 과실을 독식하고 우리나라 경제구조를 왜곡한다는 문제의식이 갈수록 확산됐다. 한마디로 대한민국의 법과 민주주의는 껍데기일 뿐이고 실질적인 지배자는 이건희와 삼성그룹의 '돈'이라는 냉소가 독소처럼 퍼져나갔다. 재계 내부에서조차 전경련을 '삼경련'으로 부를 만큼 삼성의 '힘'을 냉소적으로 바라보는 시각이 많았다. 삼성그룹의 실체를 추적해 온 김상조 한성대 교수는 한 기고문에서 삼성공화국 논란을 이렇게 요약했다.

"삼성공화국 비판의 핵심은 삼성이 경제환경에 탄력적으로 적응하는 기업조직의 차원을 넘어 경제환경을 왜곡하고 오염시키는, 그럼으로써 그 자신의 조직적 탄력성은 물론 국민경제의 동태적 활력마저 질식시키는 경제권력으로 변모하였음을 경계하는 것이다."

삼성의 영향력은 1993년 이건희가 신경영 선언을 내놓은 뒤로 크게 부각됐다. 삼성이 신경영 선언을 발표하고 이건희가 "마누라 빼고 모든 것을 바꿔야 한다"고 외치자 모두가 화들짝 놀랐다. 당시 집권여당이던 민자당을 비롯한 여러 조직이나 기관이 삼성연수원에 입소해 교육을 받는 등 신경영 선언의 메아리가 각계에 울려 퍼졌다. 이건희가 중국에 출장갔다가 국내 언론 특파원들 앞에서 "행정은 3류, 정치는 4류"라고 일갈한 것도 큰 파문을 몰고 왔다. 삼성의 영향력을 역설적으로 드러내주는 대목이다.

이건희가 그렇게 자신 있게 말할 수 있었던 것은 그때만 해도 삼성의 경영이 화려해 보였기 때문이다. 삼성은 그 무렵 수조 원의 흑자를 내면서 자신감에 차 있었다. 그런 화려한 경영실적이 한없이 지속될 것이라고 믿었거나 믿고 싶었을 것이다. 그런 삼성과 총수 이건희의 눈으로 볼 때 행정과 정치는 그야말로 형편없는 수준이었을 것이다.

그와 같은 삼성과 이건희의 영향력도 김대중 정부 시절에는 다소 약화됐다. 외환위기 극복 과정에서 재벌 전체가 수술대 위에 오르게 됐고, 삼성 역시 예외가 아니었기 때문이다. 삼성은 특히 삼성자동차 문제 때문에 큰소리칠 입장이 아니었다. 그렇지만 외환위기 극복과 구조조정 과정에서 삼성을 비롯한 재벌의 힘은 더욱 강화됐다. 김대중 정부는 외환위기 극복을 위해 필요하다며 외국인의 국내 주식투자 문호를 전면 개방하는 한편 '구조조정'과 '체질강화'를 위해 필요하다는 명분 아래 재벌의 경영지배권 강화를 사실상 용인했다. 부채비율을 200% 이하로 낮추고 부실한 계열사를 정리해 재무구조만 튼튼하게 한다면 재벌그룹의 지배권 강화와 경영승계는 그다지 문제될 게 없다는 분위기였다. 오히려 대주주가 일차적인 책임을 져야 한다는 논리에 따라 재벌 총수의 지배력이 강화될지언정 약화되지는 않았다. 삼성그룹의 경우도 예외가 아니었다. 비서실을 그룹구조조정본부로 바꾸고 그룹 전체의 재무건전성을 높이는 작업을 벌였다. 삼성자동차를 비롯한 부실 계열사를 정리해 나갔다. 이런 과정을 통해 재벌의 경제적 비중과 존재감도 어느 사이에 도리어 더 커졌다. 급기야 김대중 정부는 2002년 1월 재벌그룹 금융계열사 보유 주식의 의결권을 30%까지 인정해 주는 등 재벌의 요구를 수용했다. 다만 김대중 정부에서는 삼성의 유별난 행동이 크게 부각되지는 않았다.

그런데 노무현 정부 시절에는 금산분리와 금융지주회사 문제 등을 둘러싼 논란이 크게 확산되면서 '삼성공화국'이라는 비판의 목소리도 커졌다. 금산분리 문제가 크게 불거졌을 때 노무현 정부는 그야말로 무소신의 모습을 보였다. 도리어 삼성에 끌려 다녔다. 삼성에버랜드의 금융지주회사 여부가 쟁점으로 떠올랐을 때도 마찬가지였다. 노무현 정부는 시종 삼성의 눈치를 보느라 여념이 없었다. 2007년 김용철 변호사의 삼성 비자금 폭로 직후 추진된 삼성특검에 대해서도 청와대는 수사대상이 지나치게 광범위하고 특검이 검찰의 수사권을 무력화할 수도 있다는 점 등을 들어 소극적인 자세를 취했다.

삼성생명의 비금융계열사 지분 보유와 의결권 문제에 대해서도 마찬가지였다. 그런 가운데 삼성의 금융지주회사 로드맵 문건이 알려지고 안기부 X파일 사건까지 일어나 여론이 들끓었다. 안기부 X파일 사건은 2005년 7월 22일 고위층 정관계 인사들에 대한 삼성의 금품로비 사실이 언급된 국가안전기획부(현재의 국가정보원)의 도청 테이프가 공개된 사건을 말한다. MBC의 보도를 통해 폭로된 테이프에는 홍석현 중앙일보 회장과 이학수 삼성그룹 부회장이 1997년 대통령 선거를 앞두고 대통령후보 캠프에 정치자금을 제공하는 일을 논의한 사실과 삼성이 고위급 전현직 검사들에게 '떡값'을 제공한 사실 등이 들어 있었다. 사건을 수사한 검찰은 이건희와 이학수 등 삼성 고위 관계자들을 모두 무혐의 처리했다. 삼성이 돈을 돌린 것은 사실이지만 그 돈이 회삿돈이라는 증거가 없어 횡령이나 배임은 성립하지 않고, 대가성이 명확하지 않아 뇌물죄를 적용할 수도 없다는 논리였다. 수사결과도 놀랍지만 수사과정이 더 국민들을 경악하게 했다. 검찰은 수사과정에서 이건희를 불러서 조사한 적도 없고, 다만 삼성이 뿌린 돈은 자신의 돈이라는 이건희의 서면진술만을 받았다. 계좌추적 등 기본적인 과정도 생략했다. 거꾸로 도청한 안기부 직원과 녹음 테이프의 내용을 기사로 쓴 언론인, 떡값 수령자의 실명을 공개한 노회찬 의원 등만 기소됐다. 본말이 뒤집힌 사건처리였다. 삼성의 힘이 과연 크다는 사실이 재확인된 것이다.

기나긴 인내의 과정

사실 삼성과 관련된 사건은 어느 것이나 제대로 처리되기 어려운 게 이 나라의 현실이다. 삼성에버랜드 사건 처리도 처음 검찰에 고발된 이후 조준웅 삼성특검에 의해 이건희가 기소될 때까지 무려 8년이나 걸렸다. 그 사이 이건희는 한 차례도 소환조사를 받지 않았다. 전환사채를 실권한 법인주주 회사의 대표이사들은 2000년 6월 30일 고발장이 접수됐는데도 6년 동안 방치됐다. 결국 이들은 2006년 12월 2일 공소시효가 만료되어 면책됐다. 뒤늦게 삼성에버랜드 전환사채 저가발행 사건으로 기소된 허태학과 박노빈은 대법원 최종판결에서 무죄를 받았고, 삼성특검을 통해 기소된 이건희에게도 무죄판결이 내려졌다. 그러나 무죄판결이 내려졌다고 해서 검찰의 수사태도가 합리화될 수는 없다. 한마디로 검찰이 수사에 최선을 다했다고 믿는 국민은 별로 없다. 대법원의 무죄판결도 고개를 갸우뚱하게 만든다. 만약 삼성이 아니었어도 그렇게 판결했을 것인지를 아직도 많은 사람들이 묻는다.

삼성SDS 사건은 이보다 더 심한 경우다. 1999년 2월 삼성SDS가 신주인수권부사채를 발행하기로 결정한 직후 참여연대가 발행금지 가처분 소송을 냈다가 별다른 성과를 얻지 못하자 그해 11월 17일 이사진과 감사(이학수)를 배임 혐의로 서울중앙지검에 정식 고소했다. 하지만 기각당했다. 이에 참여연대는 불복하고 서울고검과 대검에 항고와 재항고를 했지만 결과는 마찬가지였다. 헌법재판소에서도 결과는 같았다. 헌법재판소는 2003년 6월 26일 "검사의 수사가 현저하게 형평에 반한다고 볼 수 없다"면서 기각 결정을 내렸다. 이런 방식으로 참여연대는 삼성SDS 문제 하나만을 가지고 일선 지검으로부터 고등검찰청, 대검찰청, 헌법재판소까지 두 바퀴 돌았다. 그래도 달라지는 것은 없었다. 참여연대를 비롯한 소송 제기자들은 망연자실했다. 삼성의 벽이 그 정도로 강한 줄은 몰랐기 때문이다. 윌리엄 셰익스피어의 《로미오와 줄리엣》에 나오는 "담벼락은 높고 오르기는 어렵다"는 대사처럼.

그사이 삼성의 피의자들은 단 한 차례도 소환조사를 받지 않았다. 참여연대는 2005년 10월 31일 세 번째로 다시 서울중앙지검에 고발했지만 검찰은 이번에도 사건처리를 차일피일 지연시켰다. 사건은 서울중앙지검에 계류되다가 결국 2008년 삼성특검으로 넘어가게 됐다. 참으로 오랜 세월이 흐른 후였다.

삼성특검의 기소에 대한 재판 결과도 삼성에 크게 불리하거나 부담되는 것이 아니었다. 삼성에버랜드 전환사채 저가발행에 대한 대법원의 재판에서 무죄가 선고됐고, 삼성SDS 사건에 대해서는 파기환송심에서 일부만 유죄가 선고됐다. 삼성SDS에 대한 유죄판결은 사건이 일어나고 참여연대가 소송을 제기한 지 10년 만의 '결실'이었다. 삼성에버랜드와 삼성SDS 사건을 그토록 오래 끈 '부실수사'의 경위에 대해서는 삼성특검팀도 조사하지 않았다. 실로 삼성SDS 사건은 장구한 드라마였다. 영화로 찍어도 좋을 만큼 기나긴 인내와 끈질긴 도전의 과정이었다. 삼성SDS 사건은 김용철 변호사의 폭로가 있었기 때문에 마무리됐다. 그렇지 않았다면 아직까지 해결되지 않았을지도 모른다. 아니 영원히 어둠 속에 묻히고 말았을 것이라고 추정한다 해도 무리는 아니다.

이건희를 비롯해 삼성특검의 수사 결과 기소된 피고인들에 대한 재판은 모두 집행유예와 벌금형으로 끝났다. 그나마 판결문의 잉크도 마르기 전에 사면 조치가 내려졌다. 특히 이건희는 동계올림픽 유치를 위해 필요하다는 이유로 단독으로 '원포인트 사면'을 받는 특권까지 누렸다. 삼성특검 수사에서도 최대의 수익자였던 이재용은 무혐의 처분됐다. 그리고 나서는 오히려 편안한 마음으로 삼성그룹을 승계하게 됐다. 승계를 둘러싼 법적인 불확실성이 모두 제거됐기 때문이다.

김용철 변호사가 삼성 비자금 의혹을 폭로하고 차명계좌 번호까지 제시했지만, 그때에도 검찰이나 금융감독기관은 소극적인 자세를 버리지 않았다. 이 때문에 이건희의 차명계좌 문제는 그 온전한 진실이 드러나지 않았다.

비겁한 바보

이렇듯 우리나라의 정부, 특히 권력기관은 삼성 앞에서는 언제나 꽁무니를 뺐다. 그러다 보니 정부에 대해 '비겁한 바보'라고 힐난하는 소리도 나왔다. 국민들이 보기에 정부와 사법부 모두 삼성 앞에서는 무력하기 그지없었다. 삼성 앞에서는 사실상 법이 없는 것이나 다름없었다. 법치주의는 삼성 앞에서는 공염불에 지나지 않았다.

삼성은 다른 재벌들에 비해서도 법조계에 유독 강했다. 정몽구 현대차

회장을 비롯해 최태원 SK 회장, 김승현 한화 회장, 이재현 CJ 회장 등은 통상적인 법절차에 의해서 사법처리를 받은 바 있다. 그러나 이건희만은 잘도 피해 갔다. 다만 김용철 변호사의 삼성 비자금 폭로를 계기로 특검에 의한 수사와 재판을 받는 것만은 피할 수 없었다.

김용철 변호사의 폭로를 잘한 일이라고 맞장구치고 싶지는 않다. 자신이 몸담고 있던 회사의 일을 뒤늦게 폭로하는 것은 인간사회의 도리에 비춰볼 때 결코 바람직한 일만은 아니다. 그렇지만 만약 김용철 변호사의 폭로나 삼성특검 수사도 없었다면 어떻게 됐을까?

지금까지의 경험을 바탕으로 추론해 보자면 첫째, 대부분의 사건이 공소시효를 넘기고 기억의 저편으로 넘어갔을 것이다. 지금쯤이면 이미 모두가 망각의 강물을 마셨을 것이다. 특검이 밝혀낸 것도 1994년 10월 이재용의 에스원 주식 매입에서부터 2014년 5월 이건희가 쓰러지기까지 벌어진 무수히 많은 사연에 비하면 빙산의 일각일 뿐이다. 그렇지만 그 일각마저도 드러나지 않았을 것이다.

둘째, 이건희의 삼성생명 지분은 여전히 차명으로 남아 있었을 것이고, 삼성에버랜드의 금융지주회사 여부를 둘러싼 논란도 혼돈 속에 빠져들었을 듯하다. 그런 상태로 이재용에게 경영권이 넘어가면 또다른 꼼수를 낳는 등 그야말로 몹시 어지러운 상태에 들어갔을지도 모른다. 이렇게 볼 때 삼성특검은 삼성에게는 도리어 축복이었다고 해야 마땅하다. 그리고 삼성은 김용철 변호사에게 감사해야 할 것이다. 복잡한 문제를 조금은 단순하게 해주었으니까.

국회도 무력하기는 마찬가지였다. 국회 국정감사에서 이건희를 증인으로 채택하자는 일부의 주장이 있긴 했지만, 그것은 언제나 소수의 의견에 불과했다. 2006년 10월 국회 국정감사 과정에서도 증인으로 채택된 이건희가 출석하지 않자 고발하자는 동의안이 제출됐지만 부결되고 말았다. 이렇듯 입법부, 사법부, 행정부가 모두 하나같이 삼성 앞에서는 작아졌으니 삼성공화국이라는 말이 나오지 않으면 오히려 이상했을 것이다.

신화 또는 미망

왜 이렇게 민주정부라고 하는 김대중 정부와 노무현 정부 아래서 삼성공화국 논란이 거세졌을까? 필자의 좁은 소견으로는 삼성이 없으면 우리나라 경제가 성장하지 못할 것이라는 신화 또는 미망에 두 정부 모두 사로잡혔기 때문이라고 생각된다. 삼성을 잘못 건드리면 국가경제가 송두리째 추락할지도 모른다는 두려움이 두 정부 수뇌부의 의식 속에 깔려 있었다고 추정된다. 물론 일반 국민의 두려움도 그보다 더 컸으면 컸지 작지는 않았다. 그런 신화 또는 미망이 저변에 있었기에 모두가 삼성을 법대로 다루는 것에 겁을 냈던 것이다. 삼성 비자금을 수사한 조준웅 삼성특검도 이건희를 비롯한 주요 피의자를 불구속 기소한 이유를 설명할 때 삼성에 대해 소극적인 태도를 내비쳤다.

"피의자들이 대기업 그룹의 회장 또는 최고경영자 등 중추적인 핵심 임원들로서, 신병을 구속하면 기업경영에 있어 엄청난 공백과 차질을 빚어 경쟁이 극심한 글로벌 경제에서 우리 경제에 미치는 부정적 파장이 매우 클 것입니다."

이 같은 논리에 더해 삼성이 가진 '돈의 힘'이 있었다. 이를테면 삼성과 관련된 사건의 경우 그런 금력이 아니면 설명이 잘 안 되는 사건처리와 판결이 적지 않았다. 결국 삼성은 이건희가 이끄는 동안 특검을 제외하고는 법의 심판을 제대로 받아본 적이 없다. 삼성이 법을 피하고, 모면하고, 어기고, 무시해도 법은 대체로 침묵했다. 한 마디로 삼성은 법 위에 있었다고 해도 좋을 것이다.

2007년 11월 4일 '회장 지시사항'이라는 제목의 삼성그룹 내부문건이 천주교 정의구현사제단에 의해 공개됐다. 요지는 돈을 받지 않는 정치인과 법조인, 금융계 인사에게는 호텔 할인권과 포도주 같은 것을 주라는 것이었다. 참여연대 등에도 수십억 원 정도 지원하는 방안을 검토하라는 지시도 들어 있었다. 전방위적인 로비활동의 일각이 드러난 셈이다. 이 문건에 의하면 삼성 X파일 사건 같은 것은 결코 우연이 아니었다. 국가 공권력이 왜 삼성에게는 왜 무기력했는지를 간접적으로 입증해 준다.

삼성그룹은 이재용에게 그룹 경영권을 온전하게 넘겨주기 위한 과정을 밟아왔다. 경제개혁연대의 표현을 빌리자면 "이재용 씨의 재산형성과 경영권 확보 과정은 수많은 삼성그룹 계열사 소수주주들과 임직원 및 하청업체 관계자들의 이익과 헌신을 온갖 불법행위를 통해 가로챈 결과"였다. 그런 과정에서 입법부, 사법부, 행정부 등 모든 공적 기구는 침묵하거나 방조했다. 언론도 마찬가지였다. 삼성은 현대차나 SK 등 다른 재벌은 전혀 누려보지 못한 권력과 권리를 행사해 왔다. 우리나라처럼 대기업 오너에 대해 온정적인 나라가 없지만, 특히 삼성에 대해서는 더욱 온정적이었다. 그렇기에 삼성은 대한민국을 지배하는 또 하나의 권력이라고 하기에 부족함이 없었다. '돈의 권력'이었던 것이다.

결국 1987년 민주항쟁을 통해 쟁취한 우리나라 민주주의와 경제개발의 성과는 삼성과 법조계를 중심으로 한 금권과 법권의 야합에 의해 상당 부분 가로채였다고 해도 과언이 아니다. 특히 경제질서는 건실한 흐름을 잃고 왜곡됐다. 과거 군사독재 시절에도 삼성과 현대 등 일부 재벌에 대한 특혜가 언제나 논란의 대상이 됐다. 민주화와 함께 그런 논란은 더 이상 일어나지 않을 것으로 국민들은 기대했다. 그러나 현실은 기대와 정반대 였다. 오히려 삼성은 법조권력까지 동원해 보다 견고해지고 정교해졌다.

삼성의 무노조경영 문제 역시 역대 어느 정권도 해결하지 못했다. 이 밖에 삼성전자 근로자 백혈병 문제를 비롯해 삼성과 관련된 수많은 사건 이 있었다. 일일이 열거하거나 헤아리기도 어렵다. 그러나 그중에서 투명 하고 공정하게 처리된 것이 있었는가? 필자는 과문한 탓인지는 몰라도 그 랬다는 이야기를 아직까지 들어본 적이 없다.

이건희가 한국의 경제와 법질서를 어지럽힐 때 이를 끊임없이 비판하 고 견제한 힘이 하나 있었다. 참여연대와 경제개혁연대라는 시민단체였 다. 참으로 고군분투했다. 목소리만 크게 낸 것이 아니라 치밀한 조사연구 를 통해 논리정연하게 문제를 파고들었다. 이들 단체가 끊임없이 문제제 기를 함에 따라 많은 진실이 드러났다. 비록 이들 단체의 문제제기가 올곧 게 수용되지는 않았지만, 재벌기업의 경영풍토에 끊임없이 경종을 울렸 다. 삼성을 비롯한 여러 재벌에 원칙에 어긋나는 경영을 한없이 되풀이할 수는 없음을 일깨워주었다.

우리 사회 모든 분야에 뻗친 손

삼성공화국 논란이 일어난 또하나의 이유는 삼성이 손을 뻗치지 않은 분 야가 없다는 것이다. 기업경영에서 문어발식 확장을 거듭했을 뿐만 아니라 언론과 스포츠, 문화예술 등 우리 사회 여러 부문에 발을 들여놓았다. 스포츠에서는 프로야구, 프로축구, 농구, 배구, 탁구, 레슬링, 승마, 레슬링, 배드민턴, 태권도, 골프, 테니스 등의 종목에 진출해 10여 개 팀을 운영했다. 스포츠팀을 운영할 뿐만 아니라 계열사 이름을 내건 대회를 만들어 홍보도구로 활용하기도 했다. 언론과 문화 분야에서도 마찬가지다. 삼성은 이병철 창업회장 당시 〈중앙일보〉를 창간하고 문고판 서적을 제작해 배포했고, 미술문화재단을 설립했다. 또 각종 미술작품을 꾸준히 수집한 끝에 호암미술관과 로댕갤러리 및 리움을 만들었다. 국내외 미술작품을 열심히 사들였기에 국내 미술시장의 '큰손'이 된지 이미 오래다. 이들 미술작품을 삼성의 비자금으로 구입했다는 의혹이 김용철 변호사에 의해 제기되었으나, 이건희의 개인자금으로 구입한 것으로 결론이 내려졌다. 교육에도 손을 뻗쳐 성균관대학교와 중동학원을 인수했다.

삼성은 1993년부터 서울 국악대경연과 대종상 영화제를 인수해 개최했고, 영상사업단을 만들어 케이블텔레비전 캐치원과 Q채널을 운영했다. 영상사업단에서는 서울단편영화제도 개최했다. 문학 분야에서는 1971년 제정된 도의문화저작상을 해마다 시상하다가 1993년 삼성문예상으로 바꿔 운영했다. 1998년에는 삼성문학상으로 이름이 바뀌었다.

돈과 문화는 어떤 관계일까? 19세기 영국의 역사학자 토머스 칼라일이 '영웅'에 관한 강연을 통해 제시한 말을 상기해보고자 한다.

"돈은 사실 많은 일을 할 수 있습니다. 그러나 모든 일을 하지는 못합니다. 우리는 돈의 영역을 알고 돈을 그 영역에 국한시켜야 합니다. 그리고 그 한계를 넘으려고 하면 다시 거기다 차 넣어야 합니다."[73]

칼라일의 이 말처럼 돈의 영역은 제한돼야 한다. 돈과 예술이 불가분의 관계에 있기는 하지만 가는 길이 근본적으로 다르다. 서로 독립성을 유지하면서 조화를 이루는 것이 서로의 건강한 발전을 위해 바람직하다. 돈과 예술이 섞이는 순간 예술의 건전한 발전을 기대하기는 어렵다. 예술의 발전을 위해 기부를 하거나 창작공간을 만들어주는 것은 좋지만, 직접 나서는 것은 위험한 일이라고 아니할 수 없다.

선진국의 경우 대기업들은 대체로 문화행사를 후원하거나 창작공간을 마련해 주는 데 그치고 직접 뛰어드는 일은 드물다. 이에 비해 삼성의 경우 이 모든 분야를 직접 거느리려고 했다. 이를 두고 '고급 문어발'이라고 해야 할까? 한마디로 이 나라에서 삼성의 숨결이 느껴지지 않는 분야는 거의 없다고 해도 좋을 정도가 됐다. 그러자 교육, 언론, 스포츠, 문화예술 등 모든 분야가 돈에 오염될지도 모른다는 우려가 제기됐다. 지원에 그쳐야 할 대기업이 직접 나서고, 그것도 많은 분야에 걸쳐 그렇게 하니 우려하지 않을 수 없었던 것이다. '삼성의 힘', 즉 삼성그룹이 가진 '돈의 힘'이 어디까지 미치고 어떤 영향을 줄지 예측하기 어려웠기에 모두 숨죽이며 지켜보기만 했다.

요컨대 이건희가 삼성을 이끄는 동안 삼성의 손길은 우리 사회 모든 분야에 뻗쳤다. 경제생활은 물론이고 정치와 법, 스포츠, 그리고 정신생활을 윤택하게 해주는 문화에 이르기까지 삼성의 손길을 벗어날 수 없었다. 그러니 '삼성공화국'이라는 자학적인 용어가 어찌 나오지 않을 수 있었을까.

7장 | 이재용의 삼성은 어디로

지주회사로 갈까

삼성의 경영권이 이건희에서 이재용으로 넘어가면서 삼성의 지배구조가
어떻게 개편될 것인지는 초미의 관심사다. 삼성은 이미 1990년대부터 이
재용에게 경영권을 '안전하게' 넘기기 위한 작업을 진행해 왔다. 이재용에
게 경영권을 넘기되 어떤 구조로 넘길 것인지는 아직 명확하지 않다. 이재
용이 경영권을 이어받은 다음에도 삼성의 경쟁력이 유지되고 향상될 수
있는지는 더욱 불확실하다. 다만 이재용이나 삼성에 큰 출혈을 일으키지
않고 이재용에게 경영권을 넘기기 위해 삼성그룹은 온갖 '지혜'를 짜내고
있다.

정리하기 쉽지 않은 출자구조
이건희의 삼성이 지녔던 가장 큰 문제는 순환출자를 비롯한 복잡한 출자
구조였다. 계열사끼리의 출자구조가 너무나 복잡해서 정리하기가 쉽지 않
았고, 시간이 갈수록 오히려 더 복잡해졌다. 이건희가 사업을 과도하게 확
장시킨 결과였다고 할 수 있다. 그러자 재벌의 순환출자를 해소하라는 사

회적 요구가 거세졌다. 경제민주화를 요구하는 여론에 따라 재벌의 순환출자를 해소하는 쪽으로 정부 정책의 방향이 잡힌 뒤에도 기존 순환출자까지 해소할 것인지, 아니면 신규 순환출자만 해소할 것인지가 문제로 대두됐다. 결국은 박근혜 정부 아래서 신규 순환출자만 금지하는 쪽으로 방향이 잡혔다. 한편 정부에서는 재벌의 지배구조를 투명하게 하기 위해 지주회사 전환도 재촉해 왔다. 그리고 많은 재벌들이 정부의 요구에 따라 지주회사 체제로 전환했다.

그러나 삼성그룹의 경우 순환출자의 완전한 해소도, 지주회사 체제로의 전환도 쉽지 않은 것이 사실이다. 계열사가 워낙 많고 순환출자가 복잡하게 얽혀 있는 데다 대형 금융회사까지 끼어 있어 더욱 복잡하다. 한마디로 벌여놓은 것이 워낙 많기 때문에 가닥잡기가 쉽지 않다. 이처럼 복잡한 순환출자를 어떻게 정리하고 지주회사 체제로 전환할 것인지에 대해서는 여러 가지 관측과 시나리오가 나오고 있다. 그 구체적인 모습이 드러나는 데는 시간이 꽤 걸릴 전망이다.

그렇지만 2015년 삼성물산과 제일모직의 합병은 삼성이 추구하는 새로운 지배구조의 방향을 시사해준 사건이다. 통합 삼성물산은 핵심 계열사인 삼성생명 지분 19.34%와 삼성전자 지분 4.06%를 보유하고 있다. 삼성그룹 안에서 삼성생명은 금융계열사의 최대주주 아니면 주요주주이고, 삼성전자는 비금융계열사에 대해 그와 비슷한 위치를 차지하고 있다. 말하자면 통합 삼성물산이 삼성그룹의 사령탑에 올라 있는 가운데 삼성생명과 삼성전자를 통해 삼성그룹의 거의 모든 계열사를 지배할 수 있게 된 것이다. 삼성을 지주회사로 전환하는 장기 시나리오의 실현에 한걸음 다가선 것으로 볼 수 있다.

그렇지만 하나의 지주회사로 삼성그룹의 계열사 전체를 아우르는 것은 금융-산업 분리 원칙에 저촉될 염려가 있다. 따라서 삼성이 지주회사 체제로 전환한다면 제조업 지주회사와 금융업 지주회사의 2중체제가 될 것이라는 관측도 나온다. 제조업 지주회사는 삼성전자의 일부와 삼성물산을 통합해서 만들고, 금융업 지주회사는 삼성생명을 중심으로 구성하는 방안이다. 통합 지주회사 산하에 중간금융지주회사를 두는 방안도 꾸준히 모색돼 왔다.

삼성 지배구조 개편을 위한 구체적인 방안의 하나로 지금까지 삼성SDS와 삼성전자를 우선 합병하는 수순이 널리 거론돼 왔다. 삼성SDS에 대해서는 이재용 9.20%를 비롯해 3남매가 모두 17%의 지분을 보유하고 있다. 삼성전자를 투자회사와 사업회사로 분할한 다음 투자회사를 삼성SDS에 합병해 새로운 지주회사를 만든다는 시나리오다. 삼성전자를 삼성SDS와 바로 합병할 것이라는 추측도 나돈다. 어떤 방식이든 삼성전자와 삼성SDS가 합친 뒤에 그것을 다시 통합 삼성물산과 합병할 가능성도 거론된다. 두 큰 회사를 합쳐 제조업 중심 지주회사를 만들 경우 이재용이 갖고 있는 삼성물산 지분은 그에게 큰 '자산'이 된다. 거기에 이부진과 이서현의 지분까지 더하면 삼성그룹 전체를 호령하는 막강한 자산을 3남매가 갖게 된다. 삼성전자 등이 보유하고 있는 자사주 역시 유용한 자산이 될 것으로 보인다.

이재용은 2016년 1월에 삼성SDS의 지분 2.05%에 해당되는 주식 158만 7천 주를 매각했다. 삼성엔지니어링의 유상증자에 참여하는 데 필요한 자금을 확보하기 위해서였다. 이에 따라 이재용의 삼성SDS 지분이 9.20%로 낮아졌다. 이재용의 지배력은 여전하지만, 지배구조 개편과정에서 차지하는 삼성SDS의 위상과 가치는 급전직하했다.

삼성생명을 중심으로 중간금융지주회사를 두는 방안은 삼성생명이 계열 금융회사들을 모두 지배하는 구조를 지향하는 것이다. 금융지주회사가 되려면 전체 자산 가운데 50% 이상을 자회사 지분이 차지하고 있어야 한다. 또 금융자회사의 지분을 30% 이상 가져야 하고, 금융자회사가 비상장회사라면 그 지분의 50% 이상을 가져야 한다. 이런 요건을 갖춘 다음에는 금융위원회로부터 지주회사 인가를 받아야 한다. 따라서 삼성생명이 금융지주회사로 변신하려면 삼성화재, 삼성증권, 삼성카드 등의 금융계열사 지분을 충분히 확보해야 한다. 그렇잖아도 삼성생명은 이미 주요 금융계열사 지분을 상당히 올려 놓았다. 다만 삼성화재 지분이 아직 14.98%에 머물러 있고, 삼성증권 지분도 11%밖에 안 된다. 삼성화재의 경우 삼성화재의 자사주 16%를 활용하면 된다. 그러나 삼성증권의 경우에는 자사주를 합쳐도 18% 수준에 그친다. 따라서 삼성생명은 삼성증권 지분을 더 사들여야 한다. 그런데 삼성증권은 이미 자사주 매입 작업을 벌이고 있다, 따라서 삼성증권의 늘어나는 자사주가 삼성생명의 지주회사 추진 과정에서 또 다른 원군이 될 수도 있다. 삼성생명이 삼성증권을 자회사로 끌어들인다면 삼성증권이 100% 지분을 가진 삼성선물도 손자회사로 자동적으로 따라붙게 된다. 이런 까닭에 삼성생명이 금융계열사의 '사령탑'에 올라서는 데는 큰 어려움이 없어 보인다. 삼성생명이 중간금융지주회사로 전환할 것이라는 관측도 더욱 힘을 얻고 있다.

문제는 현행 금융지주회사법상 보험회사를 자회사로 둔 금융지주회사는 다른 보험회사를 손자회사로 거느릴 수 없다는 것이다. 따라서 삼성생명이 중간금융지주회사가 되려면 삼성화재 주식을 도리어 매각해야 한다.

그러나 경제개혁연대의 분석에 따르면 삼성생명을 사업회사와 금융지주회사로 인적분할하면 이런 문제도 쉽게 해결된다. 금융지주회사가 삼성화재 주식을 인수하면 되는 것이다. 그럴 경우 삼성화재가 갖고 있는 자사주는 아주 요긴하게 활용될 것이다. 삼성생명을 사업회사와 금융지주로 분할할 경우 삼성물산이 보유 중인 19.34%의 삼성생명 지분과 삼성생명 자사주 10.21%를 금융지주에 현물출자함으로써 핵심자산으로 만들 수 있다. 따라서 자회사 지분 30% 이상 확보 요건을 갖추기 위해 0.45%만 더 인수하면 된다. 삼성생명을 분할하기 전에 자사주를 0.45%만 미리 늘려 놓아도 된다. 그러면 지주회사가 삼성생명 지분을 추가로 사들일 필요도 없다.[74]

또 한 가지 방법으로 삼성물산을 사업회사와 금융지주회사로 나누는 방법도 있다. 삼성물산 금융지주가 삼성생명과 삼성화재 및 나머지 금융회사를 지배하게 하는 것이다. 통합 삼성물산이 이미 19.34%의 삼성생명 지분을 갖고 있고, 삼성생명은 10.21%의 자사주를 보유하고 있다는 것이 이 경우에도 유리하다. 그렇지만 삼성물산금융지주회사가 삼성화재까지 거느리려면 삼성화재 지분 30%를 확보하는 데 자금이 들어가야 하는 것이 문제다. 유예기간이 있긴 하지만, 이런 방안을 삼성이 선택하기는 쉽지 않을 것 같다. 더욱이 삼성물산을 인적분할할 경우 공개매수와 현물출자 방식의 유상증자를 거쳐야 하는데, 그 과정에서 소액주주들이 손해를 볼 가능성이 있다. 앞에서 말한 삼성생명을 사업회사와 금융지주회사로 분할하는 데도 넘어야 할 산이 있다. 예를 들어 사업분할을 위해 자본감소 조치를 취할 경우 지급여력비율이 낮아져 금융감독위원회의 승인을 받는 데 어려움을 겪을 수도 있다.

지주회사 전환 마다할 수도

금융지주회사 설립에 따르는 어려움이 모두 해결된다 해도 삼성전자를 비롯한 비금융계열사 지분을 처리해야 하는 문제가 남는다. 현행 금융지주회사법에 따르면 금융지주회사의 자회사는 비금융회사를 지배할 수 없게 돼 있다. 비금융회사의 주식을 소유할 수는 있지만 그것으로 의결권은 행사할 수 없다는 것이다. 현재 삼성생명은 삼성전자 지분 7.5%, 호텔신라 지분 7.8%, 에스원 지분 5.71%를 보유하고 있다.

만약 삼성생명이 사업회사와 금융지주회사로 분할될 경우 금융지주회사는 당연히 삼성전자를 비롯한 비금융회사 지분을 보유할 수 없게 된다. 삼성생명 사업회사는 이들 비금융회사 지분을 소유할 수 있다. 그렇지만 소유하더라도 2대주주로 머물러야지 최대주주가 되어서는 안 된다. 다시 말해서 삼성생명 사업회사가 최대주주인 삼성물산보다 삼성전자 지분을 더 많이 가질 수 없다는 것이다. 따라서 삼성생명 사업회사가 삼성전자 지분을 삼성물산(4.0%) 이하로 낮추거나, 삼성물산이 삼성전자 지분을 삼성생명이 보유하고 있는 7.5% 수준으로 끌어올려야 한다. 삼성생명이 삼성전자 보유지분을 삼성물산 수준으로 낮추면 현재 금산법상 금지되어 있는 5% 초과지분에 대한 논란도 자연스럽게 해소된다. 그리고 이런 조건 이행도 지주회사 설립과 동시에 곧바로 해야 하는 것은 아니고, 최대 7년의 유예기간이 주어진다. 따라서 그 기간 동안 삼성이 가장 유리한 방법을 선택하면 되는 것이다.

호텔신라의 경우도 비슷하다. 현재 삼성생명이 호텔신라의 최대주주로서 지분 7.8%를 보유하고 있으며, 삼성전자가 2대주주로 지분 5.1%를 갖고 있다. 따라서 호텔신라에 대해서도 삼성생명이 삼성전자 수준으로 지분을 낮추거나 삼성전자가 높이면 된다. 또 삼성생명이 지분을 5% 이하로 낮추면 금산법 위반 논란도 따라서 종결된다.

이렇듯 삼성그룹의 지주회사 전환에 관한 관측은 여러 가지로 제시되고 있다. 이 가운데 어떤 방식, 어떤 모양으로 지주회사 전환이 이루어질지는 아직 미지수다.

삼성이 완전한 형태의 지주회사 체제로 전환되지 않더라도 지배구조의 큰 틀은 이미 짜여 있다. 그것은 이재용 3남매가 통합 삼성물산의 최대주주로 경영지배권을 장악하고 삼성물산을 통해 삼성전자 및 삼성생명을 지배하는 모습이다. 그리고 이들 두 자회사를 통해 삼성그룹의 모든 계열사를 지배하는 구조다. 이런 틀 속에서 이재용의 지배체제는 아직까지는 비교적 견고한 편이다. 이재용 3남매는 가능하면 지주회사로 전환하지 않고 지금의 지배체제 그대로 유지하고 싶어 할지도 모르겠다. 따라서 지주회사 전환 여부 자체도 아직은 불확실하다.

그러나 현재의 지배체제를 계속 끌고 가는 것은 가능할 것 같지 않다. 우리나라가 지금까지 재벌, 특히 삼성에 대해 무척 관대했고 시장도 삼성이 하는 일에 대체로 호의적이었지만, 앞으로도 그리리라는 보장은 없다. 아마도 시장의 힘에 밀려 삼성도 언젠가는 새로운 지배체제를 모색해야 할 것으로 예상된다.

마지막 남은 관심사는 이건희가 세상을 떠날 경우 내야 하는 상속세 문제를 해결하는 방식이다. 이건희가 현재 보유하고 있는 재산은 삼성전자 지분 3.38%를 비롯해 삼성생명 20.76%, 삼성물산 1.37% 등의 주식과 토지, 주택 등을 합쳐 10조 원을 훨씬 웃돌 것으로 추정된다. 이런 재산을 이재용 3남매가 상속받을 경우 내야 할 상속세는 수조 원을 헤아릴 전망이다. 대신증권은 2014년 11월 11일 보고서를 통해 이재용 3남매가 내야 하는 상속세가 모두 7조 4천억 원에 이를 것으로 추산했다. 이건희의 삼성전자 지분을 공익법인에 증여하면 상속세 과세대상에서 빠지므로 세금은 4조 5천억 원 수준으로 줄어든다.[75)]

그러나 이 같은 과세회피는 여론의 지탄을 받을 것이 분명하므로 삼성으로서는 선택하기 어렵다. 그렇지만 다른 방법으로 상속세 부담을 줄이려고 시도할 가능성은 충분히 있다. 그런 가능성을 감안하더라도 상속세 규모가 5조~6조 원에 이를 것이라는 전망이 유력하다.

과거 이건희가 이병철 창업회장으로부터 경영권과 주식자산을 상속받을 때에는 차명과 삼성문화재단 활용을 통해 180여억 원가량의 상속세만 냈다. 그렇지만 그 같은 방식은 이제 통하지 않는다. 이건희가 보유하고 있는 주식은 대부분 실명화됐고, 문화재단 등이 보유하고 있는 삼성 계열사 주식 현황도 모두 공개돼 있다. 따라서 이재용 3남매는 상속세를 정상적으로 납부하면서도 삼성그룹 지배력에 타격을 받지 않는 방식을 찾아야 한다. 이와 관련해 이건희의 부동산을 활용할 것으로 대신증권 보고서는 전망했다. 어쨌든 이재용 남매는 앞으로 상속세 납부액을 줄이거나, 정상적으로 납부하더라도 삼성그룹 지배력에 영향을 받지 않도록 하는 방안을 열심히 찾을 것이다. 따라서 앞으로 삼성의 일거수일투족을 유심히 지켜볼 필요가 있다.

업보

삼성은 기본적으로 제왕적 지배구조를 갖고 있다. 적은 지분만 갖고 있으면서 수백조 원 규모의 자산을 자랑하는 계열사 전체를 지배하는 구조인 것이다. 이런 거대재벌을 이재용은 아버지 이건희의 전폭적인 뒷받침에 힘입어 이어받았다. 경영권 승계 작업은 이건희가 총수로 복귀하면서 가속화됐다. 이재용은 이제 명실공히 삼성그룹 최고의 지배자로 올라섰다.

이건희가 병실에 누워있는 동안 이재용은 아버지 대신 그룹 회장 역할을 사실상 대신했다. 그룹 회장 자리에 공식적으로 오른 것은 아니지만, 이재용은 자신의 존재감을 넓혀갔다. 2015년 온 나라를 떠들썩하게 한 메르스 사태 과정에서 삼성서울병원의 책임이 큰 것으로 드러나자 그룹을 대표해서 사과했다. 여러 계열사를 방문하고, 인천 송도의 삼성바이오로직스 공장 기공식도 해당 업체 사장을 제치고 박근혜 대통령과 함께 중심에 섰다. 공식적인 직함은 삼성전자 부회장이지만 실질적으로는 그룹 회장으로 움직였다. 그의 이 같은 행보에 아무도 제동을 걸지 않았다. 모두가 당연한 것으로 받아들였다. 그룹 경영지배권 승계자라는 그의 위상을 삼성그룹 임직원 모두가 인정하기 때문일 것이다.

삼성이 최근 몇 년 동안 전개해온 사업재편과 지분조정 등의 작업은 모두 서곡에 불과하다. 사업부문이나 계열사를 왼쪽 주머니에서 오른쪽 주머니로 옮기는 등 갖가지 방식으로 새로운 틀을 짜는 과정이었다. 이는 이재용 체제를 뒷받침하기 위한 준비작업에 불과하다. 이재용은 이제부터 자신의 경영능력을 실제로 보여주어야 한다.

그런데 이재용에게는 하나의 근본적인 의문이 따라다닌다. 삼성이라는 거대재벌을 제대로 경영할 능력이 있는가 하는 의문이다. 이재용은 e-삼성 등 인터넷기업을 따로 해보다가 모두 실패하고 그 부담을 계열사에 떠넘긴 전력이 있다. 그 뒤로 이재용이 특별한 경영능력을 인정받을 만한 일을 한 것이 별로 없다. 그래서 의문이 아직 불식되지 않고 있다.

최근 들어서도 주력계열사인 삼성전자는 중국산 저가 스마트폰의 도전 등으로 인해 안팎에서 어려움을 겪고 있다. 삼성엔지니어링과 삼성중공업, 삼성SDI 등 다른 계열사들도 적자를 내는 등 어려움에 직면해 있다. 이 같은 문제들을 어떻게 해결할 것인지가 몹시 궁금하다. 삼성엔지니어링의 유상증자에 3천억 원 규모로 참여하겠다고 하고 자사주를 인수했지만 그것은 사실 특별한 것도 아니다. 이재용은 1990년대 중반에 경영권 승계를 위한 종잣돈을 불려가는 과정에서 삼성엔지니어링을 이용해 한몫 챙긴 일이 있기 때문이다. 그것은 말하자면 가져간 돈을 다시 내놓은 것에 불과하다.

삼성의 경영권을 이미 사실상 인수한 이재용은 해외출장 갈 때도 전용기를 타지 않고 일반 항공편을 이용한다고 한다. 삼성은 보유하고 있던 항공기 3대를 아예 처분했다. 그렇지만 그런 사소한 것보다는 삼성의 사업

구조나 사업방식에 어떤 변화가 생기는지에 주목해야 한다.

진정한 의도 아직 몰라

이건희는 문어발식 확장을 거듭한 데 비해 이재용은 '선택과 집중'으로 그룹을 이끌어가려는 움직임을 보이고 있다. 적어도 현재까지의 모양새는 그렇다. 화학부문을 한화그룹과 롯데그룹에 넘긴 것이 그 증거라고 할 수 있다. 내부거래로 먹고살다시피 해온 광고기획사 제일기획은 한때 매각 대상이 됐다. 그렇게 함으로써 전자를 비롯한 주력 제조업 분야에 힘을 쏟으려는 움직임이라고 할 수 있다. 반면에 바이오에 대한 투자를 강화하고 있다. 아울러 금융 부문에 대해서는 별다른 움직임이 없다. 아마도 금융계열사들은 앞으로도 계속 끌고 갈 심사인 듯하다. 그렇다면 이재용의 경영 방식을 '선택과 집중'이라고 할 수 있는지는 여전히 의문이다. 아직은 더 두고 봐야 할 듯하다.

또 한 가지 눈에 띄는 변화는 주주에 대한 태도가 바뀌는 조짐을 보이고 있다는 것이다. 이를테면 삼성증권과 삼성전자가 과거에 비해 자사주를 사들이는 규모를 대폭 늘렸다. 삼성증권은 2015년 10월 23일부터 2016년 1월 22일까지 1188억 원을 들여 자사주 245만 주(지분율 3.2%)를 장내에서 매입했고, 삼성화재는 2015년 10월 27일 자사주 166만 주를 취득했다. 삼성증권의 자사주 매입 규모는 기존에 보유하고 있던 자사주(420만 9040주)의 절반을 웃도는 수준이다. 삼성전자도 같은 달 29일 11조 3000억 원의 대규모 자사주 매입에 나서면서 매입한 주식을 전량 소각할 계획이라고 밝혔다. 삼성전자로서는 사상 최대 규모의 자사주 매입이다. 아울러 해마다 잉여현금흐름의 30~50%를 배당이나 자사주 매입

형태로 주주에게 되돌려주겠다고 했다. 삼성전자는 이전에도 가끔씩 자사주를 매입하곤 했지만, 그 규모가 그다지 크지 않았다. 그런 전례에 비춰보면 상당히 파격적인 계획을 내놓은 것이다. 더욱이 매수한 주식을 소각하겠다고 한 점이 주목된다. 과거의 습성으로는 매입한 주식을 잘 보관해두었다가 경영권 방어 등을 위해 '재활용'하는 경우가 많았다. 이에 비해 삼성전자가 이번에는 매입한 자사주를 아예 소각하겠다고 함으로써 세간의 의심을 일단 차단했다.

삼성은 지금까지 주주에 대해 대체로 차가운 태도를 보여왔다. 애플과 구글 등 글로벌 IT 기업에 비해서는 매우 인색했다. 삼성전자의 2014년 배당성향은 13% 수준에 그쳐 선진국 IT 기업들의 36% 수준에 비해 3분의 1에 불과하다. 미래를 대비한 연구개발과 시설투자가 중요하다는 것이 낮은 배당성향의 명분이었다. 그런데 이번 자사주 매입을 통해 삼성이 주주를 존중하는 방향으로 전환한 것이라는 해석도 나온다. 삼성도 그렇게 설명했다. 그러나 이런 설명 역시 아직은 의심스럽다. 제일모직의 경우를 보자. 제일모직은 삼성물산과 합병하기 전에 배당을 한 차례밖에 하지 않았다. 비상장회사이고 가족회사라는 특성은 있었지만, 제일모직 지분을 가지고 있는 계열사에 제일모직은 말하자면 '무수익자산'이었다. 그러던 제일모직이 삼성물산과의 합병을 앞두고 4400억 원 규모의 자사주 매입에 나서겠다고 발표한 것이다. 합병을 성사시키기 위해 주주들을 달래려는 의도가 짙었다. 마치 아이네아스가 저승 입구를 지키는 개 케르베로스를 잠잠하게 만들기 위해 꿀케이크를 던져준 것처럼.

따라서 자사주 매수 규모를 늘린 것이 진정한 전환인지는 더 두고 봐야 한다. 이재용의 경영권 강화나 향후 지주회사 체제 전환 과정에서 이재용의 '무임승차'를 뒷받침하기 위한 것인지 아닌지 아직은 모른다. 특히 삼성화재나 삼성증권 등 금융계열사들은 매입한 자사주를 소각하지 않았다. 언젠가 지배구조 개편과정에서 요긴하게 활용할 의도일 가능성이 높다. 이 때문에 이들 금융계열사의 자사주 매입이 진정한 주주친화 정책에 따른 것인지 의구심을 갖게 된다. 삼성의 진정한 속마음은 아직 알 수 없다.

소프트웨어 경쟁력 강화가 숙제

삼성이 가장 자랑하는 반도체 사업은 이건희가 심혈을 기울여 일군 사업이므로 아들 이재용에게는 이를 더욱 발전시킬 책임이 있다. 아버지가 워낙 탄탄하게 기반을 닦아놓았고, 전 세계적으로 이제 삼성에 맞설 만한 경쟁기업이 별로 없기는 하다. 그렇지만 한순간이라도 소홀히 하면 다시 경쟁에서 처질 염려가 있다. 이재용으로서는 아버지 이건희가 들였던 공의 절반만 들여도 반도체 사업을 이끌고 그 경쟁력의 우위를 유지하는 데 큰 어려움이 없을 것 같다. 평택 고덕지구 반도체 공장에 대한 투자를 1년 앞당겨 2015년 5월 7일 착공한 것은 이런 점에서 의미 있는 수순이라고 볼 수 있다.

이보다 더 어려운 과제가 있으니, 바로 삼성전자를 비롯한 삼성 계열사들의 소프트웨어 경쟁력을 강화하는 것이다. 삼성이 지금까지 하드웨어 중심으로 운영돼 왔고 세계적인 경쟁력을 갖춘 것은 사실이지만 소프트웨어 경쟁력 확보는 아직 요원하다. 그런데 지금은 소프트웨어가 경쟁력을 좌우하는 시대다. 따라서 앞으로 기존의 하드웨어에 소프트웨어를 효율적으로 접목시켜 나가는 작업이 필수적이다.

이와 관련해 몇 가지 추진되는 사업은 있다. 우선 삼성전자의 스마트폰을 이용한 간편결제 서비스 '삼성페이'를 꼽을 수 있겠다. 삼성페이는 삼성전자가 2015년 2월 미국의 루프페이를 인수해서 시작한 소프트웨어 사업이다. 2015년 8월 한국에서 처음 출시돼 수백만 명의 사용자를 확보했다고 한다. 삼성은 미국 진출을 위해 신용카드회사 및 주요 은행들과 제휴를 맺었다. 중국의 신용카드회사 유니온페이(Union Pay)와 손잡고 중국시장에도 진출했다. 또 사회관계망 서비스업체인 페이스북과 가상현실(VR) 서비스를 제휴하기로 해 주목을 끌었다. 삼성으로서는 백만원군을 얻은 셈이다. 이런 새로운 사업들의 결과는 지금으로서는 예측하기 어렵다. 삼성이 근본적으로 하드웨어 체질의 기업이기 때문이다.

이런 체질을 뜯어고쳐 보려는 시도가 이제야 시작됐다. 2016년 3월 24일 경기도 수원의 삼성전자 본사에서 열린 '스타트업 삼성 컬처 혁신 선포식'에서 주목되는 방침이 공표됐다. 삼성전자 스스로 대기업이 아니라 창업기업 같은 문화로 바꿔보겠다는 것이 요지였다. 직급을 단순화하고 호칭도 수평적으로 바꾼다는 것이었다. 이를테면 '이사님' 또는 '부장님' 같은 상명하복식 호칭을 그냥 모두가 서로 '~님'으로 부르는 식으로 바꾼다고 했다. 습관적인 장시간 근무나 잔업, 주말특근 같은 것도 없애거나 줄이겠다고 했다. 삼성뿐만 아니라 우리나라 대기업 전반의 문화에 제법 충격을 줄 만한 변화다. 그러나 오랜 세월 굳어진 습성 같은 상명하복의 기업문화와 근무방식이 과연 뜻대로 바뀔 수 있을지는 여전히 불확실하다. 사실 그런 기업문화의 혁신이 없이는 앞으로도 소프트웨어의 발전은 기대하기 어렵다. 이제 삼성전자로서는 중대한 전환점에 와 있는 셈이다.

이건희는 연구개발 강화를 위해 많은 노력을 기울였다. 이에 비해 이재용은 외부기술을 받아들이는 데 더 적극적이라는 평가도 있다. 이를 위한 조직으로 오픈이노베이션센터와 삼성전략혁신센터 등이 주된 역할을 할 것이라는 전망이다. 이들 조직은 미국 실리콘밸리에서 인수합병이나 신생 벤처기업과의 기술제휴를 주로 추진하는 것으로 알려져 있다. 일리가 있다. 하지만 결론은 마찬가지다. 그 기술을 흡수해서 새로운 창의력을 보여주지 않으면 기술도입이나 제휴 자체에 큰 의미를 부여하기 어렵다.

'무노조 경영' 계속 이어갈 수 있나

삼성은 더욱이 애플로부터 특허침해 소송을 당하는 등 외국기업들로부터 유형무형의 압박을 받고 있다. 미국 법원의 판결에 따라 삼성전자는 애플에 특허침해 배상금을 지급했다. 소송 개시 4년 8개월 만이다. 애플의 요구에 따라 2015년 12월에 5억 4817만 6477달러(약 6382억 원)를 지급한 것이다. 추후 판결이 뒤집히거나 특허가 무효화될 경우 애플로부터 그 가운데 일부 또는 전부를 환급받을 수도 있겠지만, 일단 패배를 인정한 셈이다. 그렇지만 골칫거리 하나를 해소한 것이라고 볼 수도 있다. 디자인에 관한 일부 쟁점 사항은 연방대법원까지 올라가 있는 등 반전의 여지도 있긴 하다. 판결 결과와 관계없이 삼성이 독자적인 특허와 기술을 개발할 필요성은 한층 커졌다. 이제는 중국의 후발 스마트폰 업체 화웨이까지 삼성전자를 상대로 특허권 침해 소송을 제기하고 나서기에 이르렀다. 삼성이 마치 '특허 동네북'이 된 듯한 양상이다. 이런 사태는 하드웨어에 집중해 온 삼성전자에 경종을 울리고 있다.

그런 까닭에 삼성은 최근 하드웨어 못지않게 소프트웨어에 많은 공을 들이고 있다. 그렇지만 소프트웨어에서는 삼성 자체의 역량만으로 충분하지 않기에 관련기업 인수합병을 통해 어려움을 해결하려 하고 있다. 이 같은 방향전환의 결과는 아직 예측하기 어렵다. 그렇지만 소프트웨어의 중요성을 새삼 인식하고 삼성을 하드웨어 중심에서 소프트웨어와 결합된 기업으로 탈바꿈시키려는 시도 자체는 일단 긍정적이다. 새로운 시대흐름을 어느 정도는 읽어낸 것이라고 볼 수 있겠다. 이 같은 전환에는 2000년대 초에 이재용이 직접 관여했다가 쓴맛을 본 인터넷 사업의 경험이 한몫했을 것이라는 추론도 가능하다. 하드웨어만으로는 부가가치 창출에 한계가 있음이 드러나고 있기에 방향은 일단 옳다고 판단된다. 그러나 지금까지 반도체나 휴대전화, 디스플레이 등 하드웨어 분야에 집중해 오던 삼성이 소프트웨어 쪽에서 어느 정도나 성과를 낼 수 있을지는 두고 봐야 한다.

바이오 사업도 일단 주목해 볼 필요가 있다. 삼성은 2010년 신수종 사업으로 바이오 및 제약 부문에 2조 1천억 원을 투자하겠다고 했다. 2020년에 바이오 부문에서 연간 매출 1조 8천억 원과 영업이익률 40%를 달성하겠다는 것이다. 이를 위해 제일모직은 다른 계열사의 주식을 매각하고 그 자금을 삼성바이오로직스에 투입했다. 그리고 바이오로직스에 대한 투자계획과 비전이 제일모직과 삼성물산의 합병이 추진될 당시 유력한 근거로 제시됐다. 건설과 상사 중심의 삼성물산은 앞날이 어두우니 이를 제일모직과 합쳐 제일모직의 바이오 사업 중심으로 통합회사를 이끌어가겠다는 주장이었다. 그러나 과연 이 분야에 삼성의 독자적인 기술과 연구개발 능력이 있는지는 의문이다. 오히려 복제약 만드는 수준에 그치는 것 아닌가 하는 의문도 제기된다. 이를 의료사업으로 연결시켜 신성장동력을 창출한다는 것은 더욱 어려운 일이다. 따라서 삼성의 바이오 사업은 좀더 냉정하게 바라볼 필요가 있다고 판단된다.

삼성그룹을 한국사회의 법질서와 조화시키는 작업 역시 소홀히 할 수 없다. 예를 들어 오랫동안 유지해온 무노조 경영을 계속 고수할 것인지를 판단해야 한다. 삼성은 이병철 창업회장 시절부터 무노조 경영 방침을 고수해 왔다. 무노조 경영은 과거의 권위주의 정권 때에는 무난히 지킬 수 있었다. 1987년 민주화 이후에도 '성장 강박증'에 사로잡힌 역대 정권의 소극적인 대응으로 그것은 거뜬히 지속돼 왔다. 삼성은 온갖 방법을 동원해 그룹 내 노조 결성을 저지해 왔다. 그렇지만 앞으로도 이런 방침이 지켜질 수 있을지는 알 수 없다. 삼성은 주주의 이익을 소홀히 여기다가 최근 들어 이런 방면에서는 조금씩 바뀌고 있다. 그런데 노조 문제만 예전대로 끌고 간다는 것이 과연 가능할지 모르겠다.

다행히 반도체 사업장의 해묵은 직업병 문제는 거의 해결된 듯하다. 2016년 1월 12일 삼성전자와 삼성직업병 가족대책위원회 및 반올림(반도체 노동자의 건강과 인권 지킴이) 사이에 재해예방대책 합의서가 서명됨으로써 오랫동안 끌어오던 문제가 일단락됐다. 이 합의에 따라 권오현 부회장이 직접 사과하고 반도체 공장의 백혈병 사망자에 대한 보상이 이뤄지게 됐다. 삼성전자 사업장의 직업병 예방을 위한 독립기구로 옴부즈맨위원회도 설치됐다. 이 문제는 이건희가 반도체 사업을 강력하게 추진하는 과정에서 불거진 것으로, 삼성의 완강한 자세로 말미암아 지금까지 해결의 실마리를 찾지 못하고 있었다. 하지만 삼성이 뒤늦게나마 결자해지의 자세로 문제 해결에 전향적으로 나선 것은 의미 있는 진전이다. 삼성의 앞날, 특히 한국의 기업으로서 국민의 사랑을 받으며 성장해야 한다는 당위성에 비춰볼 때 다행스런 일이라고 하겠다.

2008년 4월 22일 이건희가 퇴진하면서 밝힌 약속도 국민들의 기억 속에 남아 있다. 이건희는 그때 차명재산을 실명전환한 후 좋은 일에 쓰겠다고 약속했지만, 아직까지 감감무소식이다. 이재용이 그룹의 경영권을 승계한다면 이런 의무도 당연히 승계하는 것으로 국민들은 이해하고 있다. 이 문제는 깊이 생각할 필요도 없는 것이다. 건전한 상식에 입각해서 판단하면 되는 일이다.

'악순환' 고리 끊어야

앞으로 이재용에게는 이 밖에도 크고 작은 도전들이 닥칠 것으로 예상된다. 석유화학 사업처럼 다른 사업도 과단성 있게 정리하도록 요구받을 수도 있다. 부실상태이거나 또는 만성적자를 내는 기업의 경우 다른 계열사에 부담을 주지 않으면서 처리할 수 있는 방안을 마련해야 한다. 1조 원이상 유상증자의 필요성이 제기된 삼성중공업을 어떻게 처리할 것인지가 1차 시금석이 될 수도 있다. 이 모든 경우에 스스로 책임질 각오를 해야하는 것이다. 때로는 일부 계열사를 대가 없이 포기해야 할지도 모른다. 경제민주화 요구가 강렬해지는 등 시대의 새로운 흐름도 과거처럼 안이한 경영권 승계나 손쉬운 일감 몰아주기를 허용하지 않을 것임을 명심해야한다. 무리한 승계과정으로 인한 업보를 짊어져야 할 경우가 생길 수도 있다. 이를테면 통합 삼성물산의 경영실적이나 주가가 회복되지 않고 계속 악화될 경우 어떻게 할 것인가?

돌이켜 보면 이건희가 추진한 이재용으로의 경영권 승계 작업은 많은 무리를 낳았다. 하나의 무리는 또 다른 무리를 낳았으니, 악순환의 연속이었다. 이런 얼룩진 과정을 통해 이재용과 그의 누이들은 삼성의 경영권을 이어받는 데 성공했다. 그런 과정에서 몇 가지 질문이 자연스럽게 우러난다. 꼭 그런 방식으로 경영권을 넘겨야 했을까? 과연 다른 방법은 없었을까? 민주주의 법치국가에 어울리는 방식도 있지 않았을까? 이재용과 그의 누이들은 자신의 자식들에게도 그런 방식으로 삼성의 경영권을 넘겨줄 것인가? 이런 물음에 대한 대답을 이재용과 그의 누이들은 앞으로 내놓아야 한다.

그룹 경영권 승계 과정에서 빚어진 각종 편법, 탈법, 불법의 이미지를 불식시켜야 한다는 것이다. 그 과정에서 누린 천문학적 규모의 자본이득에 대한 환수 요구가 앞으로 커질 수도 있다. 어떻게 해서든 악순환 고리를 끊어야 한다. 전체주의 국가처럼 그것을 정부가 빼앗을 수는 없지만, 스스로 사회적 기여를 늘리라는 요구가 제기되고 확산될 가능성은 있다. 이 문제에 대해 이재용은 앞으로 숙고해야 할 줄로 안다. 그것은 업보라면 업보다. 그 업보를 대신 짊어질 사람은 없다. 스스로 짊어져야 한다.

8장 | 야누스 이건희와 '좋은 경영'

이건희는 1987년 삼성그룹의 경영권을 넘겨받은 후 2014년 쓰러지기까지 삼성그룹의 경영을 이끌었다. 그 기간은 26년 6개월이다. 그 기간 동안 이건희의 행보와 삼성그룹의 경영은 대체로 3단계로 나눠볼 수 있다. 제1기는 이건희가 삼성 경영권을 승계한 때부터 1997년 IMF 구제금융 사태까지다. 이건희는 '신경영'을 선언하고 추진하면서 동시에 자동차, 석유화학 등 여러 분야로 사업영역을 확장하다가 파탄을 맞이했다. 동시에 경영권과 삼성그룹의 자산을 자식 남매에게 넘겨주기 위한 '공작'을 진행했다.

제2기는 1997년 IMF 구제금융 사태 때부터 삼성특검으로 이건희가 경영 일선에서 물러나 있던 2010년까지다. 구조조정을 마친 삼성전자를 비롯해 여러 계열사들이 더 튼튼해진 모습으로 상당한 경영성과를 내긴 했지만, 삼성공화국 논란과 삼성 비자금 특검 수사 및 유죄판결로 그 빛이 바랬다.

제3기는 이건희가 경영 일선에 복귀했을 때부터 병으로 쓰러져 사실상

아들 이재용에게 경영권이 넘어간 때까지다. 이건희는 경영에 복귀한 뒤에 자식들을 삼성그룹의 명실상부한 계승자로 만들기 위한 인적, 물적 정비작업을 벌였다. 이런 정비작업이 본격화할 즈음에 이건희가 쓰러지면서 삼성 경영에 공백사태가 빚어지고 그 공백을 아들 이재용이 차츰 메워가면서 경영권을 이어받았다.

치외 법권 재벌

이건희가 삼성그룹을 인수한 후 지나온 과정을 보면 한마디로 로마신화의 야누스 신과 비슷했다. 두 얼굴을 지니고 있었다. 한편으로는 삼성 등 일부 계열사를 중심으로 세계적인 경쟁력을 확보하고 삼성의 브랜드 가치를 높였다. 그러나 다른 한편으로는 '삼성공화국' 논란에서 드러났듯이 한국의 경제와 사회의 기본질서와 가치를 훼손하거나 흔들어놓았다.

이건희가 삼성을 이끄는 동안 삼성이 이룩한 성취는 사실 지금까지 국내 어느 기업도 이룩하지 못한 경지이기에 가벼운 것이 아니다. 그 성취는 삼성에 머무르지 않았다. 삼성이 자극제가 되어 전자업종의 다른 기업은 물론이고 다른 산업분야에서도 대기업들이 분발했다. 이들 대기업과 거래하는 중소기업들의 경영효율성도 함께 높아졌다. 삼성에서 훈련된 인력은 경쟁기업을 포함한 다른 기업이나 업종에 진출해 경쟁력을 높이는 데 기여했다. 그럼으로써 국가경제 전체의 경쟁력과 수준을 한 단계 높이는 데 큰 몫을 한 것도 분명하다. 그런 공로는 결코 과소평가할 수 없다.

이로 인해 삼성신화 또는 이건희 신드롬이라고 부를 만한 것이 생겨나기도 했다. 그것은 이건희가 한다면 무엇이든 성공할 수 있다는 믿음이었다. 삼성그룹이 없으면 우리나라 경제는 무너지고 말 것이라는 믿음까지 생겨났다. 그것이 신화든 미신이든, 아무튼 모든 국민이 그런 믿음을 갖게 됐다. 삼성이 하는 것, 만드는 것은 무엇이든 최고라는 믿음이 생겨났다. 그런 신화는 삼성의 자동차 사업 실패로 한때 여지없이 무너졌다. 그럼에도 이건희와 삼성에 대한 국민의 기대는 식지 않았다. 삼성이 하는 사업은 모든 것이 최고일 것이라는 추정이 여전히 강고했다. '애니콜' 휴대전화와 '갤럭시' 스마트폰에서 거둔 성공이 그런 추측을 뒷받침했다. 그렇기에 삼성의 선단식 경영은 쉽사리 극복될 수 없었다.

일반 국민뿐만 아니라 정부 당국자들도 마찬가지였다. 때문에 삼성이 하는 일은 무엇이든 나라에 유익하고 따라서 보호해줘야 한다고 생각하게 된 것이다. 그 결과 말하자면 일종의 특권이 삼성에게 주어진 것이나 다름없었다. 삼성은 사실상 '치외법권 재벌'이었다. 정부와 입법부, 사법부, 언론 등 어느 기관도 삼성이 하는 일을 제대로 견제하지 못했다. 그 결과 우리 사회와 국가의 운영에 많은 부담과 해악을 끼친 것도 부인할 수 없다. 이를테면 우리나라가 IMF 구제금융 사태를 겪기까지 이건희가 경영한 삼성에 상당부분 책임이 있다고 주장하는 소리가 적지 않다. 이렇듯 삼성이 한국의 경제와 사회 전반에 걸쳐서 어두운 그림자를 드리운 것도 사실이다.

창의력이 중요한 시대

그렇지만 이제 대한민국 경제의 모델이 달라지고 있다. 이제는 삼성이 없으면 안 된다는 착각과 최면에서 우리 사회가 서서히 벗어나고 있다. 삼성이 국민경제에서 차지하는 비중은 여전히 크지만, 이제는 삼성도, 대한민국도 새로운 성장동력을 찾아야 한다는 목소리가 힘을 얻어가고 있다.

재벌이 모든 것을 다 잘한다고 생각하던 시대도 이미 저물어가고 있다. 최근 우리 사회의 역동성이 과거에 비해 현저히 떨어진 가운데 재벌의 손길은 여전히 사방팔방으로 뻗어있다. 이로 말미암아 경제의 역동성은 갈수록 더 떨어지고 국가경제가 극심한 양극화와 동맥경화에 시달리고 있다. 그 결과 우리나라는 저성장의 늪에 빠져 오래도록 헤어나지 못하고 있다. 이제 모든 것을 재벌에 의존하던 나라의 경제체질도 바뀌어야 한다는 깨달음도 더 분명해지고 있다. 종전처럼 막대한 규모의 돈을 들여 거대한 장비를 설치하고 하드웨어를 잘 만들기만 하면 되던 시대도 끝나간다. 그 하드웨어를 더 잘 채우고 활용할 수 있는 지식과 상상력이 더 중요한 시대로 접어들고 있다. 막대한 규모의 내부유보를 축적해 둔 재벌에 부과되는 세금을 깎아주면 재벌이 투자를 많이 해서 국가경제도 번영할 것이라는 믿음도 의심받고 있다.

이건희의 삼성이 하던 방식이 언제까지 계속 이어갈 수는 없다. '관리의 삼성'이라 일컬어지던 기업문화로는 창의력이 중요한 시대에 발전을 담보할 수 없다. 이건희의 삼성에 의해 빚어진 여러 가지 상처를 자꾸 헤집고 싶지는 않다. 그렇지만 새로운 흐름에 맞춰 삼성그룹과 국가경제 운영방식도 달라져야 한다. 새로운 리더십이 형성돼야 한다. 이제는 대주주나 오너 1인이 모든 것을 결정하고 이끌던 시대가 아니다. 구성원의 창의적인 역량이 발휘돼야 하는 시대다. 이런 흐름에 부응하지 못하는 기업과 국가의 미래는 어둡다.

하지만 이재용은 아직도 이건희가 해오던 경영방식을 답습하는 듯하다. 석유화학 사업을 정리한 것은 새로운 흐름에 부응하는 것인 듯하지만, 대신 바이오 사업을 한다며 대규모 투자를 진행하는 것에서는 과거 삼성의 모습이 보인다. 석유화학 사업이나 바이오 사업이나 삼성이 독자적인 기술과 아이디어를 가진 것이 없다는 점에서는 다를 바 없다. 석유화학에서 재미를 보지 못한 삼성이 바이오에서는 다를지는 아직 더 두고 봐야 한다. 현재로서는 삼성의 바이오 사업 경영도 수율 높이기 위주의 장치사업식 경영과 별로 다르지 않아 보인다. 따라서 삼성의 바이오 사업이 석유화학 사업의 재판이 될지도 모르는 일이다.

　이건희가 쓰러진 후 삼성이 본격화한 이재용으로의 경영권 승계 작업도 큰 무리수를 동반했다. 삼성물산과 제일모직의 합병이 그 대표적인 예다. 삼성생명이 삼성자산운용을 100% 자회사로 만들면서 굳이 강제매수 제도까지 동원하여 소액주주를 축출한 것도 눈살을 찌푸리게 한다. 삼성생명공익재단이 삼성생명 지분 매각대금으로 삼성물산 지분을 매입한 것은 '공익'이라는 설립목적에 부합하는 것인가? 이재용의 경영권 승계를 원활하게 하기 위한 '일탈' 아닌가? 정당성에 의문이 제기되는 이런 일들을 과연 전환기의 일시적인 조치라고 할 수 있을까? 앞으로도 계속될 가능성이 높지 않은가? 이건희 시대부터 이어져 내려온 문제이기는 하지만, 삼성생명이 금산분리 원칙을 어기고 삼성전자와 에스원, 호텔신라의 지분을 5% 이상 소유하는 현 상황을 언제까지 끌고 갈 것인가? 그 고리를 스스로 단절하겠다는 결단을 내릴 수는 없는가? 상식에 입각해서 제기되는 이런 의문에 이재용과 삼성은 무엇이라고 대답할 것인지를 국민은 지켜보고 있다.

집착과 교만 버리고 새 패러다임 갖춰야

이재용의 삼성은 아직 충분히 그 모습을 드러내지 않았다. 이재용이 삼성의 경영을 맡게 된 이 시대는 어떤 시대인가? 우선 국내외에서 노려보는 눈이 예전보다 훨씬 많아졌다. 아니 국민 전체가 냉정해졌다. 재벌 총수는 국회 국정감사에 출석하지 않는 것이 과거에는 불문율 같았지만, 그런 불문율은 더 이상 통하지 않을 것이다. 신동빈 롯데그룹 회장이 2015년 국회 국정감사에 출석한 바 있으니 그런 불문율은 이미 무너진 셈이다. 소비자들도 냉정해졌다. 과거에는 다소 비싸고 손해를 보더라도 우리 기업인 삼성전자와 현대자동차가 만든 제품을 열심히 사주었다. 그렇지만 소비자에게 돌아오는 것은 아무것도 없고 도리어 손해이고 불편할 뿐이라는 인식이 은근히 번져가고 있다. 공연히 주머니를 털렸다는 배신감이 클 때가 많다. 비싼 가격으로 소비자를 갈취한다는 인식이 널리 퍼지면 어떻게 될까? 최근 국내에서 애플의 아이폰이나 중국산 휴대전화에 대한 관심이 늘어나고 외제차 판매가 급증하는 현상은 과연 무엇을 의미할까? 이제는 이건희가 경영권을 물려받을 때와 달라진 시대임을 보여주는 증거들이다.

이재용이 삼성의 경영권뿐만 아니라 그렇게 많은 삼성 지분과 재산을 물려받게 된 데는 다분히 대한민국 공권력의 방조 덕도 컸다. 한마디로 공권력이 주어진 책임과 역할을 다하지 못한 결과다. 만약 검찰이나 법원, 금융감독 당국이 원칙대로 법을 집행하고 감독했다면 이재용이 지금처럼 큰 재산과 지분과 권력을 거머쥘 수 있었을까? 이 물음에 대한 정답이 무엇인지는 이재용과 삼성도 스스로 잘 알고 있을 것이다.

이재용이 이건희로부터 삼성의 경영권을 물려받을 때와 같은 방식으로 자신의 자녀에게도 그것을 물려줄 수 있을까? 아마도 그럴 수 없을 것이다. 이재용에게 삼성의 경영권을 물려주는 작업이 진행된 시기는 삼성이 아니면 안 된다는 미망이 우리 사회를 지배하던 시기였다. 아마도 IMF 구제금융 사태와 같은 위기의 가능성에 대한 공포감도 우리 사회의 저변에 깔려 있었을 것이다. 이 때문에 삼성이 하려는 것은 그 어느 정권도 막지 못했다. 혹시라도 삼성을 잘못 건드리면 나라경제가 결딴나는 것으로 생각했다. 지금도 어려운 시대이기는 하지만, 그런 미망은 이제 통하지 않는다.

그렇다면 이재용의 삼성은 새로운 지배구조를 구축하고 새로운 패러다임으로 재무장해야 한다. 당장 모든 계열사에 독립경영 체제를 구축하고 오너 일가는 명예직으로 물러나라는 것이 아니다. 과거 개발연대에서부터 최근까지 소유경영 체제의 장점이 컸다는 것을 부인할 수 없다. 해외의 선발기업들이 숙고를 거듭하는 동안 스피드 경영을 통해 그들을 따라잡고 앞서가기도 하는 성장방식이 후발국가와 후발기업의 입장에서 유용했음은 분명하다. 게다가 창업자들의 남다른 노고와 투혼이 성장을 이끌었다. 그렇지만 3세와 4세에게도 그런 것을 기대할 수 있을까? 창업자들은 몸소 땀을 흘려서 기업을 세우고 키웠지만, 그 후예들은 땀을 직접 흘릴 일이 없었다. 그러니 창업자와 2세 또는 3세의 체질과 시각이 다를 수밖에 없다. 인류 역사의 오랜 경험도 후계자에게 창업자와 같은 수준의 창의력과 열정, 노고를 기대하지 말라고 가르쳐준다. 현대의 기업뿐만 아니라 과거의 봉건왕조도 마찬가지였다. 왕조를 세운 후 3~4대만 지나면 건국 당시의 기상은 사라지고 어려움을 모르고 자란 후예들은 세상물정 모르고 사치와 퇴폐에 빠져들었다. 중국 춘추시대에 노나라 애공은 공자에게 "나는 깊은 궁궐 안에서 태어나 슬픔도 걱정도 수고로움도 두려움도 위태함도 모르고 자랐으니 어찌하면 좋겠습니까?"라고 물었다.[76]

우리나라 재벌들의 경우에도 창업자의 2세나 3세로 경영권이 넘어간 뒤에 기업가정신이 퇴조하고 방종과 나태함에 젖어든 사례가 무수히 많았다. 삼성의 경우에도 이건희가 초기에 길을 잃고 시행착오를 빚은 바 있다. IMF 구제금융 사태 이전에 무분별한 문어발식 확장에 나선 것이 그런 시행착오의 한 증상이었다. 긴 승계과정을 거쳐 삼성을 지휘하게 된 3세 이재용에게 그런 시행착오가 없으리라는 보장이 없다. 장차 4세가 경영권을 물려받게 될 경우에도 마찬가지일 것이다. 4세에게는 지금과 같은 삼성그룹 대주주의 지위를 물려주기도 어려울 것이다. 물려주더라도 그 방식이 달라야 한다. 그렇다면 깊은 전문지식과 축적된 경험으로 무장한 전문경영인과 함께하는 합리적인 경영이 정착돼야 한다. 그렇게만 된다면 창업자 가문의 지분이 장차 줄어든다고 해도 그들이 경영에서 완전히 소외될 이유는 없고 오히려 존중받게 될 가능성이 높아진다. 이런 점에서 삼성을 비롯한 우리나라 재벌에 코페르니쿠스적인 발상전환이 필요하다.

특히 이재용 남매는 더 이상 지분에 대한 집착을 갖지 말아야 한다. 4세에게 많은 지분을 넘겨야 한다는 강박관념도 버려야 한다. 그런 집착과 강박관념을 갖는 한 또 다른 삼성에버랜드 사건, 또 다른 삼성SDS 사건 같은 것이 일어날 것이다.

모든 업종, 모든 사업을 다 잘할 수 있다는 교만도 버려야 한다. 그러지 못하고 과거와 같은 무리수를 또다시 저지른다면 비싼 대가를 치르게 될 것이다. 이건희가 겪었던 시련보다 훨씬 강도 높은 시련을 겪게 될 것이 분명하다. 그런 교만에 대해 우리 사회가 더 이상 인내의 미덕을 발휘하기 어려울 것이기 때문이다.

창업자 가문의 후계자들이 의지만 갖는다면 전문경영인들과 함께 '좋은 경영'을 실천하는 것은 얼마든지 가능하다. '좋은 경영'이란 무엇일까?

고대 희랍의 철인 플라톤은 말년의 저작 《필레보스》에서 '좋은 삶'을 탐구했다. 플라톤이 말하는 '좋은 삶'이란 지성과 참되고 순수한 즐거움이 결합된 삶이다. 이 같은 이치를 확장하고 응용한다면, '좋은 정치'나 '좋은 경영'은 앞으로 추구해 볼 만한 가치가 충분하고 또 가능하기도 하다. '좋은 경영'을 하기 위해서는 여러 가지가 필요하겠지만, 무엇보다 기업을 건실하게 일구고 키워보려는 창업자 가문의 의지와 투철한 직업정신을 갖춘 전문경영인의 전문지식을 접목하는 것이 중요하다. 소유경영체제의 장점과 전문경영체제의 장점을 결합하는 것이다. 기업은 이와 같은 '좋은 경영'을 실천함으로써 부가가치를 창출하고 사회적 책임을 다할 수 있다.

삼성은 앞으로 현명한 경영권 승계 방법을 모색해야 한다. 창업자 가문의 지분이 장래에 감소한다는 것을 전제로 하여 합리적인 지배구조를 짜야 한다. 창업자 가문이 소수지분만 갖더라도 창의적이고 의욕적인 전문경영인과 함께 '좋은 경영'을 설계하고 실천하는 길을 가야 한다. 그것이 창업자의 노고가 오래도록 존중을 받으면서 삼성과 대한민국이 오래도록 함께 번영하는 길이다.

이건희의 삼성 타임라인

1987년

11월 19일 이병철 창업회장 별세

12월 1일 이건희 회장 취임

1988년

3월 30일 KOCA 카드 인수, 삼성신용카드 설립(1995년 9월 삼성카드로
    상호 변경)

3월 22일 삼성 창립 50주년 기념식에서 이건희 제2창업 선언

5월 19일 삼성종합화학 설립

7월 8일 동성투자자문 설립

9월 24일 삼성생명 주주배정 방식 유상증자(자본금 30억 원 → 60억 원)

11월 1일 삼성전자와 삼성반도체통신 합병

1989년

7월 12일 삼성BP화학 설립

11월 1일 삼성종합화학 서산유화단지 기공

12월 8일 삼성전자 4메가 D램 출하

12월 30일 삼성복지재단 설립

1990년

3월 26일 삼성전자 4메가 D램 생산라인 준공

6월 21일 삼성중공업, 일본 닛산디젤과 상용차 기술제휴

7월 1일 제주 호텔신라 개관

8월 10일 삼성전자 16메가 D램 개발

1991년

3월 12일 신라호텔 기업공개

9월 18일 삼성종합화학 서산유화단지 준공

11월 6일 신세계백화점·전주제지·고려병원 계열분리

11월 25일 삼성항공 차세대 전투기사업 국방부와 계약 체결

12월 7일 제일모직 고급복지 '란스미어' 출시

12월 23일 이건희 IOC 올림픽훈장 수훈

3월 3일 삼성전자 10.4인치 TFT-LCD 개발

1992년

4월 21일 여성 비서 전문직 50명 공개채용

6월 23일 삼성중공업 상용차 기술도입신고서 제출

7월 4일 삼성중공업 상용차 기술도입신고서 정부에서 수리

8월 1일 삼성전자 세계 최초로 64메가 D램 개발

9월 4일 삼성전관, 동독 WF사 인수 계약

10월 27일 삼성미술문화재단 이건희 이사장 취임

11월 2일 국제증권 인수(→삼성증권으로 사명 변경)

11월 30일 삼성전자 제조업계 최초로 수출 40억불탑 수상

1993년

2월 13일 이건희 주재 전자제품 비교평가회의 미국 LA에서 개최

3월 22일 새로운 경영이념과 마크 등 그룹의 새 CI 발표

5월 4일 삼성물산·제일모직·제일합섬 공동으로 패션연구소 설립

6월 3일 삼성전자 16메가 D램 양산공장 준공

6월 7일 이건희 프랑크푸르트에서 '신경영' 선언

7월 7일 삼성 전 계열사 조기출근제(7-4제) 실시

8월 31일 삼성물산 종합유선방송 프로그램 공급업자로 선정(캐치원)

9월 임직원 대상 '21세기 최고경영자과정' 개설

10월 23일 비서실 개편, 신경영실천사무국 설치, 이수빈에서 현명관으로
        비서실장 교체

11월 22일 삼성건설 세계 최고층 쌍둥이 빌딩이 될 말레이시아 KLCC 빌
        딩 건축 수주

11월 25일 삼성중공업 상용차 생산라인 가동

12월 31일 삼성중공업 기업공개

1994년

2월 24일 삼성파이낸스 설립

3월 1일 삼성무용단 창단

4월 26일 삼성중공업, 닛산과 승용차 기술도입 계약 체결

5월 20일 삼성중공업 상용차 1호 출하

5월 31일 중동학원 인수

6월 8일 삼성전자 고객신권리선언 발표

7월 15일 정부 보유 한국비료 지분 인수(→삼성정밀화학으로 사명 변경)

8월 11일 삼성전자 '월드베스트 명품 TV' 개발

8월 13일 삼성물산 영화사업 본격 진출

8월 29일 삼성전자 세계 최초로 256메가 D램 개발

10월 19일 삼성사회봉사단 창단

11월 9일 삼성서울병원 개원

11월 서울 강남 도곡동 체비지 1만 5600평 낙찰

11월 30일 삼성물산 무역의 날 100억 달러 수출의 탑 수상

10월 22일 이재용, 일본 국제엔지니어링 소유 삼성엔지니어링 신주인수
        권 매입

12월 삼성전자 수출 100억 달러 돌파

12월 7일 승용차 기술도입신고서 정부에서 수리

12월 9일 삼성전자 영국 윈야드 복합단지 기공

12월 27일 서울 고려병원과 마산 고려병원 인수

1995년

1월 25일 부산 삼성승용차 유치 시민축하잔치

2월 9일 삼성전자 기흥 TFT-LCD 양산라인 준공

3월 28일 삼성자동차 설립

3월 9일 삼성전자 구미공장에서 불량제품 화형식

3월 17일 삼성중공업 대구 성서공단 상용차공장 기공

4월 13일 이건희 중국 베이징 주재 한국언론 특파원과 간담회

4월 26일 삼성자동차 부산공장 착공

4월 28일 삼성엔지니어링 유상증자, 이재용 참여

5월 8일 삼성엔지니어링 무상증자, 이재용 참여

7월 31일 삼성전자, AST 지분 인수 완료

9월 22일 삼성디자인연구원(IDS) 출범

10월 13일 삼성전자 영국 윈야드 복합단지 준공식 거행

10월 24일 삼성언론재단 설립

11월 2일 삼성영상사업단 출범

11월 30일 삼성전자 100억 달러 수출의 탑 수상

12월 15일 미국 LA에 삼성자동차 디자인연구소 설립

12월 31일 삼성물산과 삼성건설 합병

1996년

1월 22일 삼성전자 64메가 D램 양산 개시

1월 30일 에스원 상장

3월 22일 제일기획 전환사채 발행, 실권분 이재용 인수

3월 29일 삼성엔지니어링 무상증자, 이재용 보유주식 증가

3월 29일 멕시코 티후아나 전자복합단지 준공

4월 18일 삼성자동차 기술연수센터 개설

4월 25일 삼성전기 남녀 배드민턴단 창단

4월 27일 제일기획 유상증자, 이재용 최대주주 부상

6월 28일 삼성전자 '명품TV 플러스원' 출시

7월 17일 이건희 IOC 위원 피선

8월 22일 삼성상용차, 삼성중공업에서 분리 설립

8월 26일 노태우 비자금 1심 선고, 이건희 징역 2년 집행유예 3년

10월 30일 삼성에버랜드 이사회 전환사채(전환가액 주당 7700원) 발행 결의

11월 2일 삼성자동차 부산공장 부분 완공, 시운전 시작

11월 27일 서울통신기술 전환사채 20억 원어치(주당 5000원) 발행, 이재용 등 인수

11월 20일 호암재단 설립

11월 4일 삼성전자 1기가 D램 세계 최초 개발

11월 12일 성균관대학교 다시 인수

12월 22일 삼성SDS 유상증자, 이재용 남매 실권주 177만 주 인수

12월 24일 삼성엔지니어링 상장

1997년

1월 30일 삼성전자·삼성전관·삼성전기, Pan Pacific과 조인트벤처 계약

3월 15일 삼성중공업 대형 상용차 사업부문 삼성상용차에 매각

3월 24일 삼성전자 600억 원어치 전환사채 발행, 이재용·삼성물산 등이 인수

4월 16일 중소기업개발원을 중소기업협동조합중앙회에 기증

4월 18일 삼성전기 자동차부품 공장 준공

6월 24일 참여연대, 삼성전자 상대로 전환사채 발행 무효 소송 제기

9월 2일 삼성자동차 KPQ(나중에 SM5로 명명) 공개시승회

9월 4일 삼성물산 대형 할인점 홈플러스 대구점 개점

9월 29일 이재용, 삼성전자 전환사채 주식전환(90만 1243주, 지분 0.9%)

9월 30일 수원지법, 삼성전자 전환사채 전환 금지 가처분 결정

11월 1일 삼성물산 삼성플라자 분당점 개점

11월 20일 《이건희 에세이-생각 좀 하며 세상을 보자》 출간

12월 16일 수원지법, 삼성전자 전환사채 전환주식에 대해 주식처분 금지 가처분과 주식상장 금지 가처분 결정

1998년

1월 3일 삼성자동차 KPQ 양산 돌입

2월 17일 삼성자동차 신차발표회

3월 28일 삼성전자 미국 오스틴 반도체 공장 준공

3월 3일 제일기획 상장

4월 비서실 폐지, 구조조정본부 출범

6월 30일 삼성중공업 중장비 사업부문 스웨덴 볼보에 양도

7월 14일 삼성중공업 지게차 사업부문 미국 클라크에 양도

7월 21일 증권감독원, Pan Pacific과의 옵션거래 누락한 삼성전자와 삼일회계법인에 주의 조치

7월 24일 삼성전자 유상증자, 해외법인 AST에 대한 추가출자 결의

10월 8일 제일기획 150억 원어치 신주인수권부사채(BW) 발행, 삼성물
산이 86% 인수

10월 30일 미국 뉴욕 세계무역센터에서 세계 최초 디지털TV 출시 행사
개최

10월 20일 참여연대, 이건희 등 삼성전자 전현직 임원들 상대로 주주대
표소송 제기

11월 17~19일 이재용 제일기획 주식 전량(20.75%) 매각

12월 3일 이건희와 삼성에버랜드, 전현직 임원으로부터 삼성생명 주식
취득

12월 7일 빅딜 방안(삼성종합화학과 현대석유화학 통합, 삼성자동차와
대우전자 사업교환) 합의

12월 23일 삼성전자 부천 전력용 반도체 공장 매각

12월 31일 삼성카드와 삼성캐피탈, 삼성에버랜드 지분 10%와 7.5% 중
앙일보로부터 인수

1999년

1월 30일 삼성물산, 제일기획 신주인수권 행사해 지분율 13.65%의 최대
주주 등극

2월 26일 삼성SDS 230억 원어치 신주인수권부사채(BW) 발행, 이재용
남매 등 인수

3월 16일 삼성전자 세계 최초로 256메가 D램 양산

4월 1일 중앙일보·보광 등 9개사 계열분리

5월 28일 삼성생명 주주총회 및 이사회 개최, 유상증자 결의

6월 11일 삼성생명 무담보로 삼성자동차에 1500억 원 신용대출

6월 30일 삼성자동차 법정관리 신청, 이건희 삼성생명 주식 400만 주 출
연 발표

7월 20일 Pan Pacific에서 삼성자동차 풋 옵션 행사, 삼성전자 2662억
원 지급

8월 24일 삼성 계열사와 채권단, 삼성자동차 손실금 보전 합의 체결

9월 3일 삼성상용차 3400억 원 유상증자(삼성중공업 실권, 삼성카드와
삼성캐피탈 인수)

10월 8일 삼성벤처투자 설립

10월 14일 삼성전자 1기가 플래시메모리 세계 최초로 개발

10월 28일 공정거래위원회, 삼성SDS BW 발행에 '특수관계인 부당지원'
판정 및 과징금 부과

11월 17일 참여연대 삼성SDS BW 사건과 관련해 이사 5인과 이학수 감
사 배임혐의 고소

12월 24일 삼성생명 이수빈 회장, 배정충 사장, 황영기 전무 등에 금감위
징계

12월 31일 삼성중공업 발전설비사업 한국중공업에 매각

2000년

3월 3일 삼성SDS에서 유니텔 분사(나중에 삼성네트웍스로 사명변경)

3월 20일 시큐아이닷컴 설립

4월 1일 e-삼성 설립

5월 23일 e-삼성인터내셔널 설립

6월 15일 가치네트 설립

6월 29일 법학교수 43명 서울중앙지검에 '삼성에버랜드 전환사채 헐값
발행' 고발

9월 1일 삼성자동차 르노에 인수, 르노삼성자동차 출범

12월 12일 삼성상용차 파산 선고

2001년

1월 19일 삼성전자 휴대전화 생산 5천만 대 돌파

3월 27일 제일기획·에스원 등 9개 계열사, 이재용 소유 인터넷기업 지분
인수 발표

4월 11일 이재용 등 삼성SDS BW 사건 관련 6명에 국세청 증여세 부과

5월 26일 이재용, 삼성SDS 관련 증여세 부과 취소 청구소송 제기

7월 3일 서울고등법원, 공정위의 삼성SDS BW 저가매각 시정명령 취소
판결

9월 3일 경제개혁연대, 삼성SDS 다시 고소

12월 1일 삼성전자 수출 200억 달러 돌파

12월 27일 수원지방법원, 참여연대가 제기한 삼성전자 주주대표소송에 대
해 '이건희 등 전현직 이사들이 회사에 977억 원 연대배상' 판결

2002년

2월 23일 이재용 등 삼성SDS BW 주식으로 전환

4월 2일 삼성전자 시가총액 소니 추월

9월 6일 이건희장학재단 설립

2003년

6월 26일 삼성SDS BW 관련 참여연대의 헌법소원 기각

7월 25일 삼성 브랜드 가치 100억 달러 돌파

8월 1일 삼성종합화학과 프랑스 토탈 간 합작법인 삼성아토피나 출범

9월 9일 예금보험공사, 삼성상용차 부실 원인 조사 착수

10월 7일 공정위, 삼성물산 및 삼성에버랜드에 인터넷회사 부당지원 과
　　　　징금 부과

12월 3일 서울중앙지검, 삼성에버랜드 전환사채 사건 관련 허태학과 박
　　　　노빈 불구속 기소

12월 13일 삼성카드, 삼성캐피탈 흡수합병 발표

2004년

3월 26일 금융감독위, 삼성카드에 대한 삼성생명의 대출한도 확대 승인

4월 7일 참여연대 '삼성에버랜드는 규제받지 않는 금융지주회사' 주장

4월 26일 삼성전자와 소니 TFT-LCD 합작회사 설립

6월 22일 이건희, 프랑스 레종 도뇌르 훈장 수훈

6월 25일 대법원, 삼성전자 전환사채 발행 무효 소송에 '편법증여 아니
　　　　다' 판결

6월 30일 공정위 삼성에버랜드에 지주회사 요건 1년 내 해소 명령

7월 19일 전 대검 수사기획관 이종왕 변호사를 구조조정본부 법무실장으
　　　　로 영입

10월 13일 삼성미술관 리움(Leeum) 개관

12월 16일 삼성에버랜드, 삼성생명 지분 6% 제일은행에 신탁하기로 결정

2005년

3월 7일 삼성전자 세계 최대 82인치 TFT-LCD 개발

3월 11일 삼성전자, 삼성카드에 5576억 원 추가 출자하기로 결정

4월 13일 이탈리아 밀라노에서 디자인 전략회의, 이건희 제2 디자인혁명
　　　　선언

4월 20일 이건희 삼성에버랜드 등기이사직 사임

5월 2일 이건희 고려대 명예 철학박사 학위 수여식, 고려대 학생들 항의
　　　　시위

5월 16일 삼성에버랜드, 삼성생명 지분 19.34%에 지분법 대신 원가법 적
　　　　용 발표

6월 28일 삼성생명·삼성화재·삼성물산, 공정거래법의 대기업집단 금융
　　　　계열사 의결권 제한 규정에 대해 헌법소원 제기

7월 22일 MBC, 안기부 X파일 보도

7월 25일 참여연대 엑스파일 등장 인사 검찰에 고발, 삼성 사과문 발표

7월 26일 홍석현 주미대사 사임

9월 29일 삼성전자, 화성 반도체단지 제2기 본격 투자 개시

10월 4일 서울중앙지법, 삼성에버랜드 전환사채(CB) 헐값발행 사건 판결
　　　　(허태학 징역 3년 집행유예 5년, 박노빈 징역 2년 집행유예 3년)

10월 13일 참여연대, e-삼성 주식을 인수한 계열사 경영진을 업무상 배
　　　　임으로 고발

10월 28일 대법원, 이건희 상대 삼성전자 주주대표소송에서 190억 원 배상 판결 확정

10월 31일 참여연대, 삼성SDS 이사 5인과 이학수 감사를 서울지검에 고발

11월 18일 이건희의 막내딸 이윤형 미국 뉴욕에서 자살

12월 9일 삼성자동차 채권단, 부채와 연체이자 등 총 4조 7380억 원 청구 소송 제기

12월 14일 검찰 엑스파일 사건 관련 이건희·홍석현 무혐의 처리, MBC 이상호 기자와 〈월간조선〉 김연광 편집장 통신비밀보호법 위반 혐의로 기소

2006년

2월 7일 이건희 '국민께 드리는 말씀' 발표(내용은 8000억 원 사회환원, 구조본 축소 후 전략기획실로 개편, 계열 금융사 의결권 제한에 관한 공정거래법 개정안 헌법소원 취하, 삼성SDS 신수인수권부사채에 대한 443억 원 증여세 부과처분 취소 청구소송 취하 등)

4월 2일 경제개혁연대, 이건희 등을 상대로 삼성에버랜드 전환사채 저가 발행에 따른 제일모직의 손해에 대한 배상을 청구하는 주주대표소송 제기

4월 6일 삼성전자 LCD TV '보르도' 출시

5월 22일 이건희와 자녀 소유 계열사 주식 3500억 원 상당 기부

7월 14일 삼성전자, 소니와 8세대 LCD 합작계약 체결

9월 19일 대법원 '삼성카드와 삼성캐피탈의 삼성자동차 유상증자 실권주를 1250억 원에 인수한 것은 부당지원행위에 해당' 판결

3월 10일 삼성전자, 세계 최초로 1000만 화소 카메라폰 개발

10월 13일 국회 재경위, 이건희의 국정감사 증인 불출석 고발하지 않기
　　　로 의결

11월 14일 서울중앙지검, 서울통신기술 임원의 배임혐의 불기소 처분

12월 20일 고 이종기 삼성화재 회장의 삼성생명 지분 4.68%(93만 6000
　　　주) 삼성생명공익재단에 출연

12월 28일 삼성전자 1기가 모바일 D램 개발

2007년

1월 7일 제3차 생명보험회사 상장자문위원회(위원장 나동민) '생보사 상
　　　장에 따른 자본이득은 모두 주주 몫' 결론

5월 29일 서울고법, 삼성에버랜드 전환사채 사건 항소심 판결(허태학·박
　　　노빈 징역 3년, 집행유예 5년, 벌금 30억 원)

8월 28일 세계 최대의 8세대 LCD 양산 및 출하 개시

8월 30일 YTN, 삼성은행 로드맵 보도

10월 10일 BP아모코, 삼성석유화학 지분 47.4%를 이부진(33.18%)과 삼
　　　성물산(14.22%)에 매각

10월 17일 심상정 의원, 국정감사에서 '삼성 금융계열사의 금융지주회사
　　　전환 로드맵' 공개

10월 29일 김용철 변호사와 천주교 정의구현사제단, 서울 제기동 성당에
　　　서 기자회견 열어 삼성 비자금 폭로

11월 6일 참여연대와 민변, 이건희·이학수·김인주 등을 대검에 고발

11월 12일 천주교 정의구현사제단 'JY(이재용) 유가증권 취득 일자별 현

황' 문건 공개

11월 23일 삼성비자금 특별검사법 국회 통과

12월 7일 삼성중공업 태안 앞바다 대규모 원유유출 사고 발생

12월 20일 조준웅 삼성비자금 특별검사 임명

2008년

1월 10일 조준웅 삼성특별검사팀 출범

1월 14일 삼성특검팀, 이건희 집무실 승지원과 이학수·김인주 자택 압수
　　　　수색

1월 31일 서울중앙지법, 삼성자동차 채권 환수 소송에 대해 '삼성전자 등
　　　　삼성 계열사들이 채권단에 부채와 연체이자 총 2조 3338억 원
　　　　지급' 판결

3월 13일 조준웅 삼성특검, e-삼성 사건 수사결과 발표(이재용과 지분매
　　　　입 9개 계열사 임원 28명 전원 무혐의 처분)

4월 2일 이건희의 부인 홍라희 삼성특검 출두

4월 4일 이건희 삼성특검 출두

4월 17일 조준웅 특검 수사결과 발표(10명 불구속 기소)

4월 21일 서울고검, e-삼성 사건 불기소 처분 항고 기각

4월 22일 이건희 회장 사퇴, 경영쇄신안 발표

6월 12일 삼성특검 1심 첫 공판

6월 12일 서울중앙지검, 삼성생명과 한빛은행의 투신사 주식 교환거래
　　　　관련 배임혐의 고발 사건 불기소 처분

7월 1일 이건희 공식 퇴진

7월 16일 삼성특검 기소사건 관련자 이건희 등 8명에 대한 1심 판결(에버
　　랜드 전환사채 편법증여 무죄, 삼성SDS BW 발행 공소시효 지나
　　면소, 차명주식 거래 통한 조세포탈 혐의 일부만 유죄)
10월 10일 서울고법, 삼성특검 기소사건 항소심 판결(1심 판결과 유사)
12월 31일 이건희 삼성생명 보통주 415만 1918주 실명전환

2009년

1월 23일 삼성전자와 삼성SDI가 합작해 삼성모바일디스플레이 설립
2월 18일 이건희 삼성전자 보통주 224만 5525주 실명전환 공시
2월 19일 이건희 삼성SDI 보통주 39만 9371주 실명전환 공시
5월 28일 삼성전자와 삼성전기, LED 사업 위한 합작법인 삼성LED 설립
5월 29일 대법원 전원합의체, 에버랜드 전환사채 사건 무죄선고, 대법원 2
　　부 삼성특검 기소사건 판결(삼성SDS BW 사건 파기환송)
6월 3일 금융위, 삼성그룹 차명비자금을 관리한 삼성증권에 '기관경고'
8월 14일 삼성SDS BW 사건 파기환송심 선고(이건희에 징역 3년, 집행유
　　예 5년, 벌금 1100억 원 선고)
10월 15일 삼성SDS와 삼성네트웍스 합병 발표
12월 15일 삼성미소금융재단 출범
12월 31일 이건희 사면

2010년

2월 11일 이건희, 제122차 IOC 총회 참석
3월 24일 이건희, 삼성전자 회장으로 복귀

4월 14일 경제개혁연대, 이건희로부터 받은 2508억 원 회계 미반영 관련 삼성SDS와 삼성에버랜드 전현직 대표이사 3명 분식회계 혐의로 검찰에 고발

5월 11일 삼성 2020년까지 5대 신수종 사업에 23조 원 투자 결정

5월 12일 삼성생명 상장

8월 13일 삼성특검 기소사건에서 유죄 확정판결 받은 5명(이학수, 김인주, 최광해, 김홍기, 박주원)에 대한 광복절 특사 결정

9월 17일 서울중앙지검, 경제개혁연대가 제기한 분식회계 혐의 고발 사건 무혐의 처분

11월 19일 그룹 전략기획실 부활, 김순택 삼성전자 신사업추진단장(부회장) 책임자로 임명, 이학수 퇴진

12월 8일 이재용 삼성전자 사장 승진, 이부진 호텔신라·삼성에버랜드 사장 승진, 이서현 제일모직·제일기획 부사장 승진

2011년

2월 16일 삼성전자, 의료기기 회사 메디슨 인수

2월 18일 경제개혁연대, 삼성에버랜드 전환사채 사건 관련 제일모직 손실 배상 청구 주주대표소송에 대한 김천지원 1심 판결 승소

4월 11일 바이오제약 합작법인 삼성바이오로직스 설립

4월 15일 애플, 삼성 상대로 특허소송 제기

4월 21일 이건희, 서울 서초동 삼성전자 사옥에 출근 개시(이른바 '출근경영')

5월 27일 삼성바이오로직스 인천경제자유구역 송도지구에서 플랜트 기

공식 개최

6월 23일 서울행정법원, 백혈병으로 사망한 삼성반도체 직원에 대해 산업재해 피해자 인정 판결

12월 12일 삼성카드, 삼성에버랜드 지분 25.64% 가운데 17% 해당분 KCC에 매각

2012년

1월 19일 삼성전자, S-LCD의 소니 지분 50% 인수

2월 12일 이맹희, 이건희를 상대로 삼성생명과 삼성전자 주식 등 상속재산의 반환을 요구하는 소송 제기

5월 17일 금융위, 삼성카드에 삼성에버랜드 지분 중 금산법상 소유한도 5% 초과분을 8월 16일까지 처분하라고 명령

7월 1일 삼성디스플레이 출범(삼성전자 LCD사업부, 삼성모바일 디스플레이, S-LCD가 합병)

8월 22일 경제개혁연대, 에버랜드 전환사채 사건 관련 제일모직 손실 배상 청구 주주대표소송 2심 판결 승소

12월 5일 이재용 삼성전자 부회장 승진

2013년

2월 1일 서울중앙지법, 이맹희의 이건희 상대 상속재산 인도 청구소송 기각

7월 31일 삼성물산, 삼성엔지니어링 지분 매입 착수

9월 23일 제일모직, 패션사업 부문 삼성에버랜드에 양도 발표

9월 27일 삼성SDS, 삼성SNS 흡수합병 결의

12월 1일 삼성웰스토리, 삼성에버랜드에서 분사 출범

12월 2일 이서현, 삼성에버랜드 패션부문 경영기획담당 사장 승진

2014년

1월 10일 삼성에버랜드, 건물관리사업 에스원에 양도

3월 31일 삼성SDI, 제일모직 소재부문 인수합병 결의

4월 2일 삼성종합화학과 삼성석유화학 합병 발표

5월 8일 삼성SDS 상장 계획 발표

5월 10일 이건희 회장 급성심근경색으로 쓰러짐

6월 3일 삼성에버랜드 이사회 상장 결의

7월 4일 삼성에버랜드, 제일모직으로 사명 변경

9월 1일 삼성중공업과 삼성엔지니어링 이사회 합병 결의

10월 27일 삼성중공업과 삼성엔지니어링 합병 주총 승인

11월 14일 삼성SDS 코스피시장 상장

11월 17일 가치네트 청산

11월 19일 삼성중공업과 삼성엔지니어링, 소액주주들의 대규모 주식매
        수청구권 행사로 합병 포기

11월 26일 방산·화학 분야 4개 계열사(삼성테크윈, 삼성탈레스, 삼성종
        합화학, 삼성토탈) 한화그룹에 매각 발표

12월 18일 제일모직 코스피시장 상장

2015년

4월 20일 대구 삼성창조경제단지 기공식

4월 30일 삼성종합화학과 삼성토탈이 각각 한화종합화학과 한화토탈로 사명 변경

5월 7일 삼성전자, 경기도 평택에 세계 최대 규모의 반도체 생산라인 착공

5월 15일 이재용 삼성생명공익재단·삼성문화재단 이사장에 선임

5월 26일 삼성물산과 제일모직 합병 결의

6월 23일 이재용 메르스 사태와 관련해 공식 사과

6월 29일 삼성테크윈과 삼성탈레스가 각각 한화테크윈과 한화탈레스로 사명 변경

7월 17일 삼성물산 주총 개최, 제일모직과 삼성물산 합병 승인

8월 14일 삼성전자, 모바일 결제 서비스인 '삼성페이' 한국·미국 출시 발표

9월 1일 통합 삼성물산 출범

10월 30일 삼성SDI 케미컬부문, 삼성정밀화학, 삼성BP화학을 롯데에 매각하기로 결정

12월 23일 삼성바이오로직스, 세계 최대 규모의 바이오 플랜트 착공

12월 27일 공정위, 삼성SDI에 통합 삼성물산 주식 500만 주를 처분하라고 통보

2016년

1월 28일 삼성전자 보유 삼성카드 지분을 삼성생명이 전량 인수

2월 22일 삼성전자 갤럭시S7, 갤럭시S7 엣지, 기어360 공개

2월 25일 이재용, 삼성SDI 보유 삼성물산 지분 2000억 원어치와 삼성엔지니어링 자사주 302억 원어치 취득

3월 24일 삼성전자 '스타트업 삼성 컬처 혁신' 선언

4월 5일 삼성전자 세계 최초로 10나노급 8기가비트 D램 양산에 이미 착수했다고 발표

5월 31일 서울고법, 삼성물산과 제일모직의 합병 당시 삼성물산 주식 매수가격이 낮게 책정됐다며 인상하라고 판결

6월 7일 삼성SDS '물류사업 분할 검토' 밝힘

6월 8일 삼성전자 반도체 사업장의 직업병 예방을 위한 독립기구 '옴부즈맨위원회' 출범

6월 15일 삼성중공업, 임원 임금 반납과 1500명 희망퇴직 등 자구계획 발표

6월 16일 참여연대 등 4개 시민단체, 삼성물산과 제일모직의 합병과 관련해 이재용 등 삼성그룹 경영진과 홍완선 전 국민연금공단 기금운용본부장을 서울중앙지검에 고발

6월 20일 삼성SDI 중국에서 '전기자동차용 배터리 모범규준 인증'을 받는 데 실패

6월 21일 삼성 사내방송(SBC)에서 '소프트웨어 경쟁력 부족'을 다룬 다큐멘터리 방영

6월 23일 삼성엔지니어링, 삼성바이오로직스로부터 5144억여 원 규모의 플랜트 공사 수주

주석과 참고문헌

1) 진순신, 《중국의 역사(1)》, 한길사, 1995년, 180쪽.

2) 〈동아일보〉 〈한겨레〉, 1989년 11월 21일자 기사 참조.

3) 삼성 60년사 편찬위원회, 《삼성60년사》, 1998년, 558~560쪽.

4) 같은 책, 244~246쪽.

5) 이경식, 《이건희 스토리》, Human & Books, 2013년, 243~244쪽.

6) 이용우, 《100년 앞서가는 사람 이건희》, 건강다이제스트사, 2006년, 112쪽.

7) 김성홍·우인호 지음, 《이건희 개혁10년》, 김영사, 2003년, 20쪽

8) 이경식, 《이건희 스토리》, Human & Books, 2013년, 266쪽.

9) 김성홍·우인호 지음, 《이건희 개혁10년》, 김영사, 2003년, 30~31쪽.

10) 삼성 60년사 편찬위원회, 《삼성 60년사》, 1998년, 558쪽.

11) 심정택, 《삼성의 몰락》, (주)알에이치코리아, 2015년, 180쪽.

12) 삼성신경영실천위원회, 《삼성 신경영-나부터 변해야 한다》, 1993년, 33쪽.

13) 삼성신경영실천위원회, 《삼성 신경영-한 방향으로 가자》, 1993년, 36~37쪽.

14) 김성홍·우인호 지음, 《이건희 개혁 10년》, 김영사, 2003년, 213쪽.

15) 삼성 60년사 편찬위원회, 《삼성60년사》, 1998년, 233쪽.

16) 조일훈, 《이건희 개혁 20년 또 다른 도전》, 김영사, 2013년,197~198쪽.

17) 같은 책, 154쪽.

18) 삼성 60년사 편찬위원회, 《삼성60년사》, 1998년, 312쪽.

19) 삼성신경영실천위원회, 《삼성 신경영-한 방향으로 가자》, 1993년, 165쪽.

20) 삼성 60년사 편찬위원회, 《삼성60년사》, 1998년, 483~484쪽.

21) 송재용·이경묵, 《삼성웨이》, 21세기북스, 2013년, 239쪽.

22) 심정택, 《삼성의 몰락》, (주)알에이치코리아, 2015년, 162쪽.

23) 이건희, 《이건희 에세이-생각 좀 하며 세상을 보자》, 동아일보사, 1997년, 133쪽.

24) 삼성 60년사 편찬위원회, 《삼성60년사》, 1998년, 392~393쪽.

25) 삼성신경영실천위원회, 《삼성 신경영-나부터 변해야 한다》, 1993년, 158쪽.

26) 삼성신경영실천위원회, 《삼성 신경영-한 방향으로 가자》, 1993년, 209쪽.

27) 삼성신경영실천위원회, 《삼성 신경영-나부터 변해야 한다》, 1993년, 166쪽.

28) 김성홍·우인호 지음, 《이건희 개혁 10년》, 김영사, 2003년, 95~96쪽.

29) 삼성신경영실천위원회, 《삼성 신경영-나부터 변해야 한다》, 1993년, 158쪽.

30) 조일훈, 《이건희 개혁 20년 또 다른 도전》, 김영사, 2013년, 203쪽.

31) 김성홍·우인호 지음, 《이건희 개혁 10년》, 김영사, 2003년, 129쪽.

32) 삼성 60년사 편찬위원회, 《삼성 60년사》, 1998년, 301~302쪽.

33) 이용우, 《100년 앞서가는 사람 이건희》, 건강다이제스트사, 2006년, 67쪽.

34) 〈한겨레〉 1995년 4월 28일자 '재벌들 자동차에 사활 걸었다' 기사 참조.

35) 〈동아일보〉 1994년 4월 11일자 '삼성 상용차 진출 트럭시장 전국시대' 기사 참조. 〈매일경제〉 1994년 8월 25일자 '대형트럭 삼성 한라중 참여로 6파전 돌입' 기사 참조.

36) 〈매일경제〉 1997년 9월 4일자 '1억원짜리 버스 팔면 1천만원 손해' 기사 참조.

37) 〈매일신문〉 2007년 12월 11일자 '상용차는 껍데기?…삼성, 대구 갖고 놀았나' 기사 참조.

38) 삼성 60년사 편찬위원회, 《삼성60년사》, 1998년, 302쪽.

39) 〈중앙일보〉 1997년 6월 10일자 '삼성자동차 보고서 파문 쟁점정리' 기사 참조.

40) 삼성 60년사 편찬위원회, 《삼성 60년사》, 1998년, 441~443쪽.

41) 삼성종합화학, 《삼성종합화학 10년사》, 1988년, 225쪽.

42) 심정택, 《삼성의 몰락》, (주)알에이치코리아, 2015년, 18쪽.

43) 삼성종합화학, 《삼성종합화학 10년사》, 1988년, 181~182쪽.

44) 같은 책, 258~261쪽.

45) 심정택, 《삼성의 몰락》, (주)알에이치코리아, 2015년, 45쪽.

46) 같은 책, 31쪽.

47) 삼성 60년사 편찬위원회, 《삼성 60년사》, 1998년, 560쪽.

48) 조일훈은 삼성의 매출액이 1992년부터 1996년까지 연평균 18% 늘어난 데 비해 판매관리비는 21%씩 증가했다며 거품의 조짐이 보이기 시작했다고 지적했다. 조일훈, 《이건희 개혁 20년 또 다른 도전》, 김영사, 2013년, 85쪽.

49) 같은 책, 60쪽.

50) 〈경향신문〉 1998년 4월 10일자 기사 참조.

51) 조일훈, 《이건희 개혁 20년 또다른 도전》, 김영사, 2013년, 85쪽.

52) 김성홍·우인호 지음, 《이건희 개혁 10년》, 김영사, 2003년, 59~60쪽.

53) 같은 책, 65쪽.

54) 〈리걸타임즈〉 2012년 8월 23일자 기사 참조.

55) 경제개혁연대, 〈경제개혁리포트-삼성과 금산분리〉, 2008년. 경제개혁연구소,

〈재벌승계는 어떻게 이루어지나(01호)-삼성그룹〉, 2011년.

56) 경제개혁연구소, 〈재벌승계는 어떻게 이루어지나(01호)-삼성그룹〉 2011년, 32쪽

57) 〈한겨레〉 2009년 6월 12일자, 김용철 변호사 인터뷰 기사 참조.

58) 경제개혁연구소, 〈재벌승계는 어떻게 이루어지나(01호)-삼성그룹〉, 2011년.

59) 진순신 지음, 《중국의 역사》 3권, 한길사, 1995년, 87쪽.

60) 〈연합뉴스〉 2014년 11월 14자 기사 참조.

61) 〈경향신문〉 2월 25일자 '삼성저격수가 이학수법을 우려하는 이유' 기사 참조.

62) 〈머니투데이〉 2014년 11월 14일자 "소액주주 강제축출' 또 도마 위로' 기사
    참조.

63) 〈매일경제〉 2014년 6월 4일자 '삼성그룹 지배구조 개편 시나리오' 기사 참조.
    〈한겨레21〉 제1025호, 2014년 6월 9일자 '환상의 나라서 벌어질 환상적 승계
    시나리오' 기사 참조.

64) 〈이데일리〉 2016년 6월 4일자 '삼성 바이오, 투자 끊기고 실적도 부진…이중
    고' 기사 참조.

65) 앞의 기사 참조.

66) 〈연합뉴스〉 2016년 6월 12일자 '희망퇴직 삼성 계열사 1분기 인력 3천 명 줄
    여' 기사 참조.

67) 조일훈,《이건희 개혁 20년 또 다른 도전》, 김영사, 2013년, 154쪽.

68) 〈연합뉴스〉 2016년 2월 11일자 '韓 GDP대비 R&D투자 비율 OECD 1위…총
    액은 中의 5분의 1' 기사 참조.

69) 〈연합뉴스〉 2016년 3월 14일자 '삼성 브랜드가치 99조·세계 3위…1·2위 애
    플·구글' 기사 참조.

70) 〈연합뉴스〉 2016년 1월 20일자 'IBM, 매출 15분기째 줄었지만 특허 23년째 1

위…삼성전자 2위' 기사 참조.

71) 〈뉴시스〉 2016년 3월 23일자 '한국 표준특허 독일 제치고 세계 '5위' 달성' 기사 참조.

72) 〈연합뉴스〉 2016년 3월 30일자 '삼성전자 美서 존경받는 기업 3위…애플은 100위 밖' 기사 참조.

73) 토머스 칼라일 지음, 박상익 옮김, 《영웅숭배론》, 한길사, 2003년, 266쪽.

74) 경제개혁연대, 〈삼성그룹의 금융지주회사 설립 : 분석과 전망〉, 2016년 2월 10일.

75) 대신증권, 〈삼성그룹 지배구조 변화에 대한 알파의 생각〉, 2014년 11월 11일.

76) 공자 지음, 이민수 옮김, 《공자가어》, 을유문화사, 2015년, 67쪽.

기타 참고문헌

노회찬 지음, 《노회찬과 삼성X파일》, 이매진, 2012년.

삼성그룹 홈페이지 및 주요 계열사(삼성전자, 삼성생명, 삼성물산, 삼성중공업, 삼성전기, 삼성SDS, 삼성SDI 등)의 각 연도 사업보고서와 홈페이지.

삼성비자금 의혹 수사결과 발표문.

에우리피데스 지음, 천병희 옮김, 《에우리피데스 비극전집1》, 도서출판 숲, 2009년.

이채윤 지음, 《삼성경영》, 열매출판사, 2005년.

조일훈 지음, 《삼성공화국은 없다》, 한경BP, 2005년.

플라톤 지음, 이기백 옮김, 《크리톤》, 이제이북스, 2009년.

플라톤 지음, 이기백 옮김, 《필레보스》, 이제이북스, 2015년.